언제나 민생을
염려하노니

언제나 민생을 염려하노니 ── 조선을 움직인 4인의 경세가들

3쇄 발행 2018년 1월 10일
1쇄 발행 2013년 2월 15일

지은이 이정철
펴낸이 정순구
책임편집 조수정
편집부 정윤경, 조원식
마케팅 황주영

출력 블루엔
용지 한서지업사
인쇄 한영문화사
제본 한영제책사

펴낸곳 (주) 역사비평사
등록 제300-2007-139호 (2007. 9. 20)
주소 10497 경기도 고양시 덕양구 화중로 100(비견타워 21) 506호
전화 02-741-6123~5
팩스 02-741-6126
홈페이지 www.yukbi.com
이메일 yukbi88@naver.com

언제나 민생을 염려하노니

조선을 움직인 4인의 경세가들

이정철 지음

언제나 민생을 염려하노니

차례

율곡 이이, 탁월했지만 이해되지 못한 경세가

오리 이원익, 진심으로 헌신한 관리

포저 조익, 이론과 현실을 조화한 학자

잠곡 김육, 안민을 실현한 정치가

한눈에 보는 연대표

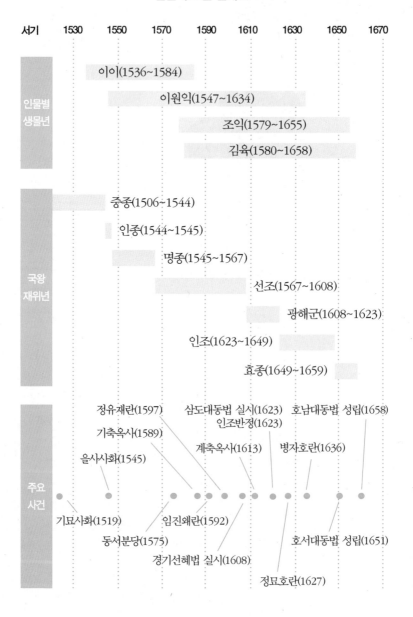

비로소 처음 만나는 그들

_ 사진과 그림으로 보는 조선의 경세가들

율곡 이이
오리 이원익
포저 조익
잠곡 김육

이이

자는 숙헌(叔獻), 호는 율곡(栗谷) 또는 석담(石潭)이고, 시호는 문성(文成)이다. 어머니 신사임당의 고향인 강릉에서 태어났고, 아버지의 고향인 파주 자운산 선영에 묻혔다. 처가가 있던 황해도 해주도 그의 주요한 활동 공간이었다. 하지만 가장 중요한 활동 공간은 서울이고, 삶을 마감한 곳도 서울 대사동이다. 성혼, 정철과는 20세 무렵에 만나서 평생의 우정을 나누었다. 이이는 23세에 58세의 이황을 방문하고 몇 차례 편지를 나눈다. 두 사람이 만났을 때, 이황의 평소와 다른 모습이 이채롭다. 이황은 기대승과의 논쟁에서도 평소 자신의 자애롭고 부드러운 모습을 잃지 않았는데, 이이에 대해서만은 상당히 다른 모습을 보여주었다. 23세 이이의 천재성도 놀랍지만, 그에게서 자신과 근본적으로 다른 면모를 즉시 알아본 이황의 안목도 놀랍다.

창덕궁 옥당

옥당은 홍문관의 다른 이름이다. 정부 조직명이기도 하고 건물명이기도 하다. 조정 내에서 이루어지는 언론 활동의 중추 기관이다. '玉堂'이라는 말에서 짐작할 수 있듯이, 여기에 소속되는 것은 대단히 명예스러운 일이었다. 정승과 판서들 대부분이 이곳을 거쳐 갔다. 이 책의 주인공들인 이이, 이원익, 조익, 김육도 홍문관을 거쳤다. 특히 이이는 홍문관 교리 시절 을사사훈을 주장하는 상소를 올렸는데, 홍문관에 있던 모든 사람이 그의 상소에 감탄했다고 한다. 옥당은 창덕궁의 정전인 인정전 바로 옆에 자리 잡고 있는데, 이것은 마치 경복궁에서 집현전이 근정전 바로 옆에 위치한 것과 같은 것으로 볼 수 있다.

이이묘와묘비

경기도 파주시 법원읍 동문리의 '율곡선생유
적지' 안에 묘소가 있다. 이이의 묘는 아버지
와 어머니 묘의 위쪽에 위치하고, 이이의 묘 뒤
쪽에 부인 곡산 노씨 무덤이 있다. 이런 형태의
묘를 '역장묘(逆葬墓)'라고 한다. 역장묘란 선
산의 제일 높은 쪽에 가장 웃어른의 묘를 배치
하지 않고 그 반대로 배치하는 것을 말하는데,
예컨대 아들이 아버지 묘의 위쪽에 위치한 형
태의 묘다. 역장묘는 드물지 않다. 이이 외에
도 김장생, 성혼의 무덤도 그렇다. 역장묘에 대
한 관념이 조선 후기에야 나왔기 때문이다. 이
이의 묘비명은 생전의 그의 성격처럼 간단명
료하다. "文成公栗谷李先生之墓 貞敬夫人谷
山盧氏之墓在後(문성공율곡이선생지묘, 정경
부인곡산노씨지묘재후)"가 전부다.

이이신도비

이이의 신도비는 이이가 사망한 지 47년이 지난 인조 9년(1631) 4
월에 건립되었다. 비문은 이항복(李恒福), 글씨는 신익성(申翊
聖), 전액은 김상용(金尙容)이 썼다. 모두 당대 1급의 인물들이다.
신익성은 김육의 아들 김좌명의 장인이며 선조의 사위이다. 김상
용은 김상헌(金尙憲)의 형이며, 글씨로 유명했다. 신도비 제작에
참여한 인물들의 면면을 보면, 이미 이이가 서인 계열 당파로 자
리매김되었음을 엿볼 수 있다.

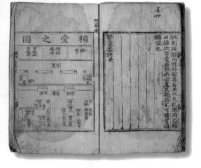

「만언봉사」, 「성학집요」, 「격몽요결」

「만언봉사(萬言封事)」란 1만 자에 이르는 장편의 밀봉된 상소를 뜻한다. 실제로는 1만 5천 자에 가깝다. 길고 정교한 소책자 분량의 정책 제안서이다. 율곡이 선조 7년(1574) 39세 때 우부승지(右副承旨)로 있으면서 선조에게 올린 상소문이다. 이이 외에도 여러 사람이 쓴 만언봉사가 있지만, '만언봉사'라고 하면 흔히 이이의 만언봉사를 떠올릴 정도로 유명한 상소이다. 이이의 상소를 받고 선조는 "옛사람도 여기에 더할 수 없겠다. 이런 신하가 있는데 어찌 나라가 다스려지지 않음을 걱정하겠느냐"라고 말했지만, 실제로 이이가 말한 내용 중에서 실행된 것은 없었다.

이이는 교육과 관련해서 세 권의 책을 썼다. 40세인 선조 8년(1575)에 쓴 『성학집요(聖學輯要)』, 42세인 선조 10년(1577)에 쓴 『격몽요결(擊蒙要訣)』, 47세인 선조 15년(1582)에 쓴 『학교모범(學校模範)』이 그것이다. 『성학집요』는 제왕을 위한 책, 『격몽요결』은 일반인 초학자를 위한 책, 『학교모범』은 관학(官學) 교육을 위한 책이다.

이원익

현재 남아 있는 이원익의 초상화는 몇 종류가 있는데, 이 초상화는 '평양생사당구장(平壤生祠堂舊藏) 이원익 영정'이다. 평양의 서리들이 이원익의 업적을 기리기 위해서 평양에 생사당을 세우고 거기에 안치했던 영정이다. 선조 28년(1595) 이원익이 평안도 관찰사에서 우의정으로 승진하여 조정에 복귀할 무렵에 그려진 초상화이다. 이원익의 49 때 모습이다. (사진 제공: 충현박물관)

이원익

이원익신도비

신도비의 글은 살아생전 이원익의 부탁대로 이준(李埈, 1560~1635)이 지었고, 글씨는 손녀사위인 허목(許穆, 1595~1682)이 썼다. 이준은 정경세와 더불어 유성룡의 학통을 이어받은 사람이고, 허목은 전서에서 동방의 1인자라는 평을 받은 사람이다. (사진 제공: 충현박물관)

이원익묘

이원익의 묘는 경기도 광명시 소하2동 서독산 능선 아래 남향으로 안장되어 있으며, 부인 연일(延日) 정씨(鄭氏)와 쌍분으로 배치되었다. 부인은 선조 37년(1604) 사망했는데, 이원익은 아내의 장례 때 쓴 만장에 「도망(悼亡)」(아내의 죽음을 애도하다)이라는 시를 남겼다. "널을 어루만지며 그대를 떠나보내니 그대 할 일 다 마친 것 부럽소 / 황천에서 혹시나 서로 다르게 되면 업보의 인연 응당 이전과 같으리"라면서, 고단했던 삶과 부부의 애틋한 인연을 표현했다. (사진 제공: 충현박물관)

관감당과 탄금암

관감당(觀感堂)은 인조 8년(1630)에 인조가 이원익 집에 다녀온 승지의 말을 듣고 내려준 집이다. '관감'이라는 말은 보고 느낀다는 말이다. 관리들이 이원익의 삶의 자세를 보고 느끼게 하려는 인조의 뜻을 담고 있다. 병자호란으로 소실되었다가 이원익 서거 60주년인 숙종 20년(1694)에 다시 세워졌고, 그 후 다시 어느 시기인가에 허물어졌다가 1916년에 후손에 의해 중건되었다. 관감당 앞에는 수령 400여 년이 된 측백나무 한 그루가 있고, 바로 옆에 넓적 바위 하나가 있는데 탄금암이다. 전하는 말로는 이원익이 여기서 거문고를 연주했다고 한다. (사진 제공: 충현박물관)

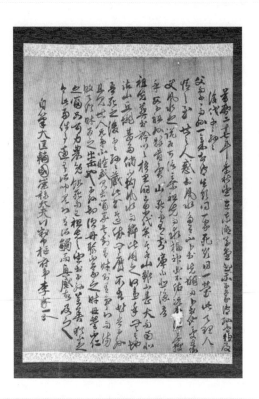

〈서시자손(書示子孫)〉 자손에게 글을 써서 보이다

선조 32년(1599) 9월 15일에 이원익이 아들과 손자에게 쓴 글이다. 내용 중에는 다음과 같은 글이 있다. "내가 죽은 뒤, 자손들은 이 글을 간직하고 그대로 지켜야 한다. …… 옳지 못한 재물을 모으지 말고 선량하지 못한 방법으로 치부하지 말아야 한다. 다만 농사에 힘써 굶어 죽는 것을 면하면 된다." 부정한 방법으로 재물을 모으지 말고, 농사에 힘써서 정직하게 살되, 그렇지 않으면 나의 후손이 아니라는 말이다. 집안의 명예를 지키라거나 훌륭한 인물이 되라는 말도 없다. 53세에 영의정의 지위에 있는 사람이 후손에게 내린 글이라는 점을 감안하면 참으로 무서운 글이다. (사진 제공: 충현박물관)

인조묘정배향교서

이원익을 종묘에 있는 인조 묘정에 배향한다는 효종의 교서이다. 조선시대에 종묘에서 각각의 임금에게 제사 지낼 때, 그의 생전에 공로가 있는 신하에게도 배향했다. 국왕 신주를 종묘에 봉안할 때 배향공신(配享功臣)이 모두 정해지는 것은 아니고, 국왕보다 늦게 죽으면 사후에 선왕 묘정에 배향되기도 했다. 배향공신은 정치적으로 이루어지는 경우가 많았다. 인조의 배향공신에는 이원익 외에 신흠, 김류, 이귀가 있다. 김류와 이귀는 인조반정에 공이 컸던 사람이다. (사진 제공: 충현박물관)

부산진순절도

부산진순절도(釜山鎭殉節圖)는 조선 선조 25년(1592) 4월 13일 부산진에서 벌어진 왜군과의 전투 장면을 그린 그림이다. 성곽에 검은 갑옷 차림의 부산 첨사(僉使) 정발(鄭撥)을 중심으로 조선군이 그려져 있고, 그 맞은편으로 이를 공략하려는 왜병과 왜선들이 빈틈없이 채워져 있어 당시 조선군과 일본군의 큰 전력 차를 보여준다. 실제로 조선은 1,000여 명의 군인에 민간인까지 합하여 모두 3,000명 정도였던 데 비해, 고니시 유키나가(小西行長)가 이끌던 일본군은 18,000여 명이었다. 부산진의 함락에 이어서 동래부(東萊府)가 함락되고 동래부사(府使) 송상현(宋象賢)도 전사했다. 전쟁이 벌어지자, 무신도 아니고 평소 관복(官服) 무게를 이기지 못할 것처럼 약해 보였던 46세의 이원익은 전투에 직접 참여했다.

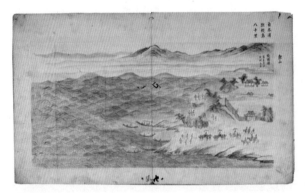

항해조천도

항해조천도는 1624년 인조의 등극을 인준받기 위해 떠난 이덕형(李德泂) 사행단의 여정을 기록한 그림이다. 사행단의 출항지는 평안도 선천부 선사포(宣沙浦)이고, 산둥반도 등주(登州)에 도착하여 육로를 통해 북경에 도착했다. 모두 25장으로 이루어졌는데, 위의 그림은 그중 하나다. 변무상사(辨誣上使) 이덕형은 한음 이덕형(李德馨)과는 다른 사람이다. 명나라와 후금(後金)이 패권을 차지하기 위해 육지에서 각축을 벌이자, 조선은 이를 피해 사행로를 바닷길로 바꾸었다. 바닷길 사행은 훨씬 더 멀고 험난했다. 명나라 조정은 인조반정이 명백히 정치적 쿠데타라고 인식했지만, 친명반청을 위한 것이었다는 설명을 듣고 반정을 승인했다.(사진 제공·국립중앙박물관)

조익

조익의 영정은 전해지는 것이 없다. 이 영정은 풍양(豊壤) 조씨(趙氏) 문중에서 마련한 것이다. 조익의 자는 비경(飛卿), 호는 포저(浦渚)이고, 시호는 문효(文孝)이다. 당대의 사람들은 어려서부터 그와 변함없이 우정을 나눈 장유(張維)·최명길(崔鳴吉)·이시백(李時白)을 가리켜 '사우(四友)'라 불렀다. 여러 가지 점에서 그는 조선시대 '사대부'의 말뜻에 가장 근접한 사람이다. 젊어서 급제했으나 벼슬할 때가 아니라고 생각하면 즉시 물러나 학문에 전념했다. 그 결과 성리학에 일가를 이루었고, 관직은 좌의정에 이르렀다.

조익묘

조익의 묘는 충남 예산군 신양면 신양리에 있다. 조익의 묘 아래에는 아버지 조영중(趙瑩中)의 묘가 위치해 있다. 부인이 사망한 뒤에 조익은 다음과 같은 제문을 지었다. "이런 나이에 만나 서로 아끼고 중히 여기면서 함께 백발이 되었는데, 지금 그대를 잃고 말았습니다. 나의 비통함이 어찌 끝이 있겠습니까. 나는 고독하게 외로운 그림자로만 남아 의지할 곳이 없게 되었습니다. 집안은 항상 빈한해서 그대는 의식(衣食)을 마련하려고 애썼지만, 10여 인의 식구들이 생활하기에는 언제나 부족한 형편이었지요. 하지만 비록 가난해도 그대는 구차하게 얻는 것을 기뻐하지 않았습니다. 그대를 이제 볼 수 없게 되었으니, 내가 지금부터 죽을 때까지 그대를 생각하지 않는 날이 없을 것입니다. 그대도 혹시 내가 그대를 그리워하는 것처럼 나를 그리워하며 슬픔에 잠겨 있을지도 모르겠습니다."

조익 신도비

조익의 신도비는 송시열이 썼다. 그는 신도비를 다음과 같은 말로 시작한다. 國朝文治 尊尙三古之道, 自退栗以後 爲士者益知理事一致, 孝可移忠 其說不可易矣.(조선은 문으로 나라를 다스리고(文治) 삼대의 도(道)를 높이 숭상한다. 퇴계와 율곡 이후로 선비들은 이치(理)와 사업(事業)이 하나임을 알게 되었다. 효가 충으로 옮겨질 수 있다는 말은 그 누구도 바꿀 수 없는 말이다.) 오늘날 성리학이 '리(理)'를 일삼고 '사(事)'에는 약하다고 생각하지만 송시열은 조익에게서 이치와 사업이 결합되어 있음을 보았고, 이를 이황과 이이의 융합적 관점에서 파악했다. '孝可移忠(효가 충으로 옮겨질 수 있다)' 역시 당연히 조익을 가리켜 한 말이다.

죽도

조익은 어려서부터 그림에도 재능이 있었던 것 같다. 송준길이 쓴 조익의 행장에 "6세 때 이미 '독서를 하였는데 문리(文理)가 날로 진취(進就)하였으며 글씨와 그림도 모두 기이(奇異)하였으므로 칭찬하지 않는 사람이 없었다"라고 쓰고 있다. 조익의 그림은 현재 3점이 전해지는데, 국립중앙박물관이 소장한 죽도(竹圖), 후손이 소장한 묵매도(墨梅圖), 그리고 일본 소창문화재단(小倉文化財團)이 소장한 죽석도(竹石圖)가 그것이다. (사진 제공: 국립중앙박물관)

묵매도

조익은 『포저집(浦渚集)』에 수록되어 있는 '서화매장자(書畫梅障子)' 라는 발문에서 묵매도를 그린 배경을 설명하고 있
다. 이 설명에 따르면, 묵매도는 조익이 광해군 3년(1611)에 함경도 안변의 고산도 찰방으로 좌천되었을 때 그린 그림이
다. 또 병자호란 와중에도 없어지지 않은 기이한 그림이라며, 자손들에게 잘 보관하라고 당부하고 있다. (사진 제공·풍양
조씨 종친회)

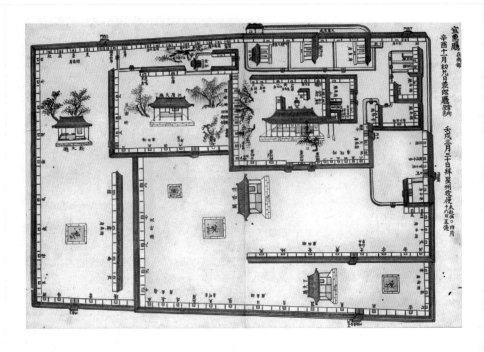

숙천제아도 중 선혜청도

『숙천제아도(宿踐諸衙圖)』는 조선 후기 관리 한필교(1807~1878)가 자신이 관직을 맡았던 관청 모습과 그 주변 마을 풍경 등을 그리게 해서 만든 화첩이다. 원본은 하버드대학 옌칭도서관이 소장하고 있다. 위 그림은 그중 선혜청도이다. 선혜청(宣惠廳)은 선조 41년(1608)에 대동미와 대동포의 출납을 관리하기 위해서 설립되었으며, 대동법의 주무 관청이다. 그 뒤 각 도에 차례로 대동법이 확장되면서 선혜청의 규모도 늘어났다. 나중에는 균역청까지 흡수함으로써 조선 후기에 가장 큰 재정 기관이 되었다. 1894년 갑오개혁 때 폐지되었다. 선혜청 터 표지석이 서울 숭례문과 남대문수입상가 사이의 보도 곁에 자리하고 있다. 현재의 남대문시장 자리가 옛 선혜청 터다. 현재의 북창동과 남창동은 그곳에 있던 선혜청 창고에서 연유한 이름이다. (사진 제공: 민속원)

김육

자는 백후(伯厚), 호는 잠곡(潛谷)·회정당(晦靜堂), 시호는 문정(文貞)
이다. 잠곡은 성균관에서 물러났던 가평 잠곡에서, 회정당은 잠곡에서
그가 지었던 집 이름에서 따온 호다. 그는 대동법으로 워낙 이름이 높았
지만, 그 이외에도 다양한 정책을 시도했고, 그중 일부는 성공했다. 화폐
유통을 위해서 지속적으로 노력했고, 많은 종류의 책을 펴냈다. 그가 인
조 21년(1643)에 펴낸 『유원총보(類苑叢寶)』는 22책이나 된다. 일종의
백과사전이다. 『구황촬요(救荒撮要)』·『벽온방(辟瘟方)』·『종덕신편
(種德新編)』 등에서는 고을 수령의 각성을 촉구했는데, 안민(安民)의 한
방책으로 서술되었다. 나중에는 활자를 직접 제작하고 인쇄하는 데도
많은 노력을 기울였다. 이 초상화는 누가 그렸는지 알 수 없다. 다만 "노
인의 모습임에도 마치 신선의 풍채를 볼 수 있으며, 마음을 다해 나라에
헌신했다"는 숙종의 어제(御製) 찬(贊)이 있다.

김육묘

김육의 고향인 경기도 남양주시 삼패동 평구 마을에 있다. 삼패동에는 청풍(淸風) 김씨 묘역이 있어, 김육 묘 외에도 김식
(金湜), 김육의 아들 김좌명(金佐明), 김육의 손자 김석주(金錫胄)의 무덤도 있다. 김육은 100년간에 걸쳐 이루어진 대동법
을 완성한 개혁가이다. 안민(安民)을 실현하기 위해 세금을 적게 거두는 것이 중요하다고 생각했고, 이를 위해 공납 문제
를 해결해 나갔다. 그의 삶은 '좋은 정치가'의 모범을 보여준다. 무덤 주변에는 아무런 표시가 없기 때문에 유심히 살펴
보지 않으면 찾기 어렵다. 아들 김좌명과 그의 무덤 사이에는 도로가 뚫려 있다.

송하한유도

인조 14년(1637) 김육이 명나라에 사신으로 갔을 때 중국 화가 호병(胡炳)이 그린 그림이다. 이 그림의 오른쪽 상단에는
'잠곡 문정공 소상 어제찬(潛谷 文貞公 小像 御製贊)' 이라는 글이 있다. 김육의 작은 초상화에 임금이 그를 기리고자
손수 쓴 글이라는 뜻이다. 글쓴이는 영조이고, 글을 썼을 때는 영조 27년(1751) 2월이다. "대동법을 도모하고 계획하니
신통하다 하겠다 / 아! 후손들은 백 대가 지나도 우러르고 공경하라." 라고 쓰여 있다. 영조가 자신의 업적 중 하나로 내
세우는 균역법이 반포된 때가 이 어제 찬을 쓴 반년 뒤인 1751년 9월이다. 영조는 대동법을 의식하고 있었던 것 같다.

相國金公堉永世不忘碑

創設大同省徭便民

대동법시행기념비와 탁본

　기념비의 앞면에는 '상국김공육영세불망비(相國金公堉永世不忘碑)'와 '창설대동성요편민(創設大同省徭便民)'이라 쓰여 있다. 영의정 김육이 대동법을 만들어준 은혜를 영원히 잊지 않겠다는 뜻으로 세운 비이고, 대동법을 창설하여 부역을 줄이고 백성들을 편안하게 해주었다는 뜻이다. 비문은 홍문관 부제학 이민구(李敏求)가 짓고, 의정부 우참찬 오준(吳竣)이 글씨를 썼다. 기념비 뒷면에는 대동법 시행의 내력과 성과를 상세히 밝히고 있다. 문충공(文忠公: 이원익)은 은혜를 베풀었으나 넓히지 못했고, 길천공(吉川公: 권반)은 문서만 갖추고 시행하지 못했는데, 오직 김상국(金相國: 김육)만이 충실한 마음으로 근면하고 과단성 있게 시행했다며 세 사람을 비교한다. 끝 부분에 "노인과 어린아이가 지금부터 영세토록 배부르고 편안하게 지내는 것은 상국에 힘입은 것"이라고 김육의 공덕을 높이 찬양했다.

「잠곡조경일록」

김육이 동지사로 인조 14년(1636)부터 다음 해까지 거의 1년간 중국을 다녀온 일을 일기체로 정리한 여행 견문록이다. 김육 개인적으로 이 사행은 그 후 수차례나 계속되는 중국 사신 방문 중 첫 번째였다. 공식적으로 그는 조선에서 명나라에 파견한 마지막 사신이었다. 그가 명나라에 있는 동안 병자호란이 일어나면서 조선은 청나라와 새로운 군신 관계를 맺게 된다. 명·청교체기에 조선 관료의 고민과 입장을 살펴볼 수 있는 자료이다.

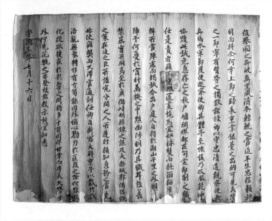

「김육교서」

인조 16년(1638) 김육을 충청도 관찰사 겸 병마수군 절도사 순찰사로 삼는 교서이다. 충청도는 호남과 영남을 통하는 요충지이자 경기를 보호하는 곳으로 평시에도 경영하기 어려운데, 지금 세금과 부역 등이 균등하지 않아 민생이 도탄에 빠져 있으니 이를 깊이 마음에 새겨 민생을 살필 것을 당부하는 내용이다. 김육이 충청도에서 경험한 일은 나중에 대동법을 추진하는 기반이 되었다.

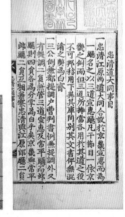

「호서대동사목」

「호서대동사목」은 충청도에서 대동법을 실시하기 위한 여러 규정 사항을 정리한 것이다. 모두 81개 항으로 이루어져 있다. 조익은 인조 1년(1623)에 실시된 삼도대동법을 다음 해에 수정했고, 그 실시를 요구했다. 조익의 요구는 받아들여지지 않았지만, 뒷날 「호서대동사목」의 밑그림이 되었다. 인조 2년(1624)의 삼도대동법과 효종 2년(1651)의 호서대동법은 거의 30년의 간격이 있다. 조선이 문서의 기록과 보존 그리고 활용이라는 면에서 오늘날보다 나으면 나았지 못하지 않은 나라였음을 보여주는 기록이다.

해 아래는 새것이 없나니

우리는 무엇에 의지해 살아가는가? 또 무엇을 믿는가? 어떤 사람은 자신의 능력을 믿고, 어떤 사람은 가족을 믿고, 어떤 사람은 종교를 믿고, 어떤 사람은 직장을 믿고, 어떤 사람은 집과 연금을 믿는다. 무엇이 되었든, 우리는 무언가는 믿고 의지할 수 있어야 한다. 요즘 '힐링', '불안', '분노' 같은 말이 유행하고 있다. 이런 말이 유행하는 까닭은 우리가 이제까지 이지히고 믿었딘 것들이 더 이상 그럴 수 없게 되었기 때문이다.

과연 나의 노후나 내 아이들이 살아갈 세상은 지금에 비해서 어떨까? 우리가 살아서 지켜보게 될 멀지 않은 미래에 우리는 어떤 모습으로 살아가고 있을까? 이런 생각을 하다 보면 자연스럽게 지금 우리가 어떤 거대한 사회적 흐름에 내맡겨져 있는지, 그리고 그 흐름은 결국 어디에 도달할 것인지 궁금해진다.

역사학 지식이 지닌 효용 가운데 하나는 우리가 몸담고 있는 세계를 객관화시켜 준다는 점이다. 역사학은 그런 지식을 얻는 것을 목표로, 혹은 임무로 한다. 이것이 어느 정도 가능한 이유는, 역사에서 지나 갔다가 다시 오지 않는 것은 없기 때문이다. "이미 있던 것이 뒤에 다시 있겠고, 이미 한 일을 뒤에 다시 할지라. 해 아래는 새것이 없나니…… 우리가 있기 오래 전 세대들에도 이미 있었느니라"라는 성경의 말은 여 전히 진실이다.

역사를 들여다보면 법칙까지는 아니어도 일정한 추이가 있다. 어떤 시간 동안에는 사회가 마치 멈추어 있는 듯하다가, 이어지는 다음 시간 에는 심하게 변동한다. 조선시대에 개혁을 주장하거나 이끌었던 인물 들이 자주 언급한 시의時宜 또는 시세時勢도 이것을 가리키는 말이었다. 흥미로운 점은 그러한 변동에 앞서 일종의 예비적 신호가 있다는 사실 이다. 어떤 사회가 실제로 바뀌기 전에, 먼저 그 사회의 지배적 가치에 변화가 온다는 말이다. 그리고 일정한 시간이 지나면 그 변화된 가치가 가리키는 곳으로 사회제도도 실제로 바뀌어 나간다.

영국의 유명한 사회학자 마셜Thomas Humphrey Marshall이 18~20세기까 지의 유럽에서 발견해낸 것도 바로 그것이었다. 마셜은 이 시기에 세 가지 민주주의가 있었다고 말했다. 첫째는 소유권이나 개인의 자유와 같은 개인적 권리와 인권으로서의 민주주의이고, 둘째는 보통선거권으 로 표현되는 정치적 민주주의이며, 셋째는 노동권과 사회보장으로 표현 되는 경제적 민주주의이다. 그런데 따져 보면 이 세 가지는 결코 따로 떼어 놓을 수 없다. 정치적 경제적 권리를 가지지 못한 시민이란 실체 가 없는 관념일 뿐, 현실적 존재일 수 없기 때문이다. 따라서 마셜이 말 한 세 가지 민주주의란 서로 다른 종류의 민주주의가 아니라, 민주주의 그 자체의 완성 과정이라고 보아야 한다. 이런 현상은 조선시대에도 있었다.

오늘날 우리가 최고의 사회적 공공선을 '민주주의'라고 부르듯이, 조선시대에는 그것을 '지치至治'라고 불렀다. 성리학의 이상이 지극하게 구현된 정치라는 말이다. 이 말은 개혁을 추진하다가 기묘사화(1519)로 인해 38세의 나이로 죽은 조광조가 했다. 그는 이황이 가장 존경하고 평생 동안 자기 학문과 행동의 준거로 삼은 사람이다. 이황은 조광조가 역설한 이상에 깊이 공감했다. 그랬기에 조광조가 정치적으로 실패한 이유를 찾아내고 그것을 극복하기 위해서 이황은 자신의 생애를 바쳤다. 그리고 적어도 자기 시대의 역사적 조건에서는 그 과제를 해결했다. 그것은 바로 성리학 이념에 헌신하는 사대부들이 정치적 주도권을 갖는 일이었다.

하지만 이황의 성공은 거기까지였다. 그로서는 결코 이해하거나 해결할 수 없었던 다음 시대의 과제가 그의 생애 마지막 몇 년에 찾아왔다. 그 과제란 사대부들이 획득한 권력으로 무엇을 할 것인가 하는 문제였다. 이 문제에 답을 한 사람이 이이였다. 이이는 민생 문제를 해결해야 한다고 주장했다. 바로 그 지점에서 사회제도적 측면에서의 경세론이 조선시대에 탄생했다. 조선 후기에 세상을 운영하는 방법에 관한 문제, 즉 경세經世(Statecraft)에 관심을 가진 대부분의 지식인과 관리들이 이이를 조선시대 경세론의 선구자로 보는 이유가 여기에 있다. 대동법은 그 경세론이 만들어낸 가장 뚜렷한 성과 중 하나였다.

개혁이 추진되는 과정은 일정한 단계를 거친다. 그리고 그 단계마다 해결해야 할 중심 과제가 있게 마련이다. 이 책에서는 그런 개혁의 과제 가운데, 특히 대동법의 성립에 뚜렷이 기여한 이이, 이원익, 조익, 김육 등 4명의 인물을 다루었다. 그들은 각각 실천적 지식인, 관료, 이론가, 정치가로서 각자의 역할을 수행했다. 그들이 살았던 시대는 조선시대 500년에서 그 처음과 끝을 제외한다면 정치 경제적으로 가장 험난한 시대였다. 그들 역시 자기 시대를 부여잡고 오늘날 우리가 겪는 어려움을 경험하고, 우리와 그리 다르지 않은 고민을 했다. 부디 독자들이 이 책을 읽으면서 '지금 우리는 어디쯤 와 있는가'를 고민할 수 있다면, 필자로서는 더없는 기쁨이다.

율곡 이이,

탁월했지만 이해되지 못한 경세가

경기도 파주에 있는 율곡선생유적지. 다음 쪽 사진에 보이는 신도비를 비롯해 율곡 집안의 묘소, 재실, 자운서원 등 율곡과 관련된 유적들이 많이 있다. 또한 현대적인 시설을 갖추고 율곡의 생애를 구현해서 보여주는 율곡기념관도 있다.

율곡선생유적지에 들어서면 왼쪽 작은 언덕 기슭에 자리잡은 신도비가 보인다. 선생이 돌아가신 지 47년이 지난 인조 9년(1631) 4월에 건립된 것으로, 이항복이 글을 짓고 신익성이 글씨를 썼으며, 전액은 김상용이 썼다.

율곡 집안의 묘역 입구인 〈여현문(如現門)〉으로 들어서서 올라가면, 아버지 이원수와 어머니 신사임당의 묘소, 그리고 율곡의 묘가 나온다. 위는 율곡의 묘, 아래는 그곳의 문인석이다.

자운문 앞쪽에 묘정비(廟庭碑)가 있다. 숙종 9년(1683)에 율곡의 덕행을 기려 세운 것으로, 송시열이 글을 짓고, 당대에 명필로 알려진 김수증이 예서체로 썼다. 묘정비는 해당 서원의 역사를 적어서 서원 앞에 세우는 비를 말하며, 일명 서원비라고도 한다.

이이를 왜 기려야 하는가

5만 원권에는 신사임당이, 5천 원권에는 이이가 그려져 있다. 두루 조사하지 않아서 확실하진 않지만, 어떤 나라에서도 이렇게 모자_{母子}가 동시에 화폐에 나오는 경우는 흔하지 않다. 확실히, 세종대왕은 얼마 전까지 최고액권이던 만 원권에 나올 만하다. 한글을 만든 것 하나만으로도 충분히 그럴 자격이 있다. 100원짜리 동전에 있는 얼굴은 이순신 장군의 얼굴이다. 이순신 장군도 당연히 얼굴이 나올 자격이 있다. 그의 활약이 없었더라면 조선은 임진왜란 때 몇 달도 버티지 못했을 것이다. 만일 그랬다면 지금 '임진왜란'이라는 말 자체가 없을지도 모른다. 조선이 사라지지 않았기 때문에 이 단어도 있을 수 있기 때문이다. 신사임당이 5만원 권에 그려진 이유는 아마도 사회적으로 여권이 신장된 결과이리라.

그러면 이이는 무슨 공적으로 5천 원권에 올랐을까? 치른 시험마다 거의 1등을 할 정도로 공부를 너무 잘해서인가? 이황과 쌍벽을 이루는 훌륭한 성리학자여서인가? 10만 양병설을 주장해서인가? 대충 생각해도 이것들이 지금도 그를 기려야 할 이유는 못 된다. 만약 조선시대에 대해서 약간의 지식이 있는 사람이라면, 그가 조선 후기 내내 정치적 주류 당파인 서인西人의 비조鼻祖였음을 떠올릴지도 모르겠다. 하지만 우리가 조선 후기에 사는 서인이라면 모를까, 이런 이유로 오늘날 그를 기린다는 것은 전혀 타당하지 않다. 한국인이면 거의 모르는 사람이 없을 만큼 유명한 이이지만, 정작 그가 왜 기려질 만한 인물인지 그 이유를 우리는 정확히 모른다. 사실 그가 당대에 이룩한 공적은 거의 없다. 그럼에도 그는 조선시대는 물론 오늘날의 기준에서도 충분히 기려질 만하다.

이이

그는 올바른 제도의 목적을 안민에 둔 경세가로서 개혁의 좌표를 설정했다.

출생에서 관직 생활 이전까지

이이는 중종 31년(1536) 12월 26일 강릉 북평촌北坪村(현재의 죽헌동) 외가에서 어머니 신사임당申師任堂(1504~1551)과 아버지 이원수李元秀(1501~1561) 사이에서 태어났다. 본관은 덕수德水이다. 이 시기에 덕수 이씨 중에서 우리가 아는 유명한 인물로는 이순신李舜臣(1545~1598)이 있다. 실제로 두 사람은 먼 친척 간이지만, 이 당시는 아직 '문중'의 개념이 없을 때였다. 문중이라는 개념은 임진왜란 이후 조선 후기에나 본격적으로 등장한다. 이이의 친가는 대대로 사대부였지만, 4대조 안에 문과 급제자를 내지 못했다. 이이의 아버지 이원수도 정6품직인 사헌부 감찰을 지내기는 했지만, 생원시나 진사시에 합격했다는 기록은 보이지 않는다.

신사임당의 아버지 신명화申命和는 진사시에 합격했지만, 벼슬에 나아가지는 않았다. 이이의 강릉 외가는 본래 신사임당의 외가였다. 신사임당의 어머니는 외동딸이며, 외할아버지 이사온李思溫은 딸을 혼인시킨

오죽헌 강원도 강릉시 죽헌동에 있다. 집 주변에 검은 대나무가 많다 하여 붙여진 이름이다. 이이가 태어난 방인 몽룡실이 여기에 있다.

뒤에도 계속해서 친정에 머물러 살게 했다. 신사임당의 아버지는 주로 서울에서 생활하면서 이따금 강릉집에 들렀을 뿐, 결혼 뒤에도 16년간이나 떨어져 살았다고 한다.

신사임당이나 그녀의 어머니가 결혼한 뒤에도 바로 시집에 들어가지 않은 것은 당시에 그리 이상한 일이 아니었다. 조선은 임진왜란을 경계로 전기와 후기에 결혼 풍습이 크게 달랐다. 지금은 '시집간다'는 말이나 '장가간다'는 말을 같은 뜻으로 쓰지만, 사실 두 말에는 큰 차이가 있다. '시집'은 시아버지의 집이고, '장가'는 장인의 집이다. 그러므로 '장가간다'는 말은 결혼 뒤에 남자가 부인 집으로 들어간다는 말이다. 조선 전기에는 장가가는 것이 큰 흐름이었다.

신명화와 부인 이씨는 아들 없이 딸만 다섯을 두었다. 이들 부부는 둘째 인선仁善을 결혼시킨 뒤에도 곁에 두고 싶어 했다. 인선은 사임당의 이름이다. 사임당은 신인선이 결혼 전에 스스로 지은 별호別號이다. 신사임당은 19세에 결혼해서 21세에 장남 이선李璿(1524~1570)을 시작으로 39세에 4남 이우李瑀(1542~1609)까지 18년 동안 4남 3녀를 낳았다. 이이는 아들로는 2남 이번李璠(1531~1590)에 이어 셋째 아들이며, 자식들 전체로는 다섯 번째다. 이이는 여섯 살 아래 동생 이우와 특히 가까웠다. 이우는 선조 즉위년(1567)에 진사시에 합격했고, 몇몇 고을에서 수령을 지내기도 했다. 그는 시詩·서書·화畵는 물론 거문고에도 능하여, 형제들 중에서 어머니의 재주를 가장 많이 닮았던 것으로 알려졌다.

신사임당은 38세에 시집 살림을 맡기 위해 서울로 올라왔다. 이원수의 집은 수진방壽進坊에 있었는데, 지금의 수송동과 청진동이다. 조선시대에 서울은 동·서·남·북·중의 5부로 구성되었고 각각의 부 아래 '방坊'이 속해 있었는데, 대략 50개쯤 되었다. 이때 이이의 나이는 여섯 살이었다. 10년 뒤에는 지금의 삼청동으로 이사했다. 그해 여름에 이원수는 우도수운판관右道水運判官이라는 관직에 임명되어, 첫째 이선과 셋째 이이를 데리고 해서海西(현재의 황해도)에 갔다. 수운판관은 세곡稅穀의 운반을 감독하는 종5품직으로, 녹봉은 지급되지 않았다. 2명으로 구성된 수운판관 중 좌도판관은 한강 중·상류의 세곡 수송을, 우도판관은 황해도의 세곡 수송을 담당했다. 이원수는 임무를 마치고 돌아오다가 서강西江에 이르렀을 때 사임당의 부음을 들었다. 서강은 조선시대 마포 쪽을 흐르는 한강을 따로 부르던 말이다. 조선시대에는 서강처럼 구역마다 한강을 부르던 이름이 달랐다.

시묘살이와 과거 준비

이이는 16세 되던 해 5월부터 18세 되던 해 가을까지 어머니의 묘 앞에서 초막을 짓고 시묘侍墓했다. 파주 율곡은 이원수 집안이 대대로 살아온 오랜 터전으로, 신사임당은 파주 두문리 자운산紫雲山(현 경기도 파주시 법원읍 동문리 산 5-1)에 묻혔다. 뒷날 이원수와 이이 역시 이곳에 묻혔다. 예법에 따른다면 이이는 1년 만에 시묘를 끝내야 했다. 아버지가 살아 계신데 어머니가 돌아가셨기 때문이다. 하지만 그는 다음 해 가을까지 시묘를 연장했다. 이이의 행장行狀이나 연보에는 어머니의 사망으로 인한 깊은 슬픔 때문에 이이가 심상心喪을 더한 것이라고 설명하고 있다. 하지만 그것이 이이가 시묘를 연장한 이유의 전부 같지는 않다.

물론 신사임당의 죽음으로 이이는 정서적으로 큰 혼란을 겪었다. 여기에 아버지 이원수의 여자 문제가 더해졌다. 신사임당이 죽기 전에 이미, 이원수는 신사임당보다 스무 살이나 어린 주막집 여자 권씨를 첩으로 삼았다. 신사임당은 죽기 전에 남편에게 새로 혼인하지 말 것을 당부했지만, 그녀가 사망하고 얼마 지나지 않아 권씨는 서모庶母 자격으로 이원수의 집에 들어왔다. 권씨는 이이의 형제 누이들과 관계가 좋지 않았다. 특히 권씨와 나이가 비슷한 이이의 큰형 이선과는 날마다 싸웠다고 한다. 이이는 시묘를 마친 이듬해 3월에 금강산에 들어가 승려가 됐다. 이때 그는 자신의 입산을 부친에게 알리지도 않았다. 이이는 부친에 대해서 거의 말한 적이 없다. 그의 문집에도 부친에 대한 기록은 거의 발견되지 않는다. 그는 금강산에 있으면서 의암義庵이라는 법명을 얻기도 했다.

율곡 이이, 탁월했지만 이해되지 못한 경세가 39

이이는 1년 만에 금강산에서 나와 강릉의 외할머니 집으로 들어갔다. 그리고 여기에서 과거 준비를 했다. 이이에게 외할머니는 어머니 신사임당 대신이었다. 할머니에 대한 이이의 마음은 매우 애틋해서, 나중에 그가 서울에서 관직 생활을 할 때도 할머니 봉양을 위해 사직을 요청한 적이 여러 번 있을 정도였다. 조선시대에는 부모를 찾아보도록 관리들에게 휴가를 주었는데, 외할머니를 찾아보도록 휴가를 주는 규정은 없었다. 이이가 사직을 요청하자, 선조는 특별히 이이에게만 외할머니를 찾아보도록 휴가를 주었다.

이이는 강릉 외가에서 지낸 지 1년 뒤인 21세에 소과 초시를 장원으로 통과했다. 그의 일대기를 기록한 연보에 자세하게 기록되지는 않았지만, 이때 치른 시험은 생원시 초시였던 것 같다. 문과는 크게 소과와 대과로 이루어졌다. 그리고 소과는 다시 생원과와 진사과로 나뉜다. 생원과에 합격하면 생원이 되고, 진사과에 합격하면 진사가 된다. 소과는 1차 시험과 2차 시험으로 진행되는데, 1차는 응시자가 살고 있는 지역에서 보므로 향시鄕試라고 불렀고, 향시 합격자들이 서울에 가서 치르는 2차 시험은 한성시漢城試라고 불렀다.

죽는 날까지 함께한 두 친구, 성혼과 정철

이이는 그 자신도 탁월한 능력을 지니고 있었지만, 그의 주위에도 뛰어난 인물들이 많았다. 그중에서도 그의 정치적 생애와 관련해 빼놓을 수 없는 인물로는 성혼成渾(1535~1598)과 정철鄭澈(1536~1593)이 있다. 이 세 사람은 이이가 생을 마치는 날까지 돈독한 관계를 유지했다. 「율

죽록정 예전에는 앞쪽에 죽록천이라는 시내가 있어, 정자 이름도 그것을 따 원래 죽록정이었으나 나중에 송강정으로 바뀌었다. 이이가 죽은 다음 해인 선조 18년(1585)에 정철은 사헌부 대사헌을 지내다가 동인들의 공격을 받아 조정에서 물러난 뒤 이곳으로 내려왔다. 그 뒤 4년간 이곳에서 생활하며 『사미인곡』과 『속미인곡』을 지었다.

곡여보」에 따르면 이이는 시묘를 끝내고 다음 해 3월 금강산에 들어가기 전, 즉 19세 되는 해에 한 살 위의 성혼을 만난 것으로 나온다. 두 사람이 어떤 계기로 만나게 되었는지는 분명하지 않다. 추측건대, 두 사람이 모두 파주에 살았고, 성혼의 아버지 성수침成守琛(1493~1564)이 당시 사림으로서 높은 명망을 얻었던 인물이므로 어떤 기회로든 만났을 수 있다. 성혼은 과거를 보지 않고 공부에 매진하여 뒷날 당대 제일의 사림으로 명성을 떨쳤다.

이이와 정철의 만남은 성혼보다는 약간 늦다. 이이는 금강산에서 내려와 강릉 외가에서 1년을 보낸 뒤, 21세 되던 해 봄에 오랫동안 미뤄둔 한성시를 보러 서울로 올라갔다. 이즈음에 정철을 만났다. 오늘날 정철은 조선시대를 대표하는 시인으로 알려져 있을 뿐, 정치가로서의 면모는 잘 알려지지 않은 듯하다. 그리고 굉장히 우수한 두뇌의 소유자라는 사실도 잘 언급되지 않는다. 그는 26세 되던 해에 같은 나이인 이이보다 먼저 진사시를, 그 다음 해에 문과를 모두 1등으로 합격했다. 문과라는 단어는 두 가지 뜻으로 쓰인다. 하나는 무과와 대비하여 부르는 말이고, 다른 하나는 소과와 대과 중 대과를 가리키는 말이다. 아무래도 대과가 소과보다는 문과를 대표하기 때문에 그렇게 불렸던 듯하다. 어쨌든 정철은 당대에도 머리 좋은 수재형 인물이라기보다는 과격하고 강직한 인물로 평가되었다.

뒷날 정철은 사림의 후배들인 동인에게 서인의 영수로 낙인찍혀 많은 공격을 받았다. 당쟁이 치열해지자 동인들은 이이에게 정철과 헤어지라고 요구했지만, 이이는 끝내 정철과의 관계를 끊지 않았다. 이런 이이의 태도는 결국 자신에게 커다란 정치적 부담으로 작용했다. 정철도 이 같은 상황을 모르지 않았다. 이이가 죽자 정철은 다음과 같은 제문을 지었다.

나같이 보잘것없는 사람에게 무슨 일컬을 만한 것이 있기에 공은 유독 나에게 30년간 관대히 대했던 것인가. 나의 성급함과 편협함으로 말미암아 공의 고민을 일으켰고, 절교할 만한 경우가 어찌 한이 있었으랴만 끝내 옛정을 잃지 않았다. 마지막에는 다시 의견이 일치되어 같이 어울렸으니, 공은 실로 어질었다.

결혼, 그리고 계속된 장원급제

이이는 1557년 9월에 22세의 나이로 결혼했다. 배우자는 성주 목사 牧使 노경린盧慶麟(1516~1568)의 딸이었다. 신부의 나이는 17세로, 이이보다 다섯 살이 적었다. 노경린은 딸만 셋을 두었는데, 이이는 맏사위였다. 이이는 부인 노씨와의 사이에서 자식을 보지 못했다.

이이의 생애에서 결혼과 함께 또 하나의 장소가 그의 삶에 들어온다. 해주의 석담리石潭里(현 황해남도 벽성군)가 바로 그곳으로, 처가의 고향이다. 이이는 조정에서 물러날 때마다 아버지의 고향인 파주와 처가의 고향인 석담에서 주로 머물렀다. 관직에 있는 처지로 강릉은 너무 멀고, 게다가 외할머니가 돌아가신 뒤로는 아무래도 이전과 같지 않았던 듯하다. 이이는 석담에서 『격몽요결擊蒙要訣』을 지었고, 『석담일기石潭日記』도 이곳의 명칭에서 따왔다. 또한 이곳에서 제자 양성을 위해 은병정사隱屏精舍를 짓고 제자를 가르쳤다. 은병정사는 광해군 2년(1610)에 '소현紹賢'이라는 사액賜額을 받아 소현서원이 되었다. 사액이란 서원 이름이 쓰인 액자를 왕에게서 받는다는 뜻이며, 사액 서원은 사립 기관으로서 국가의 공인을 받았다는 뜻이다.

이이가 26세 되던 1561년에 아버지 이원수가 사망했다. 이이는 1563년 가을에 탈상하고, 1564년(명종 19) 7월 생원과와 진사과 2차 시험에서 모두 장원을 하고, 다음 달에는 문과에서 장원했다. 대개 생원과나 진사과 중 하나에 합격한 뒤 몇 년을 더 공부해서 문과를 통과하는 것이 보통의 급제자들이 걷는 길이었다. 생원과와 진사과에 동시에 합격한 뒤, 바로 다음 달에 문과에 합격한 것도 유례를 찾기 어려운 일인데, 이이는 이 모두를 장원으로 통과하여 장안에 화제를 불러일으켰다. 실제로 명종은 그를 불러서 실력을 시험해본 뒤, 후하게 상을 내렸다. 그는 처음부터 화려하게 등장했다. 본래 문과 합격자는 일정 기간 동안 권지權知라 하여, 지금으로 말하면 인턴과 같은 수습 기간을 거친 뒤 정식으로 관직에 임명된다. 과거 급제자는 갑·을·병 3등급으로 나뉘는데, 오직 갑과甲科 세 명에게만 합격과 동시에 관직에 임명된다. 장원한 사람은 정6품직에 임명된다. 이이는 합격과 동시에 정6품 관직인 호조 좌랑에 임명되었다.

문정왕후의 사망과 구체제의 몰락

성리학적 이상 정치를 주장하던 사림파가 기성의 정치 세력에 의해 괴멸에 가까운 타격을 입은 사건이 기묘사화己卯士禍(1519)이다. 기묘사화부터 문정왕후文定王后가 사망할 때(1565)까지의 시기를 학계에서는 훈척勳戚 정치의 시대 혹은 척신戚臣 정치의 시대라고 부른다. 사림에게 이 시기는 엄혹한 암흑 정치이 시대였다. '훈勳'은 공신을 뜻하고, '척戚'은 왕비의 집안, 즉 외척을 뜻한다.

조선시대의 각각의 왕이 재임한 기간은 지금으로 치면 하나의 정부와 비슷했다. 왕위 계승이 순조롭게 이루어지지 못할 때마다 새로운 권력의 창출에 기여한 사람들에게 공신 책봉이라는 보상이 돌아갔다. 기묘사화는 중종 대 중간에 발생했지만, 거대한 정치적 사건이었기에 공신 책봉이 뒤따랐다. 왕비 집안이란 중종(재위 1506~1544)의 제1계비(장경왕후)와 제2계비(문정왕후)의 집안을 말한다. 중종이 사망할 때까지는 훈신과 척신이 서로 엇비슷하게 권력을 다툰 반면, 이후 명종 대에는 척신이 권력을 장악했다.

중종은 성종의 둘째 아들로, 연산군의 이복동생이다. 그는 반정 전에 이미 결혼했는데, 부인은 좌의정을 역임한 신수근愼守勤의 딸이었다. 중종은 1506년 반정공신들의 추대로 왕이 되었다. 이것은 조선의 첫 번째 반정이었다. 뒷날의 인조와 달리 중종은 반정 과정에서 아무런 역할도 한 것이 없었다. 그 때문에 막상 왕이 된 직후에는 전혀 자기 목소리를 낼 수 없었다. 이를 잘 보여주는 일이 그의 첫 번째 부인과의 강제 이혼이다. 반정의 주모자 중 한 사람인 박원종朴元宗은 중종의 부인인 신씨가 연산군의 처남인 신수근의 딸이라는 이유로 중종과 억지로 헤어지게 했다. 중종의 첫 번째 부인 신씨가 단경왕후端敬王后라는 이름을 얻은 것은 훨씬 나중인 영조 15년(1739)이다.

중종의 제1계비는 장경왕후章敬王后(1491~1515)로서, 본관은 파평坡平이다. 파평은 파주의 옛 이름이다. 중종반정 뒤, 궁에 들어온 그녀는 중종 10년(1515) 2월에 아들을 낳은 뒤 산후병으로 엿새 만에 죽었다. 15세에 궁에 들어와 25세에 사망했던 것이다. 이때 낳은 아이가 인종이다. 그리고 17세에 제2계비로 들어온 사람이 바로 문정왕후文定王后(1501~1565)이다. 본관은 역시 파평으로, 그녀는 중종 12년(1517)에 왕비에 책봉되었다.

기묘사화로 수많은 사림이 억울하게 죽거나 귀양을 갔다. 조광조趙光祖(1482~1519)와 사림파에 의해 잠시 약화되었던 기성 권력은 이를 계기로 되살아났다. 하지만 권력을 다시 장악하는 데는 성공했어도, 그것을 정상화하지는 못했다. 기존의 정치적 무절제와 비효율은 계속되었다. 사실, 그것이 바로 사림파가 정치 무대에 등장했던 근본 이유이기도 했다. 곧 훈구파 내부에서 권력투쟁이 일어났고, 각종 옥사와 역모 사건이 터졌다. 정국은 더욱 혼란스러워졌다.

한편 조정에는 차츰 훈구파 이외에 두 명의 계비와 관련해서 권력을 축적해가는 세력이 등장했다. 척신이 그들이었다. 장경왕후의 경우, 그녀 자신은 죽었지만 그의 아들인 인종이 세자로 커가고 있었다. 문정왕후도 아이를 낳았는데, 그가 바로 뒷날의 명종이다. 두 명의 계비는 공교롭게도 모두 파평 윤씨인데, 문정왕후의 아버지는 장경왕후와 8촌 간이었다. 그래서 당시 사람들은 인종의 외척을 대윤大尹, 명종의 외척을 소윤小尹이라고 불렀다. 대윤의 중심은 인종의 외삼촌인 윤임尹任이었고, 소윤의 중심은 명종의 외삼촌인 윤원로尹元老·윤원형尹元衡 형제였다. 물론 소윤의 배후에서 영향력을 행사한 사람은 문정왕후였다.

중종이 사망하고 30세의 인종이 즉위했다. 무려 25년의 세자 기간을 거친 뒤의 즉위나. 하지만 인종은 불과 8개월 만에 병사했다. 그리고 그 뒤를 이어서 이복동생 명종이 12세의 나이로 즉위하고, 문정왕후의 9년에 걸친 긴 수렴청정이 시작되었다. 이 기간에 사림들에 대한 무섭고도 참혹한 살육이 여러 차례 진행되었다.

문정왕후에게 일차적으로 가장 위협이 되는 세력은 인종의 외척, 즉 대윤이었다. 명종이 왕위에 오른 직후 윤원형尹元衡·이기李芑·임백령林百齡·정순붕鄭順朋 등 소윤 세력은 윤임·유관柳灌·유인숙柳仁淑 등 대윤 세력이 역모를 꾀했다고 조작하여 조정에서 몰아내며 이른바 을사사화乙巳士禍(1545)를 일으켰다. 이때 대윤과 별 상관이 없는 많은 사람이 숱하게 죽

태릉과 문정왕후 금보

서울시 노원구에 있는 태릉은 태릉선수촌과 육군사관학교로 유명하지만, 정작 그것이 누구의 능인지 아는 사람은 많지 않다. 문정왕후가 바로 그 주인공이다. 조선시대 정치에서 외척 세력은 철저하게 억제되었다. 그럼에도 문정왕후는 20년간 절대 권력을 행사했다.

아래 사진은 문정왕후 금보이다. 금보란 왕실 도장인 어보의 한 종류이다. 문정왕후 금보에는 '성열대왕대비지보聖烈大王大妃之寶'라는 명문이 새겨져 있다. 문정왕후 금보는 본래 종묘에 있었겠지만, 현재는 미국 로스앤젤레스 카운티 미술관에 있다. 언제인지는 모르지만 종묘에서 유출되어 미국 미술관에 팔린 것으로 보인다. 태릉 입구에는 조선왕릉전시관이 있는데, 그곳에 문정왕후 금보 복제본이 전시되어 있다.

거나 귀양을 갔다.

명종 2년(1547)에는 정미사화丁未士禍를 촉발시킨 '양재역 벽서 사건'
이 벌어졌다. 경기도 과천의 양재역에서 벽보가 발견되었는데, 위로는
여주女主 즉 문정왕후가 있고 아래로는 간신 이기李芑가 있어 권력을 휘
두르니, 나라가 곧 망할 것이라는 내용이었다. 누가 쓴 것인지는 알 수
없었다. 이 벽보는 곧 임금에게 올라갔다. 소윤은 2년 전 을사사화에
대한 조치가 미흡했다면서, 정치적으로 의심되거나 자신들에게 반대할
것으로 예상되는 사람들을 죽이고 귀양 보냈다. 이언적李彦迪·권벌權橃·
노수신盧守愼·유희춘柳希春·백인걸白仁傑 등 20여 명이 이때 유배를 당했다.
이 사건에는 을사사화 때보다도 사림계 인물들이 더 많이 포함되었는
데, 사사賜死와 귀양 외에도 사건의 조사 과정에서 희생된 인물들 역시
아주 많았다. 그 2년 뒤인 명종 4년(1549)에는 다시 한 번 대규모 옥사
가 일어났다.

명종 20년(1565) 4월, 20년간 줄내 권력을 행사해온 문정왕후가 사
망했다. 그녀는 수렴청정을 끝낸 뒤에도, 죽기 전까지 실질적으로 권력
을 놓지 않았다. 그녀의 사망은 20년 절대 권력의 기반이 해체된 것을
뜻했다. 그녀는 사망 당일에 '유교遺敎'를 내려 몇 가지를 당부했다. 그
중에서도 가장 강조한 내용은 불교에 대한 보호였다. 왕후 스스로 "조
정에 말하기가 마음에 매우 미안하지만" 혹은 "석가의 도道가 이단이기
는 하지만"이라고 말했던 것은 자신의 사망 이후에 대한 불안감 때문이
었을 것이다.

과거 청산의 시작, 보우와 윤원형 탄핵

문정왕후가 사망하고 20일도 채 지나지 않아, 사헌부를 시작으로 '적승賊僧 보우'에 대한 탄핵이 봇물처럼 터져 나왔다. 그것은 표면적으로는 보우에 대한 탄핵이지만, 실상 20년간 이어진 절대 권력에 대한 정면 도전이었다. 뒤이어 홍문관의 탄핵이 뒤따랐고, 그 뒤 열흘이 안 지나서 삼정승이 명종에게 보우의 탄핵을 공식 요청했다. 문정왕후 사후 한 달 남짓 만에 정승들이 보우의 처벌을 요청한 것이다. 당시 영의정은 문정왕후의 친동생이자, 20년 권력의 한 축인 윤원형이었다. 당연히 그는 보우의 처벌에 반대했지만, 결국 자신의 뜻을 굽힐 수밖에 없었다.

삼사三司, 즉 홍문관·사헌부·사간원의 탄핵과 삼정승의 요청에도 명종은 처음에 보우의 처벌을 허락하지 않았다. 그러자 성균관과 사학四學 생도 1,000여 명이 권당捲堂을 벌이며 30여 번이나 상소를 올렸다. 사학은 조선시대 서울의 네 곳에 세운 교육기관으로, 지방의 향교에 해당했다. 한편 권당이란 생도들이 집단적인 의사표시를 하기 위해 공부하던 건물을 비우고 나와버리는 일종의 태업이다. 마침내 평안도의 향교생들까지 권당을 하는, 일찍이 없었던 사태가 벌어졌다. 결국 명종은 보우를 제주에 귀양 보냈지만, 그 뒤에도 탄핵을 주장하는 상소는 그치지 않았다. 그를 죽이라는 요구였다. 결국 보우는 제주 목사 변협邊協에 의해 피살되었다.

보우에 대한 처벌은 문정왕후 사후의 첫 번째 과거 청산이었다. 이 과정에서 처음에는 윤원형이, 그리고 나중에는 명종이 강력히 반대했다. 하지만 위로 정승에서 아래로 사학과 향교생에 이르기까지 한목소리로 보우의 처벌을 요구했고, 그 요구는 보우가 제주에서 살해되고 난 뒤에야 마침내 멈췄다.

보우를 제주로 귀양 보내는 조치가 완료되자, 과거 청산의 칼끝은 곧바로 현직 영의정 윤원형에게 향했다. 본래 과거 청산의 핵심 대상은 처음부터 보우라기보다는 윤원형이었다. 대사간 박순朴淳(1523~1589)은 대사헌 이탁李鐸(1509~1576)과 함께 처음으로 윤원형을 탄핵하며 그를 귀양 보낼 것을 왕에게 요청했다. 재위 중인 왕의 외삼촌이자 오랜 동안 강력한 권력을 행사하던 현직 영의정을 모후의 상중喪中에 탄핵한 것이다. 같은 날 홍문관도 동일한 내용의 탄핵 상소를 올렸다. 삼사의 상소를 명종은 단호히 거부했다. 하지만 아무 일도 없었다는 듯이 지나갈 수 있는 상황이 아니었다.

상소가 계속되자 명종은 윤원형을 영의정에서 물러나게 했다. 그러자 다음 날 좌의정 심통원沈通源(1499~?)과 우의정 이명李蓂(1496~1572)이 의정부와 당상관 및 6조 판서와 함께 또다시 윤원형에 대한 탄핵을 요구했다. 조선의 관직 체계에서 4품 이하는 관료의 성격이 강하지만, 그 위로는 오늘날로 치면 정치가의 성격을 띠고 있다. 당상관이란 대략 3품 이상의 관리를 말한다. 따라서 정승, 판서, 당상관을 합하면 오늘날 꼭 같지는 않아도 국회 전체와 비슷한 의미를 갖는다. 이들은 윤원형을 귀양 보내는 것이 바로 공론임을 주장했다. 삼사, 판서 전원, 좌·우정승의 요구에도 명종이 윤원형의 영의정직을 거두는 선에서 그 문책을 그치려 하자, 박순과 이탁이 다시 한 번 상소를 올렸다. 이번에는 윤원형을 귀양 보내야만 하는 이유를 무려 26가지나 들었다. 이에 명종은 탄핵이 공론에 따른 것임을 인정하면서도, 모후의 동기를 상중에 귀양 보낼 수는 없다면서 버텼다. 한편 이 무렵 이준경李浚慶(1499~1572)이 온 조정의 환호를 받으며 영의정에 임명되었다.

명종도 조정 전체의 요구를 계속해서 거부할 수만은 없었다. 결국 명종은 윤원형을 파직하고 조정에서 물러나게 했다. 그렇지만 그에게 귀양형을 내리지는 않았다. 이때 사태를 예의 주시하던 이준경은 명종에게 시일을 끌수록 공론이 더 크게 일어나고 윤원형의 죄상도 더욱더 드러날 것이라고 말했다. 빨리 귀양 결정을 내려서 공론을 진정시키지 않으면, 윤원형의 생명을 보존하기 어려울 것이라고 상소했다. 평생을 사화士禍로 점철된 시대를 산 이준경은 정치적 상황이 지닌 휘발성을 잘 알고 있었다. 이 판단은 상황을 읽는 이준경의 예리한 정치적 감각을 보여준다. 말하자면, 상황은 이제 윤원형을 귀양 보내느냐 마느냐의 차원이 아니라, 그가 목숨을 부지할 수 있느냐 없느냐의 차원으로 전개되고 있었다.

하지만 이준경의 상소에도 불구하고 명종은 끝내 윤원형에게 귀양형을 내리지 않았다. 상소는 빗발치듯 계속되었다. 윤형원에 대한 탄핵이 시작된 이래 20일 동안 80여 번이나 상소가 올라왔다. 결국 명종은 윤원형에게 방귀전리放歸田里를 명했다. 벼슬을 빼앗고 자기 고향으로 내쫓는 조치다. 탄핵이 시작된 지 불과 24일 만이었다. 이 시기에 조정에서 명종 이외에는 누구도 윤원형을 옹호하거나 대변하지 않았다.

비록 윤원형이 귀양형에 처해지지는 않았지만, 결과는 그것보다 훨

씬 더 비극적이었다. 그는 처음에 첩이었다가 나중에 정실부인이 된 정
난정鄭蘭貞과 함께 강음江陰(현재의 황해북도 평산)의 시골집에 가 있었지만,
그 생활은 오래가지 못했다. 정난정이 음독자살했고, 그 5일 뒤에는 윤
원형도 자살하고 만다. 문정왕후가 1565년 4월에 사망한 뒤, 20여 년에
걸친 그녀의 권세로 뒷받침되었던 강력한 힘은 해를 넘기지 못하고 그
해 11월에 급격히 소멸되고 말았다.

과거 청산

보우와 윤원형의 사망은 단지 문정왕후 시대를 대표했던 최소한의 상징적 인물만 사라진 것뿐이었다. 당시 북방에서 여진 부족들에 의한 군사적 긴장이 높아지자, 명종은 강계로 유배되어 있던 이량李樑을 국경에서 멀리 떨어진 안쪽 지역으로 옮기라고 명했다. 사림을 탄압했던 이량에 대한 명종의 이런 관대한 조치에 대해서, 실록은 "주상이 이량을 잊지 못하고 있었지만 공론 때문에 감히 관용을 베풀지 못했다. 주상의 이 조치를 보면서 사림은 흉흉히 두려워했다"라고 적었다.

이량은 태종의 둘째 아들 효령대군의 5대손으로, 명종 비 인순왕후仁順王后(1532~1575) 심씨의 외삼촌이다. 그는 왕실의 후예이자 동시에 강력한 외척이었다. 당시 사람들은 그를 윤원형·심통원과 더불어 3흉凶이라 불렀다. 그는 권력을 강화하는 과정에서 신진 사림 세력과 갈등을 빚자, 명종 18년(1563)에 기대승奇大升·허엽許曄·윤두수尹斗壽·윤근수尹根壽·이산해李山海 등을 제거하려 했다. 하지만 이 계획은 그의 조카이자 인순왕후의 친동생인 심의겸沈義謙(1535~1587)에 의해서 무산되고, 그 자신이 오히려 평안도 강계로 귀양을 갔다. 이를 계기로 심의겸은 사림의 신뢰와 지지를 얻어 조정에서 급격히 정치적 영향력을 확대했다.

뒷날 사림이 동인과 서인으로 나뉘어 갈등할 때, 동인이 서인을 비판하는 핵심 논리는 심의겸이 외척이고 서인들과 결탁했다는 것이었다. 겉으로 보면 그 논리는 시대정신에 부합하는 것처럼 보였다. 왜냐하면 선조 대 초반의 정치적 명분은 문정왕후 시대의 척신 정치를 타파하는 것이었기 때문이다. 하지만 이 논리는 정당하지 않을 뿐만 아니라 어떤 면에서는 비겁하기까지한 면이 있다. 심의겸이 이량의 계획을 저지할 수 있었던 것은, 역설적으로 심의겸 자신이 강력한 외척이었기 때문이다. 당시에는 사림의 정치적 힘이 매우 미약했고, 외척의 전횡을 전혀 막아낼 수도 없었다. 동서 분당 이전까지만 해도 심의겸에게는 사림을 구해낸 공이 있다는 것이 사림의 중론이었다. 이이의 견해가 바로 그것이었다.

이러한 거시적 측면을 떠나 개인적 차원에서만 보더라도 기대승, 허엽, 윤두수, 이산해 등은 심의겸 덕분에 목숨을 건졌거나 최소한 인생을 빛졌다고 할 수 있었다. 사후적으로 보면 이량의 계획이 무산되고 2년 뒤에 문정왕후 체제가 무너졌지만, 그때로서는 전혀 예측할 수 없는 일이었다. 명종이 즉위한 뒤로 몇 차례의 대규모 사화를 거치면서 많은 사림이 죽거나 귀양을 갔다. 귀양을 간 사람들은 권벌이나 이언적처럼 귀양 간 곳에서 죽거나, 아니면 15년 이상 귀양살이를 하고 있는 중이었다. 이렇게 생각하면, 뒷날 중종·명종 대에 벼슬을 했던 구신舊臣 출신으로서 선조 대에 동인에 합류한 뒤 동인의 영수가 되어 심의겸을 공격한 허엽은 최소한 개인적 차원에서는 도덕적으로 이율배반적 행동을 한 셈이다.

어쨌든 인적 청산의 흐름은 계속되었다. 좌의정 심통원도 물러나지 않을 수 없었다. 윤원형이 제거되고 자신에게 가해지는 퇴진 압력이 거세지자, 그로서도 다른 방법이 없었다. 이번에도 박순이 그의 퇴진에 결정적 역할을 했다.

크고 작은 개혁들

긴급한 인적 청산이 일단락된 뒤 떠오른 정치적 현안은 과거 정치적 사건에 억울하게 연루된 인사들을 복권시키고, 명망 있는 인물을 조정에 다시 불러들이는 일이었다. 이때 가장 먼저 주목받은 인물이 이황 李滉(1501~1570)이었다. 명종은 이황에게 조정에 다시 나와줄 것을 정중히 요청했다. 그 당시 조야를 망라한 최고의 인물은 이황이었다.

인적 청산과 정치적 신원伸寃, 그리고 복권 조치와 함께 문정왕후 구체제 시기에 행해졌던 잘못된 조치들에 대한 청산 작업도 진행되었다. 홍문관은 "수레에 실으면 소가 땀을 흘리고, 방 안에 쌓으면 천장에 닿을 정도로 많은" 구체제 시기의 잘못된 조치들을 삭제하거나 개정할 것을 요청했다. 명종은 이 문제들을 영의정 이준경에게 검토하도록 맡겼다. 한 달쯤 뒤 이준경은 폐지해야 할 사항들을 왕에게 보고했다. 그런데 이에 대해서 명종은 개정 및 삭제에 반대하는 10개 항목의 내용을 담은 전교를 내렸다.

이 항목들 중에서 가장 문제가 된 것은 내수사 인신印信 및 양종兩宗의 승과僧科와 관련된 문제였다. 내수사는 조선시대 왕실에서 필요로 하는, 쌀을 포함한 여러 가지 물건 및 노비 등을 관리하던 기관이다. 말하자면 내수사는 왕의 개인 창고였다. 조선시대 내내 왕과 신하들이 가장 많이 갈등했던 문제 중 하나가 바로 내수사 문제이다. 신하들은 원칙적으로 내수사의 존재를 인정하지 않았다. 반면 역대 국왕들은 내수사만큼은 신하들에게 간섭받고 싶어 하지 않았다. 이렇게 내수사의 존재 자체에 대해서 왕과 신하들의 인식이 크게 다른 가운데, 내수사는 정부 행정조직의 규제를 넘어서 권력기관이 되는 경우가 많았다. 문정왕후 시대에는 이런 경향이 더욱 두드러졌다. 권력이 정상적인 경로로 작동하지 않고 문정왕후와 외척들에 의해 행사되는 경우가 많았기 때문이다. 인신印信, 즉 도장(stamp) 문제는 내수사가 공적 행정조직을 통하지 않고 내수사 인신을 찍어서 직접 지방에 명령을 하달하여 집행하던 관행이다. 이것은 원칙적으로 불법행위였으나 문정왕후와 외척 세력이 지배하는 현실에서 오랫동안 관행이 되었다.

양종, 즉 교종과 선종의 부활 및 승과僧科의 실시는 문정왕후가 보우의 요청을 받아들여 성립시킨 것이다. 문정왕후가 죽음을 목전에 두고 불교 보호를 요청했던 것은, 그녀가 보기에도 불교의 앞날이 불안했기 때문이었다. 본디 조선은 불교를 비판하며 세워진 나라였으므로 사대부들의 공적 세계에서 불교가 자리할 곳은 없었다. 양종 승과의 폐지는 문정왕후의 유언을 정면으로 부정한다는 것을 뜻했다. 이때에도 명종은 이 두 가지 요구에 대해서 처음엔 반대하지만, 결국 신하들이 요청한 대로 이 두 가지를 포함한 전체를 폐지했다.

문정왕후 사후 1년간 크고 작은 정치 개혁이 있었다. 문정왕후 치세를 상징했던 사람들이 추방되거나 물러났고, 과거에 추방되고 귀양 갔던 인물들은 다시 등용되었다. 또 이황을 조정에 불러들이기 위해서 노력했고, 구체제에서 만들어졌던 수많은 잘못된 법이 폐지되었다. 그럼에도 이런 조치들이 조정에서 정치 세력의 전면적 교체를 뜻하지는 않았다. 문정왕후 시대의 구세력은 여전히 조정에 온존했다.

명종 19년(1564) 8월 호조 좌랑직에 임명된 이후 명종이 사망하는 명종 22년(1567) 6월까지 이이의 활동에서 특별한 점은 눈에 띄지 않는다. 사람들의 주목을 한눈에 끌며 관리가 되었지만, 공식적으로 그는 하급 관리일 뿐이었다. 이이도 보우와 윤원형의 잘못을 탄핵하는 상소를 작성했지만, 그 내용에 특별하다고 할 만한 것은 없었다. 이 시기에 그의 주장을 대표할 만한 것으로는 명종 21년(1566) 5월에 사간원 정언正言의 자격으로 동료들과 함께 올린 상소였다. 그들은 "마음을 바로잡아 정치의 근본을 세우고, 어진 이를 등용하여 조정을 깨끗이 하며, 백성을 안정시켜 근본을 튼튼히 해야" 한다고 주장했다. 이 역시 당시 조정의 지배적인 주장과 조금도 다르지 않았다. 이 시기에 이이는 조용히 조정 여론의 추세를 따르고 있었다.

사림의 조정 진출

선조 즉위 뒤 수년간 조정에서 중심 역할을 한 인물로 이준경과 기대승을 들 수 있다. 조선에서 처음으로 방계 혈통 출신의 선조가 왕위를 계승하는 데 영의정 이준경은 결정적인 공을 세웠을 뿐만 아니라, 조정 내에서 맡은 지위와 역할로 볼 때도 가장 중요한 인물이었다. 명종 말에서 선조 초에 이루어진 대규모 신원과 복권도 이순경이 직간접적으로 주도했다. 이준경의 일부 동료들은 그가 일을 너무 급진적으로 해서 뒤탈을 걱정할 정도였지만, 그는 이들의 충고를 일축하며 개혁을 추진했다.

이준경은 중종 대 중반인 중종 26년(1531)부터 관직 생활을 시작한 구신이었다. 그는 권신權臣 김안로金安老 일파에 의해 파직을 당하기도 했지만 비교적 순조롭게 승진하여 중종 대에 형조 참판을 지냈고, 명종 대에 정승에까지 오른 인물이다. 『조선왕조실록』에는 졸기卒記라고 불리는 기록이 있다. 고위 관직자나 중요한 인물이 죽으면 그 죽음을 기

이준경 묘와 신도비　이준경의 호는 동고東皐, 시호는 충정忠正이다. 선조 초 잠시 서울에 왔던 이황이 내려가면서 정치 쪽과 관련해서 선조에게 추천한 사람이 이준경이다. 사림의 집권에 가장 큰 공이 있었다. 하지만 동서 분당을 예고하여 이이를 비롯한 신진 세력에게 큰 비판을 받았다. 그의 묘와 신도비는 경기도 양평군 양서면 부용리 산 35−1번지에 있다. 비문은 노수신이 지었다.

록하고 그 사람의 생애를 간단히 평가한 사관의 기록이다. 그가 죽자, 야박하기로 유명한 실록의 졸기조차 "권간權奸이 권세를 부리던 당시 준경은 지조를 지키고 아부하지 않아 자주 배격을 당하였으나, 그들이 끝내 감히 가해하지 못한 것은 준경이 절개와 지조를 갖고 있을 뿐 아니라 품행에 하자가 없고 논의가 한편으로 치우치지 않았기 때문이다"라고 대단히 후한 평가를 했다. 선조 초에 이황이 잠시 서울에 올라왔다가 낙향할 즈음에 선조가 사람을 천거해달라고 하자, 그는 이준경과 기대승을 천거했다. 이때 이황은 이준경에 대해서 "국가가 위태하고 불안할 때 음성이나 안색이 흔들리지 않고 나라의 형세를 태산같이 안정시켜 놓았습니다. 기둥과 주춧돌 같은 신하이며, 그보다 더 믿을 수 있는 사람은 없습니다"라고 말했다.

한편 즉위 뒤 선조는 경연에 많은 시간을 보냈는데, 이때 경연을 이끌며 어린 임금에게 큰 영향을 준 사람이 기대승이다. 이황에게는 워낙 뛰어난 제자들이 많았기 때문에, 그의 수제자가 누구인가를 두고 조선 시대는 물론이고 오늘날에도 여러 가지 설이 있다. 하지만 기대승이야 말로 이황이 인정한 수제자였다.

위에서 보듯이 이황은 선조에게 오직 이 두 사람, 이준경과 기대승을 천거했다. 그런데 불행하게도 이 두 사람은 선조 초년에 서로 대립하는 정치 세력의 좌장이었다. 그리고 마치 약속이나 한 듯이 스물아홉 살의 나이 차에도 불구하고 선조 5년(1572)에 넉 달 간격으로 사망했다. 큰 흐름에서 보면 선조 초년의 정국은 이준경과 기대승이 대립하고, 후반부에는 이이가 기대승의 역할을 이어받는 양상으로 전개되었다.

인순왕후의 결단

이 시기에 정치 개혁이 일어난 직접적인 계기는 문정왕후와 명종의 죽음, 그리고 뒤이은 선조의 즉위이다. 여기서 주목할 것은 이 일이 특정한 정치 세력에 의해서 추진되지 않았다는 점이다. 그 때문에 이런 일련의 사건 이후에 구세력의 청산이 대대적으로 이루어지지도 않았고, 정국을 주도하는 새로운 정치 세력이 부상하지도 않았다.

선조 초년에 조정에서는 세 개의 집단이 자연스럽게 형성되었다. 첫째는 과거 구체제에서 세력을 갖고 있었거나 관료 생활을 했던 구신 집단이다. 이들은 비록 수적으로는 많았지만, 이미 구체제가 무너졌기 때문에 매우 수세적 입장에 처해 있었다. 둘째는 기본적으로는 구신이지만 개인적으로 지조를 잃지 않았던 명망 있는 고위직 구신들이다. 이준경이 바로 여기에 속했다. 어떤 시대의 무단적 정치 집단에도 유능하고 존경할 만한 소수의 인물들은 있는 법이다. 마지막으로 문정왕후 체제의 몰락 이후 등장한 신진 세력이다. 이들은 기성의 정치적 권위에 대해 깊은 혐오감을 지니고 있었고, 이들보다 훨씬 나이 많은 선배들에 대해 아무런 존경심도 갖지 않았다. 이러한 정치 세력이 포진한 가운데 16세의 어린 왕 선조가 즉위했다.

그런데 이들 세 집단 이외에 주목해야 할 또 하나의 집단이 있다. 을사사화 및 계속된 정치적 파국으로 귀양을 갔다가 20여 년 만에 조정에 복귀한 인물들이다. 노수신盧守愼(1515~1590), 김난상金鸞祥(1507~1570), 민기문閔起文(1511~1574), 유희춘柳希春(1513~1577) 등이 그들이다. 이들은 조정에 복귀하자마자 곧 통상적인 승진 절차를 뛰어넘어 고위직으로 발탁되었다. 이들이야말로 선조 초년에 조정을 이끌어가리라고 신진 사림이 기대했던 인물들이다. 그들에게는 확고한 정치적 명분이 있었다. 하지만 그들은 끝내 독자적 정치 세력을 형성하지도, 정국을 주도할 정치적 역량을 보여주지도 못했다. 사실 그것은 불가능했다. 왜냐하면 정치적 역량이란 오랜 관료 생활을 통한 국정 운영의 경험에서 얻어지는데, 장기간의 귀양 생활로 그들에게는 그것을 얻을 기회가 없었기 때문이다.

문정왕후 사후에 과거 청산 작업이 있었지만, 그것은 아무래도 제한적이었다. 그러다가 선조 즉위와 동시에 이 작업이 더욱 큰 폭으로 재개되었다. 본격적인 신원과 복권에 앞서, 심통원이 관직을 삭탈당하고 고향으로 쫓겨났다. 이것은 윤원형에게도 적용된 조치였다. 심통원은 그때까지도 계속해서 재상직으로의 복귀를 노리고 있었기 때문에 사림은 그를 불안스레 지켜보고 있었다. 선조 즉위 뒤에 삼사와 삼공이 조정 백관을 거느리고 그를 외방으로 내칠 것을 한 달이나 요구한 끝에, 마침내 심통원은 조정에서 축출되었다.

심통원이 정치적으로 축출된 것은 명종 비 인순왕후의 결심에 따른 것으로 보인다. 인순왕후 심씨는 선조가 즉위하자 수렴청정을 실시했다. 선조가 아직 어린 나이인데다 명종의 친자가 아니었기에 체계적으로 세자 교육을 받지 못했기 때문이다. 앞에서 언급했듯이 선조는 조선 왕조의 역대 임금 중에서 방계 출신으로는 처음으로 왕위에 오른 인물이다. 그만큼 정통성 측면에서 약점이 있었다. 따라서 인순왕후의 정치적 보살핌과 지지가 절대적으로 필요했다. 선조가 정통성 면에서 약점이 있다는 것은 누구보다 선조 자신이 잘 알고 있었다. 선조 8년(1575)에 명종 비 인순왕후가 사망한 뒤, 또 선조 11년(1578)에 인종 비 인성왕후仁聖王后(1514~1577)가 사망 뒤에 보여준 선조의 지나치다 싶을 정도의 애도는 그런 인식과 무관하다고 보기 어렵다. 수렴청정 기간 중 인순왕후의 정치적 힘은 전혀 허약하지 않았다. 인순왕후의 할아버지는 명종 대에 영의정을 지냈던 심연원沈連源이고, 그의 동생이 바로 심통원이다. 즉 인순왕후는 심통원의 종손녀였다. 그런 까닭에 수렴청정 중이던 인순왕후의 결심과 허락 없이 심통원의 퇴진이 이루어졌다고 생각하기는 힘들다.

인순왕후는 불과 7개월 남짓 만에 수렴청정을 끝냈다. 그녀는 선조의 왕위 계승을 안착시키는 것으로 자신의 임무를 제한했다. 하지만 이 짧은 기간에 그녀는 적지 않은 일을 했다. 그녀는 명종이 즉위하고 재위하던 중에 발생한 각종 정치적 사건의 희생자들을 복권시키고 피해를 최소화하는 조치를 취했다. 그 사건들은 비록 허수아비 남편 위에서 시어머니가 수렴청정하는 기간에 발생했던 일이지만, 어쨌든 공식적으로는 명종의 재위 중에 일어났던 일이다.

인순왕후의 이런 조치는 선조 초년이라는 조건에서 보면 한층 더 깊은 의미를 지닌다. 선조는 최소한 재위 10년까지는 선대先代에 결정한 어떤 일도 바꾸려 하지 않았다. 선대의 폐단을 고치라는 수많은 상소에도 불구하고 선조는 미동도 하지 않았다. 이런 태도는 근본적으로 자신의 정통성 부재에 대한 인식에서 나온 것이었다. 자신의 정통성이 명종을 이어받는 것에서 나왔다면, 선대의 잘못까지도 쉽게 고칠 수는 없기 때문이다. 아마도 인순왕후의 조치가 없었다면 선조 대는 훨씬 나중까지 과거 청산 문제로 시달렸을 것이다.

낭천제로 세력을 확대해간 사림

사람에 대한 신원과 복권보다 더욱 어려운 일은 관행이 된 제도에 대한 개혁이었다. 이 문제와 관련해서 가장 먼저 주목받은 것은 조정의 인사 관행이었다. 문정왕후가 죽은 지 이미 여러 해가 지났고 상당한 수준에서 개혁이 이루어졌지만, 이 문제만은 전혀 바뀌지 않았다. 인사 행정은 여전히 청탁에 따라 이루어지고 있었다. 이때 이 문제를 해결하려고 나선 사람이 이탁이었다.

선조 원년(1568) 3월 이조 판서에 이탁이, 이조 좌랑에 정철이 임명되었다. 이탁은 인사 문제를 개선하기 위해서 낭천제郎薦制를 실시했다. 6조의 젊은 실무 관료인 낭관郎官들에게 그들이 아는 선비들을 추천하게 한 것이다. 당시 낭관은 대부분 신진 사림이었는데, 그들이 추천한 사람에 대해서는 시험을 거치지 않고 바로 관직의 추천 대상으로 삼았다. 이 조치에 대해서 구신 그룹의 상당한 저항이 있었지만, 이탁은 흔들리지 않았다.

선조 초 조정에서 세 개의 정치 그룹 중 가장 생기발랄한 그룹은 그들 스스로를 '사림'이라고 불렀던 신진 세력이다. 실록은 이들이 이황을 지도자로 삼고, 함께 서로 어울리며, 학문을 논하면서 스스로 한 무리를 이루었는데, 부패한 것을 제거하고 깨끗한 것을 드러내는 것을 가장 중요시했다고 말한다. 사림 집단의 이러한 성향은 여러 가지 함축적 의미를 가진다.

조선 조정의 정치 구조에서 가장 중요한 두 개의 축은 언관言官과 대신大臣이다. 당시의 역사적 조건에서는 저널리즘이 오늘날처럼 정부 조직 밖에 있기가 어려웠다. 농·공·상의 생산 활동을 직접 하지 않는 조건에서, 정보를 모으고 비판 기능을 수행하는 것만으로 생계를 유지하려면 정부 조직 안에 있어야만 했다. 신진 기예로 구성되는 언관은 옳고 그름을 기준으로 각종 정치적 현안에 대해 비판 기능을 수행했다. 반면에 대신은 실무적으로 국정 현안을 주도하며 조정을 운영했다. 정상적인 상태일 때 대신과 언관은 긴장과 견제 속에서 상대방의 영역을 존중하며 균형을 이루었다. 이것이 부패를 막으면서 동시에 효율을 유지할 수 있는 방법이었다. 또한 대체로 전날의 언관은 뒷날의 대신이 되므로, 권력과 세대의 자연스럽고 점진적인 순환이 이루어졌다. 그런데 문정왕후 권력하의 20년간은 이러한 순환이 단절되고 파괴된 시기였다. 권세를 쥔 간신들은 대신으로서 정치를 전횡했고, 언관들의 활동은 정지되거나 왜곡되었다. 정상적이었다면 언관으로 들어갔어야 할 인물이 재야에서 떠도는 경우가 적지 않았다. 문정왕후 사후 조정에서 인적 청산은 빠르게 진행되었지만, 한 세대 이상에 걸친 정치 구조의 파괴와 단절은 금방 복구될 수 없었다.

신진들은 이황을 구심점으로 삼아 긴밀히 어울리며 결합되어 있었다. 이들은 관직 생활도 비슷한 시기에 시작했다. 이 때문에 그들은 기존 체제에 흡수되지 않고, 자신들만의 결속력을 가질 수 있었다. 더구나 이탁이 실시한 낭천제에 따라 사림들은 조정에서 점점 더 그 세력을 확대해 나갔다. 이러한 양상의 결과가 표면으로 드러난 일이 선조 2년(1569) 인종의 문소전文昭殿 부묘祔廟에 관련된 논의와 김개金鎧(1504~1569) 사건이다.

구당과 신당

인종의 위패를 문소전에 합사하는 문제로 벌어진 갈등과 김개 사건은 거의 같은 시기에 일어났다. 두 사건은 비록 내용은 달리 진행되었지만, 일어난 원인은 본질적으로 한 가지였다. 명망 있는 구신 그룹과 신진 그룹의 갈등이 바로 그것이다.

구신들은 개인저으로 이황의 학분을 높이 평가했고, 그와의 인간관계도 나쁘지 않았다. 선조가 즉위해서 가장 먼저 한 일은 이황에게 명종의 행장行狀을 짓게 하고, 그를 예조 판서에 임명하면서 경연을 주관하는 자리를 겸하여 내린 것이다. 행장이란 죽은 사람의 평생 살아온 일을 적은 글이다. 그래서 죽은 이와 인연이 있으면서 명망이 높은 사람에게 부탁하여 짓는 일이 많았다. 왕의 행장을 짓는다는 것은 대단히 명예로운 일이었다. 아마도 선조가 이황에게 명종의 행장을 짓게 한 일은 이준경의 말을 따른 것이었을 듯하다.

구신들은 신진들과 감정의 골이 깊었는데, 그 원인의 상당 부분은 신진들에게 있었다. 신진들은 구신들을 매우 비판적으로 바라보았다. 그들은 척신 체제와 구신들 개인의 인격을 동일시했다. 제도와 그 속에 있는 개인을 구별해서 보기에는 구체제의 파행이 너무 심각했고, 신진들은 너무 젊었다. 이이는 이렇게 말했다. "오늘날 대신은 구체제에서 여러 차례 원칙과 태도를 바꿔가며 겨우 자기 몸이나 보전한 사람들입니다. 늘 과거의 화禍에 겁을 먹은 나머지 안정만을 바랍니다. 구체제에서 벼슬이 높았던 자일수록 행동이 비열하고, 요직에 있던 자일수록 그 인간적 재질은 하등下等에 속합니다." 명망 있는 구신들로서는 참으로 모욕적인 말이 아닐 수 없었다. 계속해서 이이는 "오늘날 구신이라고 하는 자들은 (지난날) 모두 간신들 밑에서 구차하게 녹이나 받아먹고 살았습니다. 신진 사람이 이들을 인정하지 않는 것도 바로 이 때문입니다"라고 말했다. 이이가 신진 사람에 자신도 포함된다고 생각했음은 물론이다. 이이의 말에는 구체제와 구신들에 대한 깊은 혐오감이 배어 있다. 그의 말은 당시 신진 사람의 정서를 잘 표현하고 있다. 기대승 역시 구신들에 대해서 "당시 착한 사람으로 칭찬을 받던 사람들 역시 바른 말을 제대로 하지 못했으면서도 조정에서 물러나지 않고 구차하게 부귀의 자리를 잡고 있으니 잘못"이라고 말했다. 냉정한 평가였다.

신진들이 보기에, 명망이 있다는 구신들도 드러나게 나쁜 짓을 안했을 뿐 비굴하고 겁에 질린 존재이기는 마찬가지였다. 이러한 인식을 가진 신진 사람들이 구신들에 대해서 어떤 태도를 보였을지는 명약관화하다. 따지고 보면 구신들에 대한 신진들의 인식도 구체제가 남긴 결과였다.

신진 세력은 정치적으로 자신만만했다. 구체제의 폭압적 상황에 대한 경험도 겪지 않았을 뿐더러 그로 인한 상처도 없었기 때문이다. 이준경에 대한 이이의 반박은 이러한 인식을 잘 보여준다. 선조 2년(1569) 8월 이준경은, 조정 관행으로 볼 때 대간臺諫 즉 사헌부와 사간원 관원이 아닌 승지들이 왕에게 국정 현안을 직접 말한 것은 적절하지 못했다고 말했다. 당시 좌승지는 기대승이고, 우승지는 심의겸이었다. 그러자 이이는 "그 말은 옳지 않습니다. 단지 말한 내용이 무엇이었느냐가 문제입니다. 말한 것이 옳다면 체통에 무슨 방해가 되겠습니까?"라고 말하며 왕 앞에서 정면으로 이준경을 비판했다. 같은 일이 다음 달에도 벌어졌다. 조정에서 이준경이, 을사사화 당시 선량한 선비가 잘못 말려들어서 죽은 자가 있는데 그 상처가 아직도 아물지 않고 있다고 말했다. 이에 대해 이이는 다시 한 번 반박했다. "대신의 발언이 어찌 이처럼 불분명하게 호도할 수 있습니까? 을사사화는 그 자체가 조작된 것이며, 그때 죄를 얻은 자는 모두 선량한 선비입니다. 을사사화로 인한 거짓 공훈을 모두 삭제하고 국시國是를 바로잡아야 합니다." 그러자 이준경은 이이의 말이 옳기는 하지만 선조先祖의 일을 갑자기 고칠 수는 없다고 말했다. 이이는 "그렇지 않습니다. …… 아무리 선조의 일이라해도 어찌 고치지 못할 이유가 있겠습니까?"라고 했다.

　　34세의 정5품 홍문관 교리 이이는 왕 앞에서 '대신의 발언이 어찌 이처럼 불분명하게 호도할 수 있냐'며 71세의 영의정을 면전에서 몰아붙였다. 이준경은 이이의 아버지 이원수보다도 나이가 많았다. 더구나 을사사화에 대해 이준경이 이이와 다르게 생각하고 있지도 않았다. 두 사람 사이에 다른 점이 있다면, 그것은 구체제에 대한 체험의 정도와 국정 운영에 대한 책임이었다. 가혹한 경험이나 책임은 사람을 신중하게 만드는 법이다.

어쨌든 신진들은 구신들을 전혀 존중하거나 신뢰하지 않았다. 이 상황은 구체제의 몰락으로 파괴된 대신의 위상이 회복되지 않은 채, 문정왕후 사후에 발생한 조정의 정치력 공백이 계속되고 있음을 뜻한다. 이때의 일로 인해 이준경도 상당히 기분이 상했던지, 어느 날 친구 백인걸에게 이이에 대해서 불평했다. 백인걸이 이준경을 볼 때마다 이이를 칭찬하자, 이준경은 "당신이 말한 이이는 어쩌면 그렇게 말이 가벼운가?"라고 말했다 한다.

문소전 문제와 김개 사건

선조가 즉위한 뒤 두 가지 정치적 흐름이 지속되었다. 하나는 희생당했던 인사들에 대한 지속적인 신원과 복권이고, 다른 하나는 이탁이 이조 판서로서 인사 관행을 변경한 이래 신진들이 끊이지 않고 조정에 들어온 일이다. 계속된 신원과 복권은 마침내 그 최후의 문제에 도달했다. 즉 을사사화에 따른 공훈을 총체적으로 부정하고 인종의 정통성을 복원하는 일이었다. 을사사화로 화를 당한 인사들을 이미 계속해서 신원하고 복권시켰다는 것은, 곧 을사사화 자체가 조작되었음을 뜻하기 때문이다.

인종은 비록 8개월밖에 왕 노릇을 못했지만, 사림은 그에게 따뜻한 감정을 갖고 있었다. 그는 짧은 재위 기간 중에 기묘사화로 죽은 사람

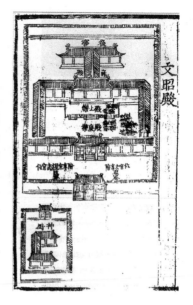

문소전

문소전은 본래 태조 비妃인 신의왕후神懿王后를 위한 사당이었다. 신의왕후는 정종과 태종의 어머니로, 태조가 즉위하기 한 해 전에 사망했다. 1396년 처음 건립되었을 때는 인소전仁昭殿이라 했다. 나중에 태종이 태조와 신의왕후의 신주를 이곳에 안치하면서 문소전으로 이름을 고쳤다. 이후 태조와 현왕의 4대조 위패를 모시는 사당으로 사용되었다.
이 그림은 『국조오례의』에 수록된 문소전도이다.

들을 신원시켰고, 조광조가 실시했다가 기묘사화 이후 폐지된 현량과賢良科를 다시 설치했다. 인종의 정통성을 복원하려는 시도는, 그의 위패를 그동안 안치해 둔 연은전延恩殿에서 문소전으로 옮기는 것으로 나타났다. 당시의 상황에서 이는 정치적으로 매우 민감한 문제였다.

　문소전은 세종이 세웠다. 세종은 그곳에 태조의 위패와 당대 왕의 4대조까지만 위패를 안치하고 더 이상 건물을 늘려 짓지 말라는 명령을 내렸다. 그리고 태조의 위패는 영원히 옮기지 않고, 왕이 죽을 때마다 현왕의 4대조까지만 위패를 두고 그 위로는 차례대로 밀어내는 방식으로 운영하도록 규정했다. 그런데 인종이 죽자 곤란한 문제가 발생했다.

인종의 위패를 문소전에 들이면 명종의 4대조인 세조의 위패를 밀어내야 했기 때문이다. 이렇게 된 이유는 당초 세종의 명령에, 형제 사이에 왕위를 계승했을 경우에 대한 규정이 없었기 때문이다. 당시 문소전에는 4대조로 세조, 예종, 성종, 중종의 위패가 있었다. 건물을 늘릴 수 없다면 고조인 세조의 위패를 옮기든지, 아니면 인종의 위패를 다른 곳에 안치해야 했다. 결국 인종의 위패가 연은전에 안치되었다. 인종이 미처 1년도 재위하지 못했다는 점이 이유로 내세워졌다.

사림들은 인종의 연은전 안치에 대해 척신 세력이 인종의 정통성을 부정하는 것으로 받아들였다. 이것은 을사사화 세력의 정치적 승리를 뜻하기도 했다. 마침내 이 문제를 두고 구신들과 신진들은 조정에서 처음으로 공공연하게 충돌했다. 기대승은 이준경과 감정적으로까지 충돌했고, 나중에 이 문제로 조정에서 물러났다. 기대승은 조정을 물러나며 올린 상소에서 이준경에 대해 "사람을 시기하고 방해하며, 성질이 어그러지고 거칠다"라고 비판했다. 우여곡절 끝에 인종의 위패는 결국 문소전에 안치되었다.

선조 2년(1569) 5월 말에 문소전 문제가 일단락되자마자 '김개 사건'이 터졌다. 선조 2년 무렵에는 명망 있는 구신들과 신진들 사이에 긴장이 더욱 고조되었다. 구신에는 홍담洪曇(1509~1576), 김개, 이준경 등이 있었고, 신진에는 기대승, 정철, 심의겸, 이이 등이 대표적 인물이었다. 충돌은 홍담이 이조 판서에 임명되면서 발생했다. 그는 이탁이 도입한 낭관 추천 문제로 정철과 크게 충돌했다. 홍담은 몹시 분노했고, 신진들에 대해서 뭔가 조치가 필요하다고 여겼다. 그리고 이를 위해서 김개를 대사헌으로 선발했다.

김개는 곧 기대승과 마찰했고, 이어서 왕에게 다음과 같이 말했다.

기묘년 일에 대해서 소신은 조광조의 학문과 마음씀이 진정 평범한 것이 아니었다고 생각합니다. 다만 (그가) 사람을 지나치게 믿었기에 말만 잘하는 자도 선인善人이라 생각하고 모두 끌어들여 (조정에) 진출시켰기 때문에 마침내 일이 벌어졌습니다. …… 기묘년에도 사림의 수가 많았는데 어찌 모두 다 선인이었겠으며, 선인 가운데서도 그릇되게 생각하여 실수한 자가 어찌 없었겠습니까. 후세에 기묘년의 사람들을 잊지 못하는 것은 단지 그 원칙이 옳았기 때문입니다. (당시) 나이 젊은 사람들이 착하지 못한 자에 대해서 지나치게 비난하니, 어찌 (비난을 받은 사람들 중에서) 한 사람이라도 자신이 착하지 못하다고 스스로 인정할 자가 있겠습니까. 이로 말미암아 인심의 불화를 초래했습니다. 대간이 대신의 실책을 논하는 것은 옳으나, 집에서 사적인 논의(私議)를 하게 되면 인심의 동요가 없지 않을 것입니다. 이는 해서는 안 될 일입니다.

김개의 발언 직후, 같은 날 좌승지 기대승과 우승지 심의겸 등은 김개의 말이 국가 존망에 관련되었다고 목소리를 높였다. 그들은 김개의 말이 사람을 일망타진하려는 소인의 말이라고 주장했다. 이 당시 '소인'이라는 말은 단순히 상대에 대한 인격적 모독에 그치지 않았다. 이 말은 정치적으로 상대와 어떠한 타협의 여지도 없는 상태를 뜻했다. 또 그들은 대신을 비방한 것이 아니라 시비와 관련된 문제를 논의했을 뿐이며, 김개가 사람들 사이의 사적 논의를 못하게 하라고 했지만, 그것은 불가능하다고 말했다. 이런 인식은 물론 기대승이나 심의겸만의 생각이 아니었다.

사실 김개의 말은 전혀 특별할 것도 없었다. 당시의 지식인과 관료들은 조광조의 원칙이 옳았기 때문에 여전히 그를 잊지 못한다는 것, 하지만 그로 대표되는 젊은 무리 모두가 조광조 같은 선량한 사람은 아니었다는 것, 조광조 무리의 본의는 선량했지만 정책적으로 오류가 있었다는 것 등은 어떤 시간과 장소에서도 할 수 있는 말이다. 인간이 무리를 이루어 정치를 하는 곳이라면 아마도 영원히 유효한 말일 수 있다. 하지만 기대승을 포함한 신진 사림은 그렇게 받아들이지 않았다. 그들은 신구 정치 세력을 가르는 정치적 전선의 힘에 압도된 채, 자신들의 도덕적 정치적 정당성에 대한 확고한 신념에 사로잡혀 있었다. 이런 생각은 이이 역시 마찬가지였다. 신진 사림은 대신의 독자적 정치 권한을 인정하지 않았고, 시비를 따질 때는 그 어떤 대상의 제한도 있을 수 없다고 생각했다. 이로 인한 정치 현실에서의 결과는 대신권大臣權의 위축이었다. 결국 이 일로 김개는 관직을 버리고 조정을 떠났다. 몇 달 뒤 그는 신진들이 자신을 소인으로 규정했다는 것을 듣고는 울분을 느껴 사망하고 만다. 실록은 이때부터 구신과 신진의 갈등이 드러나면서 당파의 양상이 나타났고, 민간에서는 노당老黨과 소당少黨의 이름이 생겨났다고 말한다.

관중함복

장인과 외할머니의 죽음

선조 1~2년에 이이는 공사다망했다. 선조 1년(1568) 4월에는 장인 노경린盧慶麟의 상을 치렀다. 노경린은 죽음에 임하여 집안사람이 뒷일에 대해서 묻자, 다만 "숙헌이 있으니 반드시 잘 처리할 것이다"라고 말하며 눈을 감았다. 숙헌叔獻은 이이의 자字이다. 자는 성인이 되어 짓는 이름이다. 노경린은 모든 면에서 깐깐하고 융통성도 부족한 사람이었지만, 이이에게만은 친구처럼 신뢰와 친밀감을 가지고 대했다고 한다. 그해 가을 이이는 중국에 가는 정기 사신단의 일원으로 북경에 다녀왔다. 중국에서 돌아온 직후인 선조 1년 겨울부터는 강릉의 외할머니가 병이 중해져서 몇 차례 강릉을 오갔다.

선조 2년(1569)에는 동호東湖의 독서당讀書堂에서 사가독서賜暇讀書를 했다. 조선은 젊은 문신 중 재주 있는 사람들에게 한 달에서 세 달까지 독서 휴가를 주었다. 사가독서는 그 기회를 얻은 사람에게는 크게 명예로운 일이었다. 현재의 한강 다리 중 하나인 동호대교는 바로 이 동호에

독서당계회도와 「동호문답」

독서당계회도讀書堂契會圖는 선조 3년(1570)경 독서당에서 사가독서를 하던 문신들의 계회를 기념하기 위해 그린 기록화이다. 하단에는 계회 참석자들의 이름과 자·호·본관, 당시 품계와 관직등이 적혀 있다. 참석자는 윤근수·정유일·정철·구봉령·이이·이해수·신응시·홍성민·유성룡 등 9인이다. 이이는 이 무렵 『동호문답』을 지었다.

이이가 34세 때인 선조 2년(1569) 9월에 독서당에서 사가독서賜暇讀書를 한 뒤에 낸 월과月課, 즉한 달 동안 독서한 것에 대한 결과 보고서이다. 동호 독서당은 중종 12년(1517)에 지어져서 임진왜란으로 불타 없어질 때까지 최고의 명성을 떨쳤다. 조광조, 이황, 이이, 정철, 유성룡, 이항복, 이덕형 등이 모두 여기를 거쳤다. 『동호문답』은 총 11개 조항으로 구성되어 있다. 주인과 객이 서로문답하는 형식으로 이루어졌는데, 이이의 초기 정치 사상을 보여준다.

서 유래한 이름이다. 동호의 호湖는 호수를 뜻한다. 지금의 한강은 옛날 물길과 많이 달라졌지만, 조선시대에는 그쪽의 물길이 마치 호수처럼 잔잔하다고 해서 붙여진 이름이다. 독서당은 동호대교의 북단 지역에 있었다. 사가독서를 끝내면 과제로 대개 시를 지어 냈는데, 이이는 거의 책 한 권 분량에 해당하는 『동호문답東湖問答』을 제출했다. 한편 선조 2년 10월에는 이이에게 어머니 신사임당의 빈자리를 채워줬던 강릉의 외할머니가 사망했다.

을사삭훈을 주장하며 화려하게 등장하다

선조 3년(1570) 2월에 기대승이 관직에서 물러났다. 인종의 위패를 문소전에 부묘하는 문제와 김개 사건을 거치면서 구신들, 특히 이준경과 마찰이 심했던 결과였다. 4월에는 이이가 홍문관 교리에 임명되었다. 이이는 홍문관에 복귀하자 과거 청산의 궁극적 목표를 정확히 짚어 냈다. 그리하여 당시까지 삼사조차 입에 올리지 않았던 문제를 끄집어 냈다. 을사사화 뒤에 위사공신衛社功臣에 오른 사람들의 지위를 무효로 하자고 주장했다. 이른바 거짓 공훈, 즉 위훈僞勳의 삭제를 주장했던 것이다. 이것은 을사사화가 정치적으로 조작되었음을 선언하는 것이었다.

척신들의 입장에서 본다면, 을사사화는 인종의 외삼촌 윤임이 명종에 대해 반역을 꾀한 것에서 비롯되었다. 따라서 을사사화가 이이의 말대로 조작된 것인지 아닌지는 윤임이 반역을 꾀했는지의 여부와 관련된다. 이이는 윤임에게 반역했다는 증거도, 그럴 만한 이유도 없었다고 주장했다. 이이의 주장으로 오랫동안 발언 자체가 금기시되었던 윤임의 반역 여부에 대한 문제가 공공연하게 논의되기 시작했다. 사림이 그때까지도 위훈 삭제를 공개적으로 주장하지 못한 이유는 참혹했던 기묘사화의 기억 때문이었다. 조광조를 비롯한 기묘명현己卯名賢이 죽음에 이르게 된 직접적 원인은 그들이 중종반정에 따른 정국공신靖國功臣의 위훈 삭제를 주장했기 때문이다. 이이의 상소가 올라간 뒤 비로소 양사兩司 즉 사헌부와 사간원이 뒤따라 같은 상소를 올렸고, 조정 전체가 위훈 삭제를 주장했다. 홍문관은 총 41번의 차자箚子(간략한 상소문)를 올렸는데, 이 모두를 이이가 홀로 작성했다. 이이는 사림이 나가야 할 전략적 목표를 분명히 드러내고, 위훈 삭제 상소를 홀로 쓰면서 마침내 사림 내에서 가장 영향력 있는 인물 중 하나로 등장했다.

이때 홍문관 부제학은 유희춘이었다. 홍문관 부제학은 홍문관의 활동을 실무적으로 주도하는 직책이다. 유희춘은 19년간의 유배 생활 때도 부지런히 독서하여, 복권이 된 뒤에는 경연에서 크게 활약했다. 당시 홍문관에는 이산해李山海(1539~1609), 윤근수尹根壽(1537~1616), 이해수李海壽(1536~1599), 송응개宋應漑(1536~1588), 윤탁연尹卓然(1538~1594), 유성룡柳成龍(1542~1607), 이중호李仲虎(1512~?) 등 매우 뛰어난 인물이 많이 모여 있었다. 이들은 모두 학문과 문장으로, 어린 시절부터 조숙한 천재성으로, 그리고 이 가운데 몇 명은 집안의 배경까지 더해져 명성을 날리던 인물들이다. 이렇게 명망 높은 유희춘이 당시 이이의 상소를 놓고 '관중함復館中咸伏', 즉 홍문관에 있는 인물들 모두가 이이의 상소에 감탄하여 따랐다고 적었다. 남에게 인정받는 일 중에서 가장 어려운 것이 비슷한 연배의 뛰어난 동료들로부터 인정을 받는 일이다.

이 당시 사헌부와 사간원에서는 하루에 3번, 홍문관은 5번의 차자를 올려 위훈 삭제를 요구했다. 그 결과 을사사화를 일으키는 데 중심역할을 했던 정순붕과 임백령의 벼슬과 직위가 삭탈되었다. 이와 동시에 을사사화에서 윤임과 함께 희생된 유관과 유인숙의 역적 누명이 벗겨졌다. 당시 유관과 유인숙은 물론이고 정순붕과 임백령도 죽은 지 이미 오래된 사람들이었다. 하지만 조선 사회에서 이런 조치는 시간에 관계없이 중요했다. 조상의 명예와 오욕은 자식과 후손들에게 현실적으로 큰 영향을 주었다.

일정한 성과에도 불구하고 선조는 끝내 위훈 삭제를 허락하지 않았다. 7개월간 조정 전체가 다른 일을 중단하다시피 하며 매달렸지만 선조로부터 위훈 삭제를 얻어내지 못했던 것이다. 어떤 면에서 이런 결과는 당시 시점에서 과거 청산에 실패한 것으로도 볼 수 있다. 하지만 꼭 그렇게만 볼 수도 없다. 선조 3년에 제기된 위훈 삭제 주장은 적어도 이전까지의 정치적 금기를 완전히 해제해버렸다. 따라서 비록 당시에는 위훈 삭제를 이루지 못했지만, 이후에는 과거 청산 문제가 더 이상 조정의 정치적 현안이 되지 못했다.

붕당을 없애라는 이준경의 말

선조 5년(1572) 무렵까지 조야를 망라하고 명망 있는 인물들의 사망이 잇따랐다. 이황이 선조 3년 12월에 사망한 뒤, 선조 5년에는 1월에 조식曺植(1501~1572)이, 7월에 이준경이, 그리고 11월에 기대승이 사망했다. 거장들의 사망과 더불어 한 시대가 저물어갔다. 이런 인물들의 잇

단 사망은 사림의 젊은 세대를 정치의 전면으로 끌어올리는 하나의 계기가 되었다. 그 선두에 이이가 있었다.

이준경은 죽기 직전 선조에게 올린 상소에서 4가지 사항을 요청했다. 크게 논란이 된 부분은 네 번째 내용으로, 붕당의 사론私論을 없애라는 주장이었다. 그는 신진들이 다른 사람에게 잘못이 없고 또 법에 어긋나지 않음에도 자신들과 한마디만 맞지 않으면 배척하고 용납하지 않는다고 말했다. 스스로 절제하고 독서하는 데는 힘쓰지 않고 고담대언高談大言으로 친구나 사귀는 자를 훌륭하게 여기는 허위 풍조가 생겨났다고도 말했다. 이는 앞서 김개의 말과 다르지 않았다. 김개는 이렇게 말했었다. "선비라면 당연히 자기 자신을 단속하고 입으로 남의 잘못을 말하지 말아야 하는데, 지금의 선비라는 자들은 자신도 부족한 점이 많으면서 함부로 시비를 논하고 대신을 비난하니, 이런 풍조를 키워서는 안 됩니다. 지난 기묘년간에 조정에 부박한 선비들이 많았는데, 그들은 자기 동류를 끌어들이는 한편 자기와 의견을 달리하는 자를 배척하였습니다. 조광조가 죄를 얻은 것도 사실은 모두 부박한 무리가 빚어낸 것이었습니다."

이이는 이준경의 유소遺疏에 대해 날 선 비판을 가했다. 그러고는 당을 짓는가 그렇지 않은가가 아니라, 그 당이 군자당인지 소인당인지를 구분하는 것이 중요하다고 주장했다. 적어도 이 시기까지는 이이도 다른 신진 사림과 마찬가지로 정치 세력을 선악의 구도에 따라 이해했고, 신진 사림에 대해서 절대적 신뢰를 갖고 있었다. 이이에게 사림은 현실의 정치 세력이라기보다는 정의를 실천하는 군자들이었다.

사림이 상상한 개혁

사림이 생각하는 이상적 제도, 향약

이준경이 사망한 뒤 선조 6~7년 무렵에는 대신직까지도 사림 쪽 인사로 채워졌다. 선조 4년(1571)에는 이탁이, 그리고 5년에는 박순이 우의정에 올랐고, 다음 해에는 노수신과 이탁이 각각 우의정과 영의정에 임명되었다. 여전히 조정에는 권철權轍(1503~1578)이나 홍섬 같은 구신들도 있었지만, 이들은 영향력 면에서 이준경과 차이가 있었다. 권철은 권율의 아버지다. 사림이 점차 확대되어가는 중에, 이이의 요청으로 문과 출신이 아니어도 사헌부와 사간원 관원이 될 수 있는 길이 열렸다. 이것은 수년 전 이탁이 처음 시작한 낭천제의 확장이었다. 이러한 조치를 통해서 신진 사림의 정치적 진출은 더욱 촉진되었다.

이렇듯 사림 세력이 조정을 채워갔지만, 역설적으로 조정에서는 현안이 실종되었다. 잘 살펴보면 이런 상황은 전혀 갑작스러운 것이 아니다. 문정왕후 사후의 정치 현안은 모두 정치 세력과 관련된 문제였다. 과거 청산이든 박해받았던 인사의 신원과 복권이든, 그것은 마찬가지였다. 그런데 위훈 삭제 논쟁을 거치면서 정치 세력과 관련된 정치적 에너지가 거의 소진되어버린 것이다. 이제 조정에는 구신에 비해 신진의 우세가 확연해졌고, 그 결과는 사림 인사의 정승직 진출이었다.

이 시기 조정에서 정치 세력 문제와 무관하게 제기된 중요한 현안은 향약 실시에 관한 문제였다. 이것은 대사성 허엽許曄(1517~1580)이 선조 5년(1572) 10월에 처음 제기했다. 처음에는 선조의 반응이 시큰둥해서 별 주목을 받지 못하다가, 권철·박순·노수신 등 삼정승과 홍섬 및 이탁까지 향약 실시에 동의하자, 선조도 마침내 허락했다. 당시 조정에서 반대한 사람은 유희춘과 이이 정도였다. 그런데 이이가 선조에게 향약 실시에 대해 다시 생각해보라고 요청하자, 선조는 그 요청을 즉시 받아들였다. 나중에 이이도 지적했듯이, 선조는 향약을 탐탁지 않게 생각하고 있었기 때문이다.

이이는 민생 문제 해결이 먼저이고, 향약처럼 백성을 교육하는 것은 그 다음 문제라고 생각했다. 사실 이것이 『맹자』에서 말한 정치의 순서였다. 허엽이 이이에게 향약 실시를 반대하는 이유를 묻자, 이이는 "굶주림과 추위에 허덕이는 백성에게 억지로 예를 행하게 할 수 있겠느냐"라고 물었다. 허엽은 사림이 조정을 장악했으므로 향촌에서 향약을 실시할 수 있다고 본 반면에, 이이는 향약으로는 백성에게 절실한 민생문제를 해결할 수 없다고 본 것이다.

향약은 사대부들에게 매우 이상적인 제도였으며, 또한 그들의 경험세계 안에 있는 것이기도 했다. 향약의 실시는 향촌 지배에 대한 사대부의 이상적 표현이고, 그에 대한 국가적 공인을 뜻했다. 그 때문에 신하들이 향약을 실시해야 한다고 주장했을 때, 선조는 정부의 공인에 관계없이 각자 알아서 실시하게 하면 어떻겠냐고 말했던 것이다. 그러자 향약 실시를 요청한 사람들은 그렇게 해서는 제대로 실시될 수 없다고 말했다. 향약을 실시하는 것의 핵심은 정부의 공인, 즉 향촌에 대한 정부의 개입을 제한하는 것이기 때문이다.

이황의 경세론

이 시기에 신진 사림은 물론 구신들까지 가장 존중했던 사람은 이황이다. 그는 당시에 "조금이라도 선비다운 행동을 하는 사람이라면 모두 경모敬慕"했던 인물이다. 특히 선조 즉위와 더불어 조정에 진출한 신진 사림은 "모두 이황을 지도자로 삼고, 함께 서로 어울리며, 학문을 논하면서 스스로 한 무리를 이루었"다. 당시 많은 사람은 이황이 16세의 어린 선조를 도와 조정을 이끌어줄 것이라고 크게 기대했다. 하지만 뜻밖에도 이황은 그런 기대에 응하지 않았나. 그는 정치 현안에 대해서 거의 말하지 않았다. 그리고 자신이 '경제經濟'에 재주를 갖고 있지 않다면서, 선조의 간곡한 요청에도 좀처럼 조정에 나오려고 하지 않았다.

이황의 말은 겸사만은 아니었다. 사실 이황은 새 시대의 정치를 풀어갈 만한 방법론을 갖고 있지 않았다. 그는 평생 사림과 훈척이 극한으로 갈등하고 대립했던 '사화士禍의 시대'를 살았다. 그는 젊은 사림을 육성하고 시대의 현실을 자신의 학문에 담는 데 성공했다. 하지만 사림이 정치적으로 승리한 이후 어떻게 국정을 운영할 것인가에 대해서는 아무런 해법도 갖지 못했다. 다시 말해 제도적 측면에서 경세론을 발전

『성학십도』, 「무진봉사」(「무진육조소」)

『성학십도』와 「무진육조소戊辰六條疏」는 모두 선조 1년(1568)에 68세의 이황이 17세의 어린 선조에게 올린 것이다. 『성학십도』는 군왕의 도道에 관하여 학문의 요체를 도식적으로 정리한 것이다. 위 왼쪽 그림은 『성학십도』 중 제10도 「숙흥야매잠도夙興夜寐箴圖」이다. 오른쪽 사진은 『무진봉사』로, 이황이 올린 상소를 선조 5년(1572) 영천 군수 허충길이 간행한 목판본이다. 「무진육조소」는 이황이 정치 현안을 여섯 조목으로 간추려 정리한 것이다.

시킬 시대적 계기를 갖지 못했던 것이다. 그의 제자들도 그에게 경세론을 구하지는 않았다. 기대승은 이황에 대해 "고서古書를 보는 데 조금도 막히는 곳이 없고, 정자程子와 주자朱子의 공부를 독실히 신봉"했으며, "문장과 도덕을 모두 갖춘 사람"으로 평가했다. 당시에도 이황에 대해서 경세제민經世濟民의 역량을 갖추었다는 식의 평가를 찾아보기 어렵다. 그의 제자들의 경우에도 집단을 형성하기는 했지만, 조정을 운영할 식견이나 방법을 갖고 있지는 못했다. 문제는, 그들 스스로는 자신들에게 그런 능력이 있다고 오해하고 있었다는 데 있다.

　선조 2년(1569) 기대승은 김개와의 갈등 과정에서 그를 '원래 지식이 없는 사람'으로 평가했다. 하지만 김개는 진사시에서 장원하고 문과에서도 을과로 급제한 사람이었다. 이런 그에 대해 기대승이 한 말은 언뜻 이해하기 어렵다. 기대승은 그와의 갈등 때문에 감정적으로 한 말이 아니었다. 뒷날 선조가 경연에서 이이에게 평소 어떤 책을 읽으며, 가장 좋아하는 책은 무엇이냐고 물은 적이 있다. 이이가 그에 대해 답변하던 중, 과거 공부를 할 때 한 공부는 공부라고 할 수 없다고 말했다. 선조 9년(1576) 이이가 개혁을 주장하다가 선조가 이를 받아들이지 않자 낙향하게 되었을 때, 좌의정 박순은 이이의 낙향을 간곡하게 만류했다. 이에 이이가 "서울에 온 지 1년 동안 한 권의 책도 읽지를 못했으니, 이렇게 하다가는 일생을 그르칠까 두렵습니다"라고 말하자, 박순은 "그대는 독서한 것이 이미 많은데도 물러가 독서하려 하니, 나처럼 원래 독서하지 않는 사람은 어떻게 해야겠는가?"라고 말했다 한다. 박순 역시 문과에서 장원을 한 사람이다. 그럼에도 박순은 자신을 '원래 독서하지 않는 사람'으로 표현했다. 기대승이 김개에 대해 평한 말은 김개의 과거 시험 성적과는 관련 없었다. 기대승의 말은 김개가 도학道學에 대한 공부가 없었다는 뜻이다.

　이황의 제자들은 그 윗세대가 이해하기 어려운 독특한 학문적 자신감에 충만해 있었다. 하지만 그들의 학문은 현실을 분석하고 운영할 수 있는 방법에까지 이르지는 못했다. 그들은 "세도世道를 만회하고, 옳지 못한 것을 제거하고, 깨끗한 것을 드러내는 것을 제일로 삼았다." 그들에게 현실은 무엇보다 윤리적 비판의 대상이었다.

선조 2년(1569) 경연에서 있었던 일이다. 기대승이 황제가 천하의 어진 선비(大賢)를 불러서 기용하는 문제에 대해 논했다. 읽던 책에 마침 송나라 때 이야기가 나왔던 것이다. 당시 기대승이 논한 것은 송나라의 상황이지만, 그가 말하는 '천하의 어진 선비'란 이황을 암시했다. 선조가 짐짓, 그 대현大賢이 주장했던 도道가 행해지면 치국평천하治國平天下를 할 수 있겠느냐고 물었다. 여기에 대해 기대승은 "그 다스림의 효과가 비록 삼대 때와 같이 이상 정치를 실현할 수 있을지는 알 수 없어도, 범상한 정도는 아닐 것입니다"라고 답했다. 합석했던 신응시辛應時(1532~1585)는 "학문한 사람이면 의리義理로 나라를 다스렸을 것이고, 그 정치의 효과가 어찌 한 시대를 구제하는 정도에 그쳤겠습니까?"라고 답했다. 이 당시 신진 사림은 이황에게서 가르침을 받은 학문으로 능히 세상을 운영할 수 있다고 확신했다.

이 시기에는 이이의 생각도 다른 신진 사림과 크게 다르지 않았다. 이이는 "마음으로 옛날의 도(古道)를 사모하고, 몸으로는 선비가 마땅히 해야 할 것을 실천하며, 입으로는 선왕의 본받을 만한 말(法言)을 하여 공론公論을 지탱하는 사람을 사림이라고 한다. 사림이 조정에 있어서 공론을 사업事業에 베풀면 국가가 다스려지고, 사림이 조정에 없어서 공론을 빈말에 부치면 국가가 혼란해진다"라고 주장했다. 이이는 사림이 공론에 따라 국정을 운영하면 나라가 바르게 다스려질 것이라고 확신했다. 이것이야말로 이황이 말한 그대로이며, 적어도 그때까지 이이가 생각하던 치국의 원리였다.

재발견된 현실

선조 3년(1570) 말에는 이황이, 그 2년 뒤에는 이준경이 사망했다. 각각 재야와 조정을 이끌었던 두 거인이 정치 무대에서 퇴장한 것이다. 사망에 따른 영향은 이황보다는 이준경 쪽이 더 컸다. 이준경이 이끌던 구신 세력이 약화되었고, 반면 사림 쪽 인사들이 본격적으로 대신직에도 진출하기 시작했다. 선조 5~6년은 성국의 큰 흐름에서 볼 때, 사림이 마침내 조정에서 정국의 주도권을 갖게 된 시기였다. 이 상황은 조정에서 사림 세력의 임무가 이전과 크게 달라졌음을 뜻한다. 즉 이전까지 사림의 임무가 구신들을 비판하는 데 있었다면, 이제는 정국을 운영하여 자신들의 생각이 옳다는 것을 실제로 증명해야 했다.

사림은 처음부터 경세에 관한 나름의 생각을 갖고 있었다. 즉 의리義理로 공론公論을 정하여 나라를 다스린다는 것이었다. 그들은 나라를 의리와 공론으로 이끌면, 순조롭게 지치至治, 즉 이상 정치에 도달하리라고 확신했다. 이이 역시 같은 믿음을 갖고 있었다. 이이는 이런 믿음에 대해서 좀 더 상세한 설명을 덧붙였다. 이에 대해 언급하기 전에 먼저, 당시 관료와 지식인들 사이에 한 가지 유행이 널리 퍼지고 있었음을 기억할 필요가 있다. 그것은 도학의 융성이었다.

이황과는 다른 이이의 도학 개념

이 당시의 상황에 대해서 실록은 이렇게 기록했다. "명종 말엽과 금상(선조) 초년에 비로소 선비들이 (조정에) 많이 나왔고, 빙문聘問하는 예역시 중하게 여겼다. 이때부터 선비 된 자는 도를 이야기하지 않는 것을 부끄럽게 여겼다. 그 결과 명예를 좋아하고 겉치레만을 힘쓰는 자가 다투어 일어나서 (도에 대한) 표방은 매우 높아졌으나 (그것의) 실제 효과는 드러나지 못했다." 초빙한 사람 중에 가장 중요한 인물은 이황이고, 그에게 물은 것은 도학이었다. 이 시기에 선비로서 도를 이야기하지 않으면 부끄럽게 여길 정도였다. 그런데 당시의 도학에는 커다란 한계가 있었다. 도학으로 현실을 어떻게 운영할 것인가에 대한 구체적 방법론과 그 실제 효과가 없었던 것이다. 이이는 바로 이 문제에 대해서 다음과 같이 말했다.

도학이란 이름이 예전에는 없었다. …… 말세가 되고 도가 쇠퇴하여 성현의 사업이 전해지지 못한 까닭에, 악한 자는 말할 것도 없거니와 이른바 선한 자도 다만 효우충신孝友忠信만 알고, 조정에 나아가고 물러나는 의리와 마음의 깊은 경지는 알지 못하였다. 비록 가끔씩 우연히 진퇴의 의리를 행해도 드러내지 못했고, 마음의 깊은 경지를 익혀도 밝게 관찰하지 못했다. 이래서 이치를 깊이 따지고(窮理) 마음을 바로 하여(正心), 도에 의해서 나아가고 물러서는 것을 특별히 도학이라 이름 붙이게 되었으니, 도학이라고 명목을 세운 것은 말세의 부득이한 일이다. ……

아! 도학이란 명목조차 이미 말세에 나왔는데, 세속이 더욱 저급해져 경서나 읽고 저술이나 하는 사람이면 도학자로 지목했다. 하지만 그 심성心性의 공부나 세상에 드는 큰 절개에 대해서는 생각하지 않으니 더욱 세도가 변했음을 알 수 있다. 조문정趙文正(조광조)은 학문이 비록 미진했으나 조정에 서서 오로지 도를 행하려 힘썼다. 삼대의 도가 아니면 결코 임금 앞에서 말을 하지 않았으니, 그가 도학자의 이름을 얻는 것은 진실로 당연하다. 이문원李文元(이언적)으로 말하면, 다만 충효忠孝한 사람으로서 옛 전적을 많이 읽고 저술을 잘했을 뿐이다. 집에서는 부정한 여색을 멀리하지 못했고, 조정에 나와서는 도를 행할 책무를 수행하지 못했다. 을사사화 때 직언으로 항거하지 못했고, 누차 (사람을 취조하는) 심문관이 됨으로써 거짓 공훈에 이름을 올렸다. 결국 권간들로부터 죄를 얻기야 했지만 역시 부끄러운 일이니, 어찌 도학자로 추존할 수 있겠는가?

이이는 도학을 근본적으로 실천적인 것으로 자리매김했다. 당시에 이런 인식은 굉장히 이례적인 것이라고 할 수 있었다. 당시 도학의 일인자는 이황으로, 그의 도학은 주로 이론적 탐색에 치중했다. 즉 이황은 이기理氣의 이론적 원리를 밝히는 데 학문의 중심을 두었다. 그런데 이이는 이론적으로 성리性理의 원리를 밝히는 것이 도학이 아니라, 그것을 실천하는 것이 도학이라고 말했다. 그에 따르면 도학은 말세에 나왔다. 따라서 도학의 출현 자체가 말세를 되돌려 회복시켜야 할 임무를 띠고 있는 셈이다. 그렇기 때문에 '경서나 읽고 저술이나 하는 사람'을 도학자라고 할 수는 없었다. 도학자라면 마땅히 이상 시대를 회복하기 위해서 실천적으로 노력해야 했다. 이이는 왕에게 말할 때 늘 이상 정치가 실현되었던 당우삼대唐虞三代를 들어서 말했다. 자기주장이 받아들여지지 않을 때마다 그가 그토록 여러 번 조정에서 스스로 물러났던 것 자체가 도학을 실천하는 행위였다.

이런 기준에 비춰 이이는 이언적을 도학자의 범주에서 배제했고, 조광조야말로 진정한 도학자라고 말했다. 나아가 이이는 조광조를 단지 여러 도학자 중 한 사람으로만 생각하지 않았다. 도학이 정몽주에 의해 시작되고, 김굉필金宏弼이 그 단서를 이어받기는 했지만, 지금 도학이 있음을 알게 된 것은 조광조의 힘이라고 말했다. 이러한 평가는 이황과는 크게 대비된다. 즉 이황은 이언적을 높이 평가한 반면에, 조광조의 의의를 인정하면서도 한편으로는 그가 펼친 개혁의 성급함을 한계로 지적했던 것이다.

이이의 경세 선언, 「만언봉사」

선조 6년(1573) 신진 사림 세력이 조정에서 주도권을 장악하자, 이이는 곧 정치적으로 혼란에 빠졌다. 동료와 후배들이 자신들의 정치적 승리를 서로 축하하고 있을 때였다. 대신직까지 사림 측 인사로 채워졌으므로, 이이는 민생 정책을 핵심으로 하는 개혁 정책이 힘차게 추진되리라고 예상했다. 그런데 그의 예상과 달리 선조도 대신들도 모두 개혁에 소극적이었다. 이런 상황은 그가 전혀 예상하지 못한 것이었다. 이이로 서는 매우 당황스러운 일이었다. 이이가 보기에 박순 정도만 개혁에 뜻 을 가졌을 뿐 노수신이나 이탁은 현안을 해결하고 개혁을 추진하는 문 제에 전연 관심을 보이지 않았다. 이이는 "오늘날의 큰 걱정은 국사를 같이할 사람이 없는 것"이라고 말했다.

이이는 대신들이 개혁 정책을 건의하지 못하는 원인을 일단 선조에 게 개혁 의지가 없는 데서 찾았다. 그리고 선조에게 개혁 의지가 없는 원인을 이미 사망한 이준경에게 돌렸다. 이준경이 살아 있을 때는 그가 억제하기 때문에 개혁이 안 되는 것이라고 하고, 그가 죽고 나서는 왕 이 계속 그의 말대로 했기 때문에 개혁이 안 된다고 말한 셈이다. 선조 6년 내내 이이가 조정에서 가장 주력했던 것은 선조의 개혁 의지를 북 돋우는 일이었다.

왕의 개혁 의지는 단순히 심리적인 문제가 아니었다. 그것은 도학 의 전통적인 개혁 방법론과 관련 있다. 사림은 왕이 열심히 공부해서 덕을 쌓는다면 국가를 바르게 다스리는 길로 순조롭게 이어질 것이라 고 믿었다. 이것이야말로 이황이 강조하는 정치론의 핵심이고, 선조 5 년(1572) 무렵까지 이이가 지닌 믿음이기도 했다. 그래서 선조 5년 이전 만 하더라도 이이는 민생이 회복되지 못하고 조정이 제 역할을 하지 못 하는 이유를 선조의 공부가 부족한 것에서 찾기도 했다. 그러한 믿음은 실제로 현실에서 검증되지는 않았지만, 사림에게는 치국의 공리公理와 도 같은 것이었다. 그런데 이제 사림이 조정을 주도하고 선조가 학문에 열의를 보이는데도 개혁이 전혀 추진되지 않는 당황스러운 상황이 전개되었던 것이다.

그래도 선조 6년(1573) 말 무렵에는 조정에서 각종 폐단에 대한 개혁 논의가 비교적 활발하게 일어났다. 이이와 김우옹金宇顒(1540~1603)이 그 중심에 있었다. 하지만 여러 사람이 이 논의에 참여했음에도 좀처럼 의견이 한곳으로 모아지지 않았다. 이러한 상황에 대해서 우의정 노수신은 "모든 사람이 일의 폐단만을 말할 뿐 그 폐단을 바로잡을 계책은 말하지 않으니, 무슨 도움이 되겠습니까?"라고 말했다. 논의의 양상이 중구난방으로 흘렀던 데는 이유가 있었다. 당시의 폐단은 장기간에 걸쳐서 고착된, 구조적인 것이었다. 반면에 폐단에 대한 관료와 지식인들의 인식은 구조적 수준에 도달하지 못한 상태였다. 구조적 문제에 상응하는 체계적 경세론이 아직 형성되지 못했던 까닭이다.

이런 즈음에 예사롭지 않은 기상이변이 발생했다. 선조는 심리적 동요를 크게 일으켰다. 선조는 내심 개혁을 못마땅해 했기 때문에, 이러한 변고의 원인을 곧바로 개혁을 주장했던 사람들에게 돌렸다. 그러고는 다른 한편으로 구언求言하라는 명령을 내렸다. 구언이란 나라에 어떤 문제가 있을 때 신하들에게 그에 대한 대책을 각자 써서 올리도록 하는 제도이다. 조선왕조는 일의 성격에 따라 다양한 방식의 구언 제도를 실시했다. 선조 7년(1574) 1월에 이이는 그 유명한 「만언봉사萬言封事」를 제출한다. 이것은 직접적으로는 선조의 구언에 대한 응답이었지만, 다른 한편으로는 조정에서 정치 세력 교체 이후에 일어난 혼란에 대한 자기 고민의 결과이기도 했다.

이이는 「만언봉사」를 다음과 같은 말로 시작한다.

신은 삼가 아룁니다. 정사政事는 시의時宜를 아는 것이 귀하고, 일은 실
공實功에 힘쓰는 것이 중요합니다. 정사를 하면서 시의를 모르고, 일을 당
하여 실공에 힘쓰지 않으면, 비록 성군聖君과 현신賢臣이 서로 만난다 하더
라도 치적이 이루어지지 않을 것입니다.

이이는 사림이 집권한 뒤에도 조정에서 개혁이 추진되지 못했던 이
유를, '정사가 시의를 모르고 또한 일을 당하여 실공에 힘쓰지 않았던
것'에서 찾았다. 이것은 이이의 이전 주장과는 크게 다르다. 그는 명종
21년(1566)에 치세治世를 이룰 수 있는 세 가지 조건을 말했는데, 임금이
한마음(一心)을 바로잡고, 현자를 신하로 등용하며, 민생을 안정시킬 것
을 들었다. 선조 2년(1569) 선조에게 바친 『동호문답』에서도 왕도가 시
행되지 못하는 이유는 오직 군주와 재상이 무능하기 때문이라고 주장
했다. 요컨대 그전에는 정치란 적절한 사람을 선택하기만 하면 되는 것
으로 이해하고 있었다. 그러나 조정에서 정치 세력이 교체된 뒤, 이이
는 비로소 '사람의 문제'에서 '방법과 태도'의 문제로 경세의 방법론을
전환했다.

이이는 먼저 경세와 관련된 혼란스러운 인식을 언급했다. 그에 따
르면, 선조는 경험 많은 신하를 대신으로 삼아서 믿고 의지하며, 명망
있고 어진 이를 뽑아 쓰고 있다. 또한 곧은 말을 너그럽게 용납하여 공
론이 잘 시행되었다. 조정에는 사림이 진출하여 권력을 획득했고, 자신
의 주장을 활발히 개진했다. 당연히 조정과 재야에서는 지치至治를 고
대했고, 이에 따라 조정은 기강이 바로 서고 민생은 생업을 즐기리라고

기대했다. 하지만 현실은 기대했던 방향으로 조금도 나아가지 않았다. 이이는 "기강으로 말하면, 사정私情을 따르고 공도公道를 등지는 것이 예전 그대로이고, 국가의 명령이 행해지지 않는 것이 그대로이고, 백관이 직무를 태만히 하는 것이 그대로이며, 민생으로 말하면, 집에는 살아갈 수 있을 만큼의 재산이나 생업(恒産)이 없는 것이 예전과 마찬가지고, (백성이) 안주할 곳을 잃고 떠돌아다니는 것이 (전과) 마찬가지"라고 말했다.

이러한 현실 인식은 이이가 비로소 당대의 현실을 자신의 눈으로 재발견했음을 뜻한다. 물론 이이가 폐단으로 지적되던 사회적 현실을 몰랐던 것은 아니다. 하지만 구신들과 정치적 갈등이 지속되었던 예전에는 정치 세력의 교체로 이 모든 폐단이 신속하게 해결될 수 있다고 상정했던 것이다. 그런데 예상과 달리 정치 세력의 교체 이후에도 민생 현실은 전혀 달라지지 않았다. 이이는 "개탄하고, 삼가 그 까닭을 깊이 찾아"낸 결과를 앞의 말로 요약했다.

이이에 따르면 "시의라고 하는 것은 때에 맞춰 변통하여 법을 마련해 백성을 구제하는 것"이다. 또 그는 "시대에 따라 변경할 수 있는 것은 법제法制인 반면, 고금을 막론하고 변경할 수 없는 것은 왕도王道요, 인정仁政이요, 삼강三綱이요, 오상五常"이라고 보았다. 그런데 "후세에서는 도술道術이 밝지 못하여 변경할 수 없는 것을 고치는 때도 있고, 변경해야 마땅한 것을 굳게 지키는 때"도 있으니, 이것이 바로 "다스려진 시대는 항상 적고, 어지러운 시대는 항상 많았던 이유"이다. 이이는 변할 수 없는 왕도·인정·삼강·오상과 변해야 하는 법제를 구분하고, 시대에 맞게 법제를 개혁하여 제도적인 민생 대책을 마련하는 것을 '시의'로 이해했다. 또 변할 수 없는 것과 변해야 하는 것을 잘 구분하는 것이 도술이라고 말했다. 그는 양자를 잘 구분하는 것을 정치의 핵심으로 이해했다. 그의 주장에 따르면, 세상이 다스려지지 않는 것은 도술이 밝지 못하고 법제(제도) 개혁을 하지 않기 때문이다.

이이에 따르면, '실공實功'이란 일을 하는 데 성의가 있고 헛된 말을 하지 않는다는 뜻이다. 이준경의 말을 빌린다면 고담대언高談大言을 하지 않는 것이다. 시의가 정치에서 올바른 목표 및 방식의 선택에 해당한다면, 실공은 진정성 있는 과감한 실천을 뜻한다. 이이는 실공이 반드시 제도적 방식으로 추진되어야 한다고 보았다. 여기에는 두 가지 이유가 있었다. 첫째, 착한 마음이 있어도 제도가 없다면 그 마음을 펴 나갈 수 없기 때문이다. 이이는 선조가 백성을 사랑하는 마음을 갖고 있음에도 그에 따른 정치가 퍼지지 못하는 이유가 제도적 접근 방식을 취하지 않았기 때문이라고 말했다. 둘째, 제도적인 방식을 취하지 않는다면, 건의하는 사안들이 체계가 없는 탓에 말단의 것들만 문제 삼고 근본적인 것은 헤아릴 수 없기 때문이다. 이이는 그 결과로, 건의된 내용이 아름다운 것 같으나 실시해보면 아무 효과도 없고, 군자가 조정에 진출하고 신하가 의제를 내어도 민생과는 전혀 관계없게 된다고 말했다. 결국 이이는 민생을 위한 체계적 제도 개혁을 주장했던 것이다.

시의와 실공을 설명하면서 이이는 개혁의 제도적 방식을 강조했다. 당시에는 매우 생소한 주장이었다. 그의 주장을 선조 원년 8월(1568)에 이황이 경세의 방안으로 선조에게 바친 「무진육조소戊辰六條疏」의 내용과 비교하면, 그 대비는 더욱 선명해진다. 이황이 올린 상소의 네 번째 항목은 도술道術을 밝혀 사람(백성)들의 마음을 바로잡으라는 내용이다. 이황은 그 항목에서 "사람들의 마음을 바로잡는 것이 새 정치의 계책"이라고 말한다. 그리고 사람들의 마음을 바로잡는 방법으로는 "임금이 몸소 행하고, 마음으로 얻은 성과에 뿌리를 두며 백성들에게 날마다 살면서 지키라고 가르치는 떳떳한 윤리를 행하는 것이 근본"이고, "법률과 제도의 자취를 좇고 문물의 겉치레를 따라 옛것을 본받아 지금 것을 바꾸고자 모방하고 비교하는 것은 말단"이라고 말한다. 그러고는 근본은 신속하게 먼저하고, 말단은 느긋하게 뒤에 해도 된다고 말한다. 본말론本末論이 대개 그렇듯이, 이황이 법률과 제도의 변경을 완전히 부정한 것은 아니지만 어디까지나 강조점은 비법률적이고 비제도적인 것에 두었다. 당시 대부분의 지식인은 이황의 논리와 주장에 훨씬 익숙했다.

이이는 자신의 주장에 대해 "학문을 강론할 때는 반드시 의리義理를 추구해야 하고, 정사政事를 논할 때는 반드시 실효를 추구해야 합니다"라는 말로 요약했다. 이 말은 몇 년 전 경연에서 기대승과 신응시 등이 "학문한 사람이면 의리로 나라를 다스렸을 것이다"라고 말했던 것과 뚜렷하게 대비된다. 이이에게 의리를 추구하는 도학은 그 자체로 개혁의 방법론과 다르지 않았고, 정치는 마땅히 실효로써 그 정당성을 증명해야 하는 것이었다. 물론 그 실효란 무엇보다 민생의 개선을 의미한다. 이이의 이러한 인식은 신진 사림이 조정에서 권력을 획득한 이후, 예상과 다르게 전개되는 현실 속에서 방향 감각을 잃고 헤매던 끝에 도달한 경세의 새로운 좌표였다. 이이 개인으로서도 「만언봉사」는 자신의 경세론 선언이었다.

이이의 「만언봉사」가 나오자 유희춘과 김우옹 등은 크게 공감했다. 선조 3년(1570)의 위훈 삭제 상소를 통해 신진 사림 내에서 뚜렷한 위치를 확립한 이이였지만, 그때만 해도 경세론이라는 측면까지 인정받지는 못하고 있었다. 이이는 「만언봉사」로 비로소 경세론 측면에서도 조정에서 독보적 위상을 인정받았다.

하지만 이이의 주장은 조정에서 널리 공감대를 형성하지 못했다. 무엇보다 선조가 개혁할 마음을 전혀 갖고 있지 않았다. 선조는 도학과 문장에 관해 이이가 가진 놀라운 재주 때문에 그를 후하게 대접했지만, 그의 개혁 요구는 조금도 받아들이지 않았다. 선조는 "경솔하게 개혁을 추진하다가 나라를 망하게 한다면, 그것은 예전대로 따라하여 과오를 적게 하는 것만 못하다"라고 말했다.

선조가 이이의 건의를 받아들이지 않았던 것은 이이에게도 부분적으로 원인이 있었다. 선조에게 말할 때 너무나 기침이 없고 곧아서(快直), 선조의 얼굴에는 자못 언짢아하는 빛이 돌곤 했다. 이이는 거침없이 말하다가도 선조가 그의 말을 받아들이지 않으면 훌쩍 조정을 떠나곤 했다. 사람들이 이이를 다시 불러들이라고 하면, 선조는 그가 "성질이 굳세고 과격(矯激)"하며 "나를 섬기려 하지 않는데" 어떻게 하겠느냐고 말했다. 이이는 선조에게 그만큼 버거운 신하였다. 이 때문에 선조는 자기 생각에 거의 이이만큼 재주가 있으면서도 유순하고 겸손한 이산해나 유성룡, 김우옹 같은 인물을 더 편안해 했다. 어쨌든 이이는 자신의 정책을 펴기 위한 필수적 조건인 왕의 신임을 얻어내지 못했다.

이이는 동료 관료들에게서도 지지를 얻어내지 못했다. 어찌 보면 그것은 당연한 결과였다. 이이가 요청한 민생 정책들은 향약처럼 사대부들의 경험 세계 안에 있는 것이 아니었다. 보통의 인간은 생활 공간을 달리하는 타인의 처지를 온전히 이해할 정도로 강한 지각 능력을 갖고 있지 않다. 더구나 이이가 주장한 것들은 아주 오랫동안 국가의 정책 현안에서도 빠져 있던 문제였다. 국가는 정책을 통해서 백성의 삶을 개선시킬 수 있으며, 또한 그것이 국가 존립의 일차적 이유라는 사실도 사람들에게 잊힌 지 오래였다. 조정의 관료 중 누구도 이런 종류의 문제를 다루어본 경험이 없었다. 그것은 심지어 이이 자신도 마찬가지였다. 그 결과 이이도 필요한 정책 현안을 인식하기는 했지만, 그 정책을 어떻게 달성할 것인지에 대해서는 분명하게 제시할 수 없었다.

이이는 그런 문제점을 잘 인식하고 있었기 때문에, 뒷날 동인의 격렬한 비판을 받자 선조에게 이렇게 말했다. "(신이 주장한) 계획을 들어보면 충실한 것 같으나, 정작 시행해보면 허술하기 짝이 없습니다. 이 때문에 많은 사람이 마음으로 승복하지 않고, 여러 사람의 책망이 (저에게) 집중되고 있습니다. 오늘날 신을 흠잡는 사람이 어찌 다 (개인적) 원한 때문에 그렇겠습니까." 물론 사태가 이렇게 되어버린 것을 이이 개인에게만 책임을 물을 수는 없었다. 하지만 자신의 말이 받아들여지지 않음에 따라 취해야 할 행동은 전적으로 본인 몫이었다. 「만언봉사」를 올린 뒤 자신의 주장이 받아들여지지 않자, 이이는 다시 조정에서 물러났다.

선조 7년(1574) 4월에 이이는 경기도 파주의 율곡으로 돌아갔다. 이때 그의 낙향에 대해서는, 마땅히 떠나야 한다고 말하는 사람도 있었고,

더 머물러야 한다고 말하는 사람도 있었다. 이이는 조정에서 매우 중요한 인물이었다. 성혼은 이이가 떠나야 한다고 생각한 쪽이었다. 나아가 성혼은 선비가 오직 임금의 마음을 바로잡는 것으로 중심을 삼아야지, 구체적인 사업에 힘쓰는 것은 적절치 않다고 주장했다. 그는 이이에게 임금의 마음을 돌릴 수 없다면 빨리 물러나야 한다고 충고했다. 반면에 박순을 비롯한 적지 않은 조정 관료는 이이가 물러나는 것에 반대했다.

이이가 물러날 즈음에 어떤 사람이 그에게 노수신이 했다는 말을 전했다. 노수신이 "이이가 경연에서 상이 듣기 싫어하는 말을 많이 했는데, 혹 무슨 일이 생길까 두려워 정지시키려고 했지만, 서로 모르는 사이여서 그렇게 하지 못했다"라고 말했다는 것이다. 이이는 이 말을 듣고 웃으며 말하기를 "내가 물러가면 말이 없을 것이니, 소재(노수신의 호)는 이제 아무 걱정 없겠다"라고 했다.

노수신은 무척 흥미로운 사람이다. 그는 29세에 문과에서 장원하고, 그 이전에 스물다섯 살 연상의 이언적과 학문적 토론을 벌일 정도로 이미 학문적 성취가 높았다. 이언적은 이황이 존경해마지 않던 당대 도학의 권위자였다. 이런 이유들로 인해 노수신은 일찍부터 동료들 사이에서도 높은 명망을 얻고 있었다. 하지만 을사사화 직후 파직되고, 이어서 양재역 벽서 사건에 연루되어 19년여 동안 유배 생활을 했다. 선조 즉위 뒤 복권되어 재상에 올랐지만, 유배 경험은 그의 마음에 깊은 상처를 남겼던 듯하다. 세상에는 커다란 역경을 맞아 더욱 강해지는 부류의 사람도 있지만, 대부분은 위축되는 것이 보통이다. 그도 후자 쪽이었다. 그는 선조 대에 재상직에 있으면서 날마다 술만 마시고 심지어 뇌물을 받는다는 소문까지 돌아 사람들의 실망을 자아냈다.

하지만 이이를 대하는 그의 태도는 그런 소문과는 사뭇 달랐다. 이이가 선조 9년(1576) 이후 낙향해 있는 중에도 노수신은 여러 차례 선조에게 이이를 불러들일 것을 요청했다. 또 백인걸의 상소 대필 사건에서 동인이 이이를 심하게 몰아붙이자, 그는 "사헌부가 만약 이이를 공격한다면 우리도 당연히 사헌부의 실책을 말할 것이다. 어찌 공론이라고 하면서 군자를 해칠 수 있는가"라며 이이를 강력히 두둔했다. 어쩌면 그는 이이에게서 젊은 시절의 자신을 보았을지도 모른다.

하지만 그는 기본적으로 냉소적 회의주의자에 가까웠다. 선조 14년(1581) 동서 간의 갈등이 고조될 즈음에 어떤 사람이 "국가가 어느 때쯤 태평스러워지겠는가" 하니, 노수신은 "지금이 바로 태평성세다"라고 답했다. 실록은 "(뒷날) 당쟁이 더욱 격화되자 사람들 중에 그의 말을 회상하는 이도 있었다"라고 기록했다.

노수신적소(수월정)
노수신은 명종 즉위년(1545) 을사사화에 연루되어 파직된 뒤 순천, 진도, 괴산 등에서 19년간 유배 생활을 했다. 이 귀양 생활은 그의 삶에 깊은 영향을 준 듯하다. 사진은 노수신이 귀양살이를 한 충북 괴산의 노수신적소盧守愼謫所로, 나중에 건물 이름을 수월정水月亭이라 했다.

진보의 분열

선조 7년(1574) 7월에 다음 해 발생할 '동서 분당'을 예고하는 사건
이 일어났다. 사헌부와 사간원 양사兩司가 대간의 발언을 저지했다는 이
유로 승지들을 탄핵한 것이다. 양사의 요구로 승지들은 파직되었다. 이
사건은 청송 군수에 임명된 박신원이 부임을 회피한 일에서 비롯되었
다. 청송이 서울에서 멀리 떨어져 있고 경제적으로도 넉넉시 못한 고을
이라는 사실이 그가 부임을 회피한 진짜 이유였다. 부패하고 무절제한
그의 행위로 '공론'이 일어난 것은 이때가 처음이 아니었다. 하지만 그
때마다 탄핵이 중단되었고, 이번에도 사간원은 박신원을 탄핵하는 대
신 그에게 중병이 있으니 그의 자리를 바꾸어줄 것을 청했다. 사간원
이 이런 무리한 요청을 한 것은 당시 이조 참판인 그의 형 박근원朴謹元
(1525~1585)이 사간원에 영향력을 행사했기 때문이다. 승정원은 바로 이
일의 부당함을 지적했던 것이다.

그런데 정작 대사간 이후백李後白은 만일 사간원 관원의 말에 잘못이

있다면 승지가 바로잡을 수도 있다고 말했다. 그의 말은 사간원 안에서 신진 사림 선후배 사이에 균열이 발생했음을 뜻한다. 젊은 대간들을 옹호하고 나선 사람은 홍문관 부제학 허엽이었다. 그는 대간의 말은 옳든 그르든 누구도 방해할 수 없다며 이후백을 대사간직에서 물러나게 할 것을 요청하여 관철했다. 허엽의 이런 주장은 계속되었다. 선조 8년 (1575)에 해주 판관 최세해가 관청 물자를 탕진했다는 소리를 듣고 허엽이 그를 파직시키라고 주장했다. 당시 황해도 감사는 이이였는데, 도사 이원익李元翼(1547~1634)을 보내 사실을 조사하게 했다. 그 결과 최세해는 잘못은커녕 오히려 임무를 성실하게 수행했음이 밝혀졌다. 이이가 이 사실을 조정에 보고하고 장계狀啓를 올려 최세해를 표창하자, 허엽이 크게 노하여 피혐避嫌했다. 피혐이란 주로 대간들이 어떤 사건에 본인과 관련된 혐의가 발생하면 그 혐의가 풀릴 때까지 물러나 있는 것이다. 이때 허엽이 피혐하면서 한 말이 대단히 준엄했다. 대간이 탄핵한 것을 두고 감사가 그에 반박하는 건 부당하다는 내용이었다. 허엽의 발언은 이 시기 대간의 권한이 과도해지고 있음을 보여준다.

심의겸과 김효원

유성룡은 선조 8년(1575)의 '동서 분당'에 대해 다음과 같이 말했다. "당론黨論이 일어난 것은 전랑의 천거에서 시작되어 대신을 추감推勘하자는 데서 걷잡을 수 없이 터졌다. 말을 각박하고 성급하게 하다가 그렇게 된 것이지, 심의겸沈義謙(1535~1587)과 김효원金孝元(1532~1590) 두 사람이 각자 당을 만들어 다툰 것은 아니다." 이 짧은 말 속에는 긴 시간에 걸친 이야기가 응축되어 있다.

심의겸은 명종 비 인순왕후의 친동생이다. 이렇듯 강력한 외척 배경을 가졌지만, 그는 이황의 제자로서 스스로 사림의 정체성을 갖고 있었다. 그는 명종 17년(1562)에 문과 4등으로 급제했다. 이듬해, 강력한 권세를 누리던 그의 외삼촌 이량이 사림 진영의 중요한 인사들을 제거하려 했는데, 그가 이를 사전에 알아채고 인순왕후를 통해서 저지했다. 이후로 사림은 그가 사림을 지켜낸 큰 공이 있다고 생각하게 되었다. 이 일로 조정에서 그의 정치적 영향력이 상당히 커졌고, 동서 분당이 있기 전까지 사림의 좌장 역할을 했다.

명종 17년 심의겸은 어떤 공적인 일로 우연히 영상 윤원형의 집에 갔다. 그 집의 어떤 방에 들어가니 침구가 많이 있었다. 침구는 윤원형의 집에서 기숙하며 과거 준비를 하던 사람들의 것이었다. 그는 침구의 주인이 누구인지 확인하다가, 그것들 중 하나가 김효원의 것임을 알게 되었다. 당시 김효원은 아직 급제 전이었지만, 이미 글재주로 이름이 나 있었다. 이때 심의겸은 김효원에 대해서 부정적 인상을 갖게 된다. 다음 해에 김효원이 장원으로 급제했을 때, 심의겸은 공적인 자리에서 옆 사람에게 그가 윤원형의 집에 드나들던 사람이라고 말했다. 그 말이 사람들 사이에서 퍼져나갔다. 이 때문에 김효원은 다른 장원급제자들과는 달리 급제 뒤 2~3년간 언관직에 들어가지 못했다. 심의겸의 말이 원인이 되었던 것이다.

선조 5년(1572) 김효원은 드디어 이조 좌랑에 추천되었다. 이조 좌랑은 비록 지위는 낮아도 관리의 임명과 파면을 장악하고 있는 중요한 자리다. 또 전임자가 후임자를 추천하는 것이 관례라서, 그 임명은 이조 판서도 참견할 수 없었다. 그런데 당시 이조 참의였던 심의겸은 김효원의 과거 행적을 들어서 그가 이조 좌랑이 되는 것을 저지했다. 참의는 참판 다음의 정3품 고위직이다. 김효원은 그 뒤 선조 7년(1574)에야 이조 좌랑에 발탁되었다.

이조 좌랑에 오른 김효원은 많은 인재를 공정하게 선발했다. 이런 일처리로 그는 후배들 사이에서 명성과 위세가 크게 높아졌다. 하지만 심의겸에 대한 원망을 마음 속에 깊이 간직하고 있었다. 그러던 차에 선조 8년(1575) 심의겸의 동생 심충겸沈忠謙(1545~1594)이 이조 정랑에 추천되었다. 심충겸은 선조 5년(1572)에 문과 장원을 한 인물이었으나, 김효원은 그가 외척이라는 이유를 들어서 저지했다. 심의겸 쪽 인사들은 "충겸이 전랑에 합당한 사람인데도, 효원이 기회를 얻어 원수를 갚는다"라고 말했다. 이렇게 이조 전랑 자리를 두고 두 사람이 갈등하는 과정에서 조정의 사림은 두 편으로 나뉘었다. 심의겸 쪽 인사들은 대개 사림 중 선배 그룹이고, 김효원 쪽 인사들은 후배 그룹이었다. 김효원의 집이 서울 동쪽의 낙산駱山 밑인 지금의 충신동에 있다고 하여 김효원을 중심으로 한 세력을 동인이라 불렀고, 심의겸의 집이 서울 정동에 있었기 때문에 그 일파를 서인이라 불렀다.

허엽이라는 인물
선조 8년(1575)의 '동서 분당'이 심의겸과 김효원 두 사람 간의 갈등에서 직접 촉발된 것은 아니다. '동서 분당'이 촉발된 직접적인 계기는 대사간 허엽과 사간 김효원이 좌의정 박순의 추고推考를 요청한 일에서 비롯되었다. 추고란 앞에서 말한 바 있는 추감과 같은 뜻이다. 이 과정에서 허엽은 중요한 계기를 제공했다.

이에 앞서, 황해도 재령 지방에서 종이 주인을 죽였다고 추정되는 사건이 발생했다. 이 사건을 박순이 담당했는데, 시신 검시를 했음에도 치사 원인이 분명하게 밝혀지지 않았다. 이 때문에 종이 주인을 죽였다는 확실한 증거도 확보할 수 없었다. 이에 영의정 홍담은 종에게 죄가 없으니 풀어주어야 한다고 주장했고, 대사간 허엽은 종을 처벌해야 한다고 맞섰다. 그런데 우연히도 허엽은 죽은 사람과 일가였다. 결국 증거 부족으로 선조는 종을 석방시켰다. 허엽은 이런 처분을 분하게 여긴 나머지 박순을 추고할 것을 요구했지만, 선조는 그 요구를 받아들이지 않았다.

이 당시 사간원도 박순을 추고할 것을 요청했는데, 이 일은 조정에시 큰 파장을 일으켰다. 대간 중 한 사람은 추고에 반대하며 "추고란 태장笞杖을 적용하는 것입니다. 이는 곧 하급직의 관리를 다스리는 방법이지, 대신大臣에게 시행할 수는 없습니다"라고 말했다. 이때 이이는 홍문관 부제학을 맡고 있었는데, 그 자리는 양사를 조정하는 임무를 띠고 있었다. 이이 역시, 대신에게 죄가 있으면 파직하고 귀양을 보낼 수도 있지만, 추고하는 것은 옳지 않다고 말했다. 대신을 대접하는 예가 아니라는 이유에서였다. 하지만 양사는 "대신을 추고하자고 청한 일이 왜 불가한 것인지 알지 못하겠습니다"라면서 물러서지 않았다. 이 말은 양사가 대신을 존중하는 일말의 고려도 하지 않았음을 보여준다.

대사헌 김계휘金繼輝(1526~1582)도 허엽을 비판했다. 허엽이 죽은 이의 가까운 일가여서 그 가족의 말만 믿고 너무 과중하게 대신을 추고하자고 했다는 것이다. 그러자 홍문관 관원들은 이이에게, 허엽은 사림이 우러러보는 사람이니 그의 잘못을 논할 수 없고, 허엽이 친한 사람에게 사정私情을 두었다는 식으로 과도하게 말한 김계휘도 물러나야 한다고 주장했다. 결국 김계휘는 평안도 관찰사에 임명되어 조정을 떠났다. 이것은 당시 이조 좌랑이던 허엽의 아들 허봉許篈(1551~1588)이 김계휘에게 앙갚음을 한 결과였다. 허봉은 이 일을 이조 참판 박근원과 논의하여 처리했다. 박근원은 구신인 까닭에 선조 즉위 초에는 신진에게 외면을 당했는데, 이 일을 계기로 김효원 세력과 한편이 되었다.

양사의 젊은 대간들은 정3품 대사간 허엽의 잘못은 논할 수 없어도 정승은 추고할 수 있다고 말했다. 그들이 그렇게 말할 수 있었던 이유 중 하나는 대신 박순의 추고를 요구한 사람이 바로 허엽이었기 때문이다. 박순은 20년에 걸친 문정왕후 체제를 무너뜨리는 데 가장 큰 공을 세운 사람이었다. 문정왕후 사망 뒤 구체제가 더 이상 유지되기 어려웠다는 구조적 사실이, 그것을 처음으로 용감하게 공격한 사람의 공을 줄어들게 하지는 않는다. 그런 행위를 하는 자체에 큰 용기가 필요하기 때문이다. 그 덕택에 그는 사림 전체의 신뢰와 기대를 받았고, 사림 중 가장 먼저 정승에 올랐다. 박순보다 여섯 살이 많은 허엽은 젊은 시절에는 서경덕을 스승으로 하여 박순과 돈독한 관계였다.

허엽은 신진 사림의 중요 인물들과 혼인 관계를 통해서 그들과 긴밀히 연결되어 있었다. 그의 첫 번째 부인에게서 얻은 딸이 영남 사림

양천 허씨 묘역과 허난설헌 생가

경기도 용인에 있는 양천 허씨 묘역에는 허엽과 그의 세 아들 허성許筬, 허봉許篈, 허균許筠의 묘와 딸 허난설헌許蘭雪軒의 시비가 세워져 있다. 허난설헌의 묘는 용인의 시가媤家 묘역에 따로 묻혀 있다. 오른쪽 사진은 강원도 강릉에 있는 허난설헌 생가로, 초당草堂 허엽도 이곳에 살았다.

중에서 명성을 날린 우성전禹性傳과 결혼했다. 두 번째 부인에게서 얻은 아들이 허봉과 허균인데, 허봉의 딸은 김효원의 맏며느리가 되었고, 허균은 김효원의 민사위가 되었다. 이렇게 허엽과 김효원은 이중의 사돈 관계를 맺고 있었다. 또 허엽은 동인의 중진인 김첨金瞻과도 사돈 관계였다. 김첨의 며느리가 바로 허엽의 딸 초희, 즉 허난설헌이다.

허엽은 신진들의 좌장으로서 그들에게 존경을 받았다. 그는 자신도 이황이나 조식처럼 조정이 아니라 재야에 있었다면 그들만큼 존경받았으리라 생각했을 정도로 자부심이 강한 사람이었다. 하지만 그는 오랫동안 3품직에 머문 채 승진하지 못했다. 그 사이에 그의 후배 박순은 정승이 되었고, 허엽이 내심 나이로나 실력으로나 자신보다 나을 게 없다고 여기던 노수신도 정승이 되었다. 허엽은 점차 불만을 품게 되었고, 그런 심정은 대신들을 경멸하는 모습으로 나타났다. 옛날이나 지금 이나 인간사에서 심심치 않게 나타나는 일이다. 결국 허엽은 박순에 대한 추고를 요청하고 만다. 그의 이런 행동은, 척신 정치 시기에 크게 훼손되었다가 이제 막 다시 형성되려는 대신권大臣權에 심대한 타격을 가하면서 사림 자체를 분열시키는 기폭제 역할을 했다.

정철의 정국 인식

허엽과 김효원이 처음 박순의 추고를 주장했을 때, 조정에서는 이에 대해 두 가지 시각이 공존했다. 하나는 김효원이 심의겸 세력을 공격하기 위해서 심의겸의 편이라 믿은 박순을 의도적으로 공격했다고 보는 시각이다. 정철이 바로 이 견해를 대표했다. 확실히 정철은 이이보다 '정치적'이었다. 반면에 이이는 허엽이 도를 지나쳐서 비판했을 뿐 김효원이 은밀하게 계획한 것은 아니라고 생각했다. 늘 그랬듯이 이이는 너그러웠다. 사실 이이는 별로 '정치적'인 인간이 못 되었다. 유성룡도 결과적으로는 이이와 같은 생각을 갖고 있었다. 그러나 김효원의 의도 여부와는 관계없이, 박순의 추고 건을 거치면서 조정은 심의겸과 김효원을 중심으로 양분되었다. 이이는 이 분란을 진정시키기 위해서는 두 사람을 지방으로 내보낼 필요가 있다고 생각했다. 결국 이이의 말대로 두 사람은 지방으로 내보내졌지만, 그 효과는 이이가 의도했던 바와 달랐다. 두 사람이 지방으로 내려가면서 동서의 갈등이 잦아든 것이 아니라 오히려 더욱 격화된 것이다.

동서의 갈등이 심화되자 조정 내에서 이이의 정치적 위상도 변화했다. 서인 내에서는 이이보다 정철의 견해가 점점 더 존중되었다. 집단 간의 갈등이 심해지면, 대개 각 집단 안에서 강경파가 힘을 얻는 법이 다. 정철이 정국을 바라보는 인식은 이이와 차이가 있었다. 그는 선조 8년(1575) 1월에 인순왕후가 사망하자 동인이 심의겸에 대한 공격을 시작했다고 보았다. 또한 그 공격은 심의겸을 빌미로 서인 전체를 향하고 있다고 받아들였다. 서인들이 볼 때 이는 꽤 설득력 있는 판단이었다. 한편 이이는 김효원과 심의겸의 일은 국사國事와 무관하며, 어느 한쪽만 옳다는 주장에 동의하지 않았다. 그는 조정이 나라의 기강과 백성의 고통을 도외시한 채 시비를 정하기에만 급급하여 정사政事가 문란해졌다고 탄식했다.

이이는 선조 9년(1576) 2월에 홍문관 부제학에서 물러나 낙향했다. 그는 여전히 선조의 신임을 얻지 못한 상태였으며, 동인은 물론 서인 내부에서도 점차 영향력을 잃어갔다. 이 상황에서 이이가 조정에 머물기는 어려웠다. 그의 낙향에 앞서, 박순이 조정을 안정시킬 수 있는 방법을 그에게 물었다. 이때 이이는 유성룡, 김성일金誠一(1538~1593), 김우옹, 이발李潑(1544~1589), 정철 등 동서 각 진영에서 양식과 영향력을 모두 갖추었다고 생각되는 사람들을 불러서 화합하게 하고, 인사를 공평하게 하라고 조언했다. 박순 역시 그것이 유일한 방법임을 인정하면서도 "이 일을 맡을 사람이 없는 것이 한스럽네"라며 이이에게 좀 더 서울에 머물기를 간곡히 권했다.

이이가 떠난 뒤 동서 갈등은 더욱 확대되었고, 결국 박순도 조정에서 물러났다.

마지막 삼 년의 시작

선조 9년(1576) 이이와 박순이 조정에서 차례로 물러난 일에서 알수 있듯이, 이 시기에 동인 세력은 전반적으로 서인 세력보다 강했다. 하지만 양 세력 사이에 힘의 균형이 깨진 정도는 아니었다. 3품 이상 관직에는 여전히 명망 있는 구신과 서인들이 적지 않았다. 이들은 동서 간의 최악의 충돌을 막아내고 있었다. 서인의 좌장 정철도 시골에 있는 친구 이이의 간곡한 권고에 따라 동서 간의 갈등을 피하기 위해서 노력했다. 그러나 이러한 위태로운 균형은 선조 11년(1578) 10월에 발생한 '삼윤三尹 사건'으로 깨지고 만다.

선조 11년에는 지방 수령이 중앙의 고위직 인사에게 뇌물을 준 것과 관련된 몇몇 사건이 발생했다. 이 가운데 정치적으로 크게 문제가된 것은 진도 군수 이수가 진도의 공물납부인 장세량을 통해 윤현尹晛, 윤두수尹斗壽, 윤근수尹根壽 세 사람에게 뇌물을 주었다고 알려진 사건이다. 윤현은 윤두수·윤근수 형제의 이복형이 낳은 아들이다. 공물납부인이란 한 지역의 공물을 지역민을 대행해서 정부에 납부하던 상인이다. 이수가 이 세 사람의 친척이라는 사실이 의심을 더욱 부추겼다. 하지만 조사 결과, 뇌물 공여의 결정적 증거는 없었다. 유일한 증거는 이수에게 원한을 품은 하급 관리의 고발뿐이었다. 본래 이와 같은 사건은 법적으로 세 번까지 심문을 할 수 있지만, 이수에게는 20여 차례나 심문이 이어졌다. 더구나 이런 심문을 당하면서도 이수는 끝내 혐의를 인정하지 않았다. 결국 왕명으로 이수와 장세량은 석방되었다.

선조 11년에는 또한 명망 있는 구신과 존경받던 서인이 여러 명 사망했다. 이즈음에 발생한 삼윤 사건은 가까스로 유지되던 동서의 세력 균형이 무너지고 동인이 결정적으로 우세해지는 계기가 되었다. 이렇게 세력 변화가 일어난 핵심 요인은, 선조 초년에 서인에게서 소외되었던 구신 출신의 사람들이 대거 동인 쪽으로 옮겼기 때문이다. 이들은 원래의 동인들보다 더 맹렬하게 서인을 공격하는 데 앞장섰다.

삼윤 사건 이후 서인에 대한 동인의 비판 강노는 그 이전과 확연히 달랐다. 이제 동인은 심의겸을 '소인'으로, 정철과 김계휘 등 서인을 '사당邪黨'으로 규정했다. 심의겸이 사림을 구해냈던 공로는 모두 무시되었다. 김계휘는 서인의 중진으로서, 당시 조정 인물들 중 재주와 명망에서 이이 다음으로 꼽히던 인물이다. 그의 아들이 김장생金長生이다. '소인'이나 '사당'이라는 말은 선조 즉위 직후 조정에 진출한 신진 사림이 구체제 권신權臣들에게 썼던 말이다. 동인은 국시國是를 정해서 서인이 다시 조정에 들어오는 것을 철저히 막으려고 했다. 이에 백인걸이 상소하여 동서를 타파하고 당파에 관계없이 어진 사람을 등용하라고 요청하니, 홍문관·사헌부·사간원의 삼사와 승정원은 그가 늙어서 제정신이 아니라고 말했다. 백인걸은 구체제하에서 사림 중 거의 유일하게 권신權臣에 맞서 당당히 발언했던 사람이다. 더구나 사림 모두가 추앙하는 조광조에게 직접 배운 이들 가운데 유일하게 살아 있는 사람이었다. 백인걸에 대한 동인의 발언은, 그들의 권력투쟁이 넘어서는 안 될 어떤 선을 넘어서고 있음을 암시했다.

선조 12년(1579) 5월, 시골에 있던 이이는 대사간에 임명되었지만 이를 사양하면서 당시 조정 상황에 대한 자신의 생각을 밝혔다. 먼저 그는 대신들이 겨우 자신들의 안위만 지킬 뿐 상황을 진정시키지 못하는 사태에 대해 안타까움을 표시했다. 이어서 동인이 서인을 사당으로, 심의겸을 소인으로 규정한 의논의 부당함을 지적했다. 동인과 서인은 모두 사류이므로 시비를 가릴 수 없다는 것이 그의 생각이었다. 동인은 국시를 정해서 서인이 다시 조정에 들어오는 것을 막으려 하고 있지만, 이 때문에 조정의 기강이 무너지고 민생이 날로 쇠잔해지는데도 바로잡아 구제하지 못하고 있다고 말했다. 그는 "동인이 군자의 이름을 얻고 서인이 소인의 이름을 얻는다고 해도, 그것이 곤궁한 백성에게 무슨 보탬이 되겠습니까?"라고 물었다. 그는 정치 세력과 관련된 국시國是가 아닌 민생과 관련된 국사國事를 해결해야 한다고 주장했다.

백인걸 상소 대필 소동

선조 13년(1580) 12월, 거의 5년 만에 이이가 조정에 복귀했다. 그가 돌아오자, 박순은 "숙헌叔獻이 조정에 나오니, 나는 기뻐서 잠을 이루지

박순

실록에 실린 그의 졸기는 다음과 같다. "타고난 성품이 맑고 순수하며 마음이 평탄하고 화평하여 남과 대립이 없었다. 일찍부터 서경덕에게 배우고 이황과도 가까이 지냈다. 이황이 항상 칭찬하기를 '박순과 상대하면 마치 한 덩이 맑은 얼음과도 같아 정신과 영혼이 아주 상쾌하다' 하였다. 박순은 특히 시에 능하여 한 시대의 종주였다."

못했다"라고 말했다. 이이를 통해서 사림이 다시 화합할 수 있는 전기가 마련될지도 모른다는 생각이 들었을 것이다. 당시 누구도 이이가 사림의 재화합을 이루어낼 수 있을 것이라고 장담하지 못했다. 하지만 박순이나 『토정비결』로 유명한 이지함李之菡(1517~1578) 등 몇몇 사람들은 이미 이전부터 만약 그 일이 가능하다면 이이가 그 일을 해낼 수 있는 유일한 인물이라고 생각했었다.

이지함은 이이보다 열아홉 살이 많았지만, 『조선왕조실록』의 졸기에 따르면 그와 가장 가까웠던 사람이 이이라고 기록되어 있다. 상당한 나이 차이에도 불구하고 두 사람이 가까웠던 것은, 두 사람이 지닌 천재성과 거리낌 없는 기질에 통하는 것이 있어서 그랬던 것 같다. 이산해가 그의 친 조카인데, 작은아버지 이지함에게서 글을 배웠다. 이지함은 항상 "내가 100리 되는 고을을 얻어서 정치를 하면, 가난한 백성을 부자로 만들고 야박한 풍속을 돈독하게 만들고 어지러운 정치를 다스리게 하여 나라의 보장保障으로 만들 수 있을 것이다"라고 말했다. 그는 말년에 아산牙山 현감으로 재직하다가 갑자기 병으로 죽었는데, 고을 사람들은 친척이 죽은 것처럼 슬퍼하였다고 기록되었다.

선조 9년(1576) 초 이이가 떠났을 때와 비교하면 조정의 정치 지형은 완전히 바뀌어 있었다. 동인들이 조정을 모두 장악했고, 과거의 노당 측 인사들 중 서인에게서 소외되었던 사람들이 동인에 합류하여 맹렬한 활약을 하고 있었다.

이이는 조정에 복귀하기 전부터 동인과의 관계가 원만하지 못했다. 이것을 잘 보여준 사건이 백인걸의 상소 소동이다. 이 일은 이이에게 사적 원한을 갖고 있던 송응개의 동생 정언正言 송응형宋應泂이 이이가 백인걸을 사주했다고 탄핵하면서 시작되었다. 그런데 이 탄핵은 송응형 혼자서 한 행동이 아니었다. 이 탄핵이 있기 전에 허엽과 이문형李文馨은 백인걸에게 찾아가, 그가 제출한 상소문이 이이와 관련이 있는지 따져 물었다. 이문형 역시 구신에서 동인으로 전향한 인물이다. 여러 가지 우여곡절 끝에, 이이가 백인걸을 사주한 것은 아니라는 사실이 밝혀졌다. 이이는 백인걸이 보낸 글을 다듬어준 정도였다. 즉 백인걸은 자신보다 글재주가 좋다고 생각한 이이에게 상소문의 윤문을 부탁했던 것이다. 이 사건이 조정에서 크게 분란을 일으킨 것은 상소문에 대한 이이의 사주 여부 때문이 아니었다. 문제의 핵심은 상소문의 내용에 있었다. 동인은 그전까지 이이가 막연히 자신들 편이라고 생각했는데, 상소에서 동인을 비판했던 것이다. 이미 동인은 이이의 비판이 타당한 것인지에 대해서는 관심이 없었다.

성혼과 이이의 합작 상소

선조 14년(1581) 1월, 마침내 성혼이 조정에 나왔다. 전부터 그가 내려진 벼슬을 거절하기를 여러 번 반복했지만, 이때서야 선조와 처음으로 얼굴을 마주했다. 그런데 성혼이 막상 서울에 올라왔지만 조정에서 즉시 어떤 역할을 맡기는 어려웠다. 몇 달을 서울에서 일 없이 보내던 그는 결국 자기 생각을 상소로 올린 뒤에 낙향하려 했다.

성혼이 이런 생각을 이이에게 말하자, 이이는 당신의 지위가 산림山林이므로 어떤 것에도 구애받거나 꺼리지 말고 할 말을 모두 하라고 격

성혼 묘

경기도 파주시 파주읍 향양리 산 8-1에 위치하며, 아버지 성수침成守琛과 같이 묻혀 있다. 성혼의 자는 호원浩原, 호는 우계牛溪, 사후의 시호는 문간文簡이다. 조광조의 제자인 백인걸에게 『상서尙書』를 배웠다. 친구 이이와 함께 문묘에 배향된 18명 가운데 한 사람이다. 이이의 학문적 관계에 성혼이 있다면, 정치적 측면에는 정철이 있다고 할 수 있다.

려했다. 『석담일기』에는 "성혼이 문을 닫고 상소를 작성했는데, 단지 이이와 내용을 상의했다"라고 기록되어 있다. 이때 올린 성혼의 상소문은 이이와의 합작품이라고 봐도 된다. 실제로 상소문에는 지방에서 막 올라온 성혼으로서는 알기 힘든 국가 운영에 관련된 고급 정보도 포함되어 있었다. 이이 입장에서는 산림인 성혼의 지위를 빌려 관리로서의 자신의 제약을 넘어서는 의견 개진을 했던 듯하다. 성혼의 상소문을 본 선조도, 다 읽고 나서는 그의 상소문이 이이의 어법과 매우 비슷하다고 말했다.

상소문의 내용은 명료한 현실 인식을 기반으로 경세의 원칙과 체계를 보여주었다. 상소문은 "지금의 법을 변경하지 않는다면, 공자나 맹자 같은 사람으로 하여금 조정에서 도道를 강론하게 해도 시대를 바로잡고 백성을 구제할 만한 술책을 강구할 수 없을 것"이라고 주장했다. 그러고는 안민安民을 원칙으로 삼아야 한다고 일관되게 강조했다. 이이는 도道의 목적이 시대를 바로잡고 백성을 구제하는 데 있다고 주장한 바 있다. 도라는 말을, 지식인들 사이의 추상적 언어가 아니라 국가를 운영하는 원칙으로 전환했던 것이다. 당시 관료와 지식인들은 '도道'와 '의義'를 민생의 원칙인 안민에 연결하는 것을 생각지 못했다. 도학을 올바른 제도로, 그리고 올바른 제도의 목적을 안민으로 설정한 것은 이이의 경세론을 이루는 핵심이었다. 요컨대 이이가 주장한 경세론의 원칙인 안민은 그의 학문의 토대인 도학에서 비롯되었다. 당시의 신진 사림은 도학의 유행에도 불구하고 그에 상응하는 경세론을 마련하지 못한 상태였다. 지향하는 가치만 있을 뿐, 그 가치를 구현할 사회제도에 대한 구상은 갖고 있지 못했던 것이다. 이이의 경세론은 바로 이런 문제점을 정확히 인식한 결과였다.

이이는 안민의 현실적 내용을 부역, 즉 세금 문제에서 찾았다. 지금이나 옛날이나 정부가 국민 혹은 백성과 만나는 가장 구체적인 접촉면은 형벌과 세금이다. 이 두 가지 중에서 더 지속적이고 더 넓은 접촉면은 아무래도 형벌보다는 세금이다. '법 없이도 살 사람'이라는 말은 있어도 '세금 없이도 살 사람'이라는 말이 없는 것을 보면, 정부는 확실히 형벌보다는 세금으로 백성과 더 많이 만난다. 이이는 안민이라는 추상적 원칙을 가장 현실적 영역인 부세 문제에 연결했다. 그리고 부세 문제를 어떻게 처리하는가에 따라, 백성은 임금을 임금으로 받들기도 하고 원수로 여기기도 한다고 말했다. 어떤 정부의 본질은 어떤 형벌 제도와 세금 제도를 가지고 있는가에서 결정된다. 이이는 천하 국가가 저절로 안전한 것이 아니고, 반드시 안전하게 만들어야만 안전해진다고 말했다. 이 말은 그가 관성적인 현실 인식에 안주하지 않고, 현실 그 자체의 역동적 가변성과 위험성에 대해 잘 이해하고 있음을 보여준다. 동시에 그가 동료와 후배 사람들처럼 국가를 윤리적 비판 대상으로 보기보다는 민생이라는 목표를 위해 적극적으로 운영해야 할 대상으로 생각했음을 보여준다.

이이의 동서화합론

동서 분당 이후, 이이는 일관되게 동서 간 화합을 주장했다. 선조 13년(1580) 말에 조정에 복귀한 뒤에도 그 주장에는 변함이 없었다. 이이에게 동서 화합은 포기할 수 없는 목표였다. 그가 바라는 개혁의 정치적 사회적 토대가 바로 사림이기 때문이다. 하지만 그의 노력에도 불구하고 동인 세력의 압도적 우세 속에서 그의 주장은 실현되기 힘들었다. 동서 화합이 실현되려면 먼저 동인 세력을 억제하고 서인 세력을 키워야 했지만, 이런 방법은 당쟁을 억제하기보다는 악화시킬 우려가 있었다. 결국 이이는 선조 14년 9월에 대사간 직임을 사직시켜 줄 것을 요청했다. 급선무는 동서를 타파하고 사류를 화합시키는 일인데, 자신의 능력이 거기에 미치지 못한다는 것이 이유였다.

이이는 동인 세력을 억제할 수 없었다. 선조 14년 9~10월에 발생한 복상卜相 문제는 이를 잘 보여준다. 복상이란 정승을 뽑는 일을 말한다. 좌상과 우상 자리가 빈 상태에서 영의정 박순이 복상을 담당했다. 이이는 정유길鄭惟吉(1515~1588)을 지지했고, 동인들은 이문형李文馨(1510~1582)·박소립朴素立(1514~1582)·김귀영金貴榮(1520~1593) 등을 지지했다. 동인이 지지한 세 사람은 모두 동인 세력에 투항한 구신계 인물이었다. 이이는 특히 김귀영에 대해서 적극적으로 반대했다. 박순은 이이의 주장을 받아들여 정유길을 우의정으로 건의했고, 이에 따라 일단 정유길이 우의정에 임명되었다. 하지만 그는 곧 대간의 탄핵을 받아 사직하고, 동인이 지지하는 김귀영이 결국 우의정이 되었다.

이이는 당시의 국정이 말할 수 없이 위태로운 상태라고 진단했다. 그는 선조에게 다음과 같이 물었다. "지금 백성은 흩어지고 군사는 쇠약하며 창고에 양곡마저 고갈되었는데, (나라의) 은혜가 백성에게 미치지 않고 (나라에 대한 백성의) 신의도 여지없이 사라졌습니다. 혹시라도 외적이 변방을 침범하거나 도적이 국내에서 반란을 일으킨다면, 방어할 병력도 없고 먹을 곡식도 없고 신의로 유지할 수도 없는데, 모르겠습니다만 전하께서는 이 점에 대해 어떻게 대응하려 하십니까?" 실제로 몇 달 뒤 북방에서 니탕개가 침입하는 사건이 벌어졌다. 북방의 여진 부족이 움직이기 시작했던 것이다. 이들은 결국 한 세대 뒤에 후금·청나라로 역사에 등장한다.

동인이 생각하는 현안은 민생 문제와는 거리가 있었다. 그들은 여전히 정치 세력 간의 갈등 구조 속에서 빠져나오지 못했다. 물론 신진 모두가 그렇지는 않았다. 이이가 주장한 공물 변통을 비롯하여 경장更張에 대해서 김우옹, 홍가신洪可臣(1541~1615), 유성룡 등이 그 필요성에 동의했다. 하지만 유성룡은 이이의 재주로는 그 일을 해낼 수 있을 것 같지 않다며 이이의 주장에 반대했다. 이에 대해서 이이는 "요즈음 의논하는 이들은 사람을 얻기가 어렵다고 핑계 대며 번번이 변통의 논의를 막고 있다"고 말했다. 결국 이이는 동서화합론에 대해 신진들의 지지를 얻어내지 못했을 뿐만 아니라, 심지어 그 영향으로 자신이 주장하는 민생 중심 경장론도 추진력을 얻을 수 없었다. 스스로 말했듯, 이이가 한 가지 의논을 내기만 하면 온갖 비방이 즉시 뒤따라서, 아무리 애를 써도 효과는 거두지 못하며 몸은 수고로워도 직무는 수행되지 않았다.

소인 이이

탄핵받은 이이

선조 16년(1583)에 들어서자 선조는 차차 이이의 주장을 받아들이기 시작했다. 징병 대상자들을 적어 놓은 군적軍籍을 현실에 맞게 고치는 것, 지방의 행정단위인 주州와 현縣을 합병하여 지역별 담세 능력을 비슷하게 조정하는 것, 감사를 임지에 오래 머물게 하여 지방행정을 책임지게 하는 것 등이었다. 이렇듯 이이의 개혁 요구가 점차 수용되기 시작하는 시점에 왕실 인사인 경안령慶安令 이요李瑤 사건이 발생했다.

이요는 선조를 만나서 정치적으로 민감한 문제들을 쏟아냈다. 조정이 동서로 갈라져서 국정이 어지럽고, 유성룡·이발·김효원 등은 동인의 괴수이므로 억제해야 한다고 말했다. 사헌부와 사간원은 즉각 이요의 말에 반박하고 그의 파직을 청했다. 하지만 선조는 그의 말에도 일리가 있다며 양사兩司의 요구를 물리쳤다. 이요의 말이 전해지면서 이이에 대한 동인의 의혹은 더욱 깊어졌다. 그들은 이이가 이요를 사주했다고 믿었다. 물론 그것은 사실이 아니다. 그럼에도 결국 이요의 발언은 동인이 이이를 향해 전면적 탄핵의 방아쇠를 당기는 계기가 되고 말았다.

이즈음 북방에서 니탕개의 난이 발생했다. 서울에서 사수射手, 즉 활 쏘는 군인들을 빨리 뽑아서 그쪽에 보내야 했다. 그런데 이들이 타고 갈 말(戰馬)이 당장 없었기 때문에, 병조 판서 이이는 뽑힌 사람들 중에서 말을 사서 바치는 사람에게 변방에 가는 것을 면제해주었다. 이이는 이 일을 사후에야 왕에게 보고했다. 사실 그는 이 방법으로 필요한 말을 마련할 수 있을지 사전에 확신하지 못했다. 그러나 뜻밖에도 이 방법으로 말을 확보할 수 있었고, 마침 전황이 급박하여 일을 처리하고 사후에야 왕에게 보고했던 것이다.

또 선조가 변방의 일을 논의하기 위해서 이이를 불렀는데, 공교롭게 그가 궁 안에 들어왔을 때 현기증을 일으키는 바람에 병조의 궁궐 내 숙직실에 잠시 누워 있어야 했다. 아마도 이때의 현기증이 반년 뒤 이 이의 갑작스러운 사망을 예고한 듯하다. 숙직실은 승정원 옆에 붙어 있었다. 때마침 승지가 지나가다 누워 있는 이이를 보고는, 그에게 병이 생긴 사실을 왕에게 보고했다. 왕은 곧바로 내의內醫를 보내 간호하게 하고 이이에게 물러가 쉬게 했다.

위의 두 가지 사건에 대해서 선조는 이이를 문책할 생각이 조금도 없었다. 왜냐하면 이이가 궁 안에 들어와서 누워 있었던 것은 승지가 먼저 본 뒤에 보고한 사실이고, 사후에야 보고한 말(馬) 문제 역시 분주히 사무를 집행하는 과정에서 빚어진 단순한 실수로 이해했다.

선조는 이이의 실수를 문제 삼지 않았다. 하지만 동인들은 결코 그냥 넘어가지 않았다. 지평持平 이경률李景慄은 이이가 백성에게 말을 바치라는 명령을 왕의 허락도 없이 내린 일은 국가권력을 마음대로 행사한 것으로, 또한 궁 안에 들어왔으면서도 승정원에 나가지 않은 일은 임금의 명령을 업신여긴 것으로 비판했다. 이이도 말했듯이, 이경률의 말대로라면 그의 죄는 사형감이었다.

탄핵을 받은 뒤 이이는 집에 머물렀다. 사헌부가 자신을 비판했는데 아무 일도 아니라는 듯이 계속 조정에 나갈 수는 없기 때문이다. 선조가 계속해서 조정에 나올 것을 요청하고 북방의 일도 다급해지자, 이이는 선조에게 한 가지 요청을 했다. 자신이 다시 조정에 나가는 것에 대해, 대신들의 의사를 확인해달라는 것이었다. 이이로서는 다시 조정에 나가려면 명분이 필요했다. 이이의 그 말에 삼사는 더욱 분노했다. 삼사는 이이 스스로 반성하고 허물을 살피기에 겨를이 없어야 하는데, 오히려 분노를 깊이 품고 대간들과 승부를 겨루려 하고, 필설筆舌을 놀려 공의公議와 맞붙어 싸우려 한다고 말했다. 삼사가 말하는 공의란 다름 아닌 동인들의 의견이자, 자신들의 주장이었다. 급기야 홍문관은 이이를, 나라 일을 그르친 소인으로 규정했다. 결국 그는 병조 판서직에서 물러났다.

동인의 본심

이이는 사퇴했지만 사태는 진정되지 않았다. 당시 서울에 올라와 있던 성혼이 이이를 옹호하는 상소를 올리면서 오히려 상황은 걷잡을 수 없이 확대되었다. 성혼은 이 상소에서, 조정 논의가 이렇게 지나치게 된 것은 대사간 송응개처럼 이이에게 개인적 원한을 가진 사람들이

가세한 것에 일부 원인이 있다고 말했다. 또 이이가 자신의 거취 문제를 대신들과 상의해달라고 왕에게 요청했지만, 대신들은 동인들의 기세를 두려워하여 누구도 분명하게 말 한마디 하지 않았다면서 답답한 심정을 나타냈다. 나아가 대간은 공론이 나오는 곳이기는 하지만, 그렇다고 공론에 대한 독점적 발언권을 갖고 있지는 않다고 말했다. 홍문관만 대간의 잘못을 논할 수 있고 다른 사람이 대간의 말을 논했을 때 이에 대해 크게 잘못되었다면서 죄를 가하려 한다면, 그런 사리는 있을 수 없다고도 말했다. 성혼의 이 말은, 직접적으로는 이이가 대간의 비판에 반박한 일이 그 자체로 잘못은 아니라는 변호이지만, 동시에 공론에 대한 대간의 독점적 발언권을 정면으로 비판한 것이기도 했다. 언관의 말을 공론과 동일시하는 관행이야말로 당시 동인들이 가진 가장 큰 정치적 힘이었다. 성혼은 바로 이 점을 정면으로 공격한 것이었다. 역설적이지만, 언관의 말을 공론과 동일시할 수 있을 정도로 언관의 발언권을 높이는 데 가장 큰 공을 세운 사람이 바로 이이였다.

선조는 성혼의 상소를 보고, 당일로 즉각 삼정승을 불러들였다. 영상 박순과 좌상 김귀영이 입궐했고, 우상 정지연鄭芝衍(1527~1583)은 아파서 오지 못했다. 실제로 정지연은 약 한 달 뒤에 사망했다. 선조는 입궐한 두 사람에게 이이에 대한 시비와 그를 배척한 무리에 대해서 추궁했다. 박순은 성혼의 말이 지당하다면서, 이이를 배척한 무리로 이미 성혼이 언급한 송응개와 이이를 소인으로 규정했던 홍문관의 상소를 작성한 허봉을 지적했다. 반면에 좌상 김귀영은 이이에 대한 시비를 판단할 수 없다고 말했다. 선조의 추궁에도 그는 더 이상의 말을 하지 않았다. 그는 동인의 지지를 얻어 정승이 된 구신계 동인이었다. 결국 김귀영은 이 일로 좌상 자리에서 물러났다.

이이와 개인적 원한이 있는 것으로 지목된 대사간 송응개의 상소를 시작으로, 사헌부·사간원·홍문관·승정원의 상소가 불과 며칠 사이에 잇달아 올라왔다. 이들 상소에서 동인들은 이제껏 자제했던 자신들의 생각을 모조리 드러냈다. 그것에 따르면, 이이는 동서를 화합시킨다는 주장을 했지만, 그의 주장에 담긴 뜻은 공(公)을 내세워 사(私)를 이루려는 계략에 불과했다. 애당초 동서로 나뉠 때부터 그 사이에는 정사(正邪)와 시비(是非)가 있었고, 사대부들의 공론은 모두 동인이 정(正)과 시(是)이고 서인은 사(邪)와 비(非)라고 했다. 또 이이는 원래 서인의 영수이니, 이이는 곧 성혼과 다름이 없고, 성혼은 곧 박순과 다름이 없다. 그리고 이들 모두 심의겸과 같은 당 사람이다. 이들은 하나같이 외척의 당이며 본질적으로 사림이 아니다. 또 이이는 왕의 총애만 믿고 옛 법을 어지럽힐 뿐만 아니라 자기 편견에 빠져 있다. 이렇듯 동인이 쏟아낸 말은 이이가 선조 13년(1580) 12월에 조정에 복귀한 뒤 2년 반에 걸쳐 매달린 동서 화합의 노력이 완전히 실패했고, 그의 개혁안은 동인들에게 단지 '변란'으로 여겨졌음을 보여준다.

서인을 공격한 부메랑

선조 16년(1583) 6~7월 정국에서 주목할 사람은 선조이다. 이때 선조는 서인 편에 섰는데, 동서 간 갈등의 맥락을 정확하게 파악하고 있었다. 이경률이 이이를 탄핵한 지 불과 사흘 만에 선조는 이조 전랑의 낭청 천망권薦望權을 혁파하라고 지시했다. 이 지시는 사실 갑작스러운 일은 아니었다. 선조는 이전부터 낭천제에 대해 매우 부정적 인식을 갖고 있었다. 삼사에 포진해 있는 신진 사림의 논의를 못마땅하게 생각했기 때문이다. 그런데 선조만 낭천제를 부정적으로 생각했던 것이 아니다. 이에 앞서 이이는 선조 15년(1582) 1월에 이조 판서에 임명되었는데, 그때 그는 낭천제에 대해서 부정적 견해를 밝혔다. 이것은 아주 놀라운 일이었다. 낭천제 확대에 누구보다 크게 기여한 사람이 바로 이이였기 때문이다. 이이는 자신이 활성화시킨 언관의 힘이 정도를 넘어서 통제할 수 없게 된 상황에 대해서 우려했다. 선조 15년 이후 이이가 동인들에게 더욱 비판의 대상이 되었던 원인은 낭천제에 대한 그의 발언에서 기인한 바도 크다.

선조는 삼사가 이이를 탄핵한 사항들에 대해서 하나하나 그 부당성을 지적했다. 그것은 다음 세 가지다. 첫째, 다른 공경대부公卿大夫들도 임금의 부름을 받고 오지 않았던 적이 않은데, 대간이 그들에 대해 임금을 업신여겼다고 논한 경우는 없었다. 왜 유독 이이에게만 그렇게 원칙적이며 꼼꼼한가. 둘째, 홍문관 부제학 권덕여權德輿(1518~1591)와 홍진은 일찍이 내 앞에서 이이의 충성스럽고 곧은 자세에 대하여 칭찬했다. 그런데 왜 지금은 그를 소인으로 공격하는가? 특히 권덕여는 연로한 나이로 젊은 신진들에게 붙어 다니는 게 부끄럽지도 않은가? 셋째, 이이가 군비를 마련하기 위해 언급한 서얼 허통 건은 원래 동인의 중진인 김첨金瞻이 예전에 경연에서 먼저 말했던 내용이다. 어떻게 김첨이 이 문제로 이이를 비판할 수 있는가? 선조가 지적한 그 하나하나가 동인으로서는 답하기 곤혹스러운 문제 제기였다.

그뿐만 아니라 선조는 서인에 대한 동인의 공격 방식도 정확히 파악하고 있었다. 선조는 "근래 너희 삼사가 재상들을 탄핵하면서 그들이 심의겸과 결탁했다는 것을 공격의 도구로 삼고 있다. …… 이는 나라 가운데 의겸이라는 함정을 만들어 두고 자기와 의견을 달리하는 한 시대의 명신·현사들을 반드시 그 함정 속에다 몰아넣고는 같은 당파라고 성토하려는 것"에 불과하다고 비판했다.

선조 16년 6~7월 정국에서 동인들의 피해는 컸다. 논의를 주도한 인물들은 귀양을 가거나 지방으로 좌천되었다. 송응개는 회령, 박근원은 강계, 허봉은 갑산으로 귀양을 갔고, 이기李墍는 장흥 부사, 박승임朴承任은 창원 부사, 김응남金應南은 제주 목사에 임명되어 외직 근무를 해야 했다. 뒤이어 서인 측 인사들이 조정에 대거 복귀했다. 성혼이 이조 참의, 이이가 이조 판서에 제수되었다. 또 홍성민洪聖民(1536~1594)이 부제학, 백인걸의 아들 백유함白惟咸이 부수찬, 이해수가 대사간, 윤근수가 대사성, 이산보李山甫(1539~1594)가 승지에 임명되었다. 이렇게 선조는 인사와 언론, 그리고 자신에 대한 비서 기능을 모두 서인에게 맡겼다.

또한 이 시기 정국에서 동서의 논의를 주도한 인사들의 개인적 신상 변화보다 더 주목할 부분이 있다. 이것은 미묘하지만 대단히 중요한 변화이다. 이 격변을 거치면서 '공론'에 대한 기존 관념에 변화가 생긴 것이다. 그 발단은 이이에 대한 삼사의 무리한 탄핵에서 비롯되었다. 앞에서 보았듯이 성혼은 삼사만이 공론을 독점할 수 있는 것은 아니라고 주장했는데, 이 말이 상당한 반향을 일으켰다. 선조 역시 "공론이란 국가의 근원적 힘이기는 하지만, 그것을 독점하는 주체가 따로 있지는 않다. 대간臺諫이든 꼴 베고 나무하는 사람이든, 그 사람이 공정하면 그의 말도 공정한 것이다"라고 말했을 정도다. 여기에 성균관 유생들도 가담했다. 성균관 유생들이 올린 상소를 보고, 선조는 "조정의 시비는 한때 어지러워질 수도 있으나, 태학의 공의公議야 어찌 없어질 수 있겠는가"라면서 삼사의 공론 독점권을 부정했다. 특정 세력만이 공론을 갖는다는 인식이 사라지면, 공론은 더 이상 정치적 특성을 갖지 못한다. 이 말은 마치 소인과 군자라는 개념이 집단과 연결될 때만 정치적 의미를 갖게 되는 것과 다르지 않다. 개인으로서의 소인과 군자는 어느 시대 어느 장소라고 없겠는가?

선조 16년 6~7월 정국을 거치면서 입장에 가장 큰 변화를 겪은 사람은 이이였다. 그는 자신이 주장했던 동서화합론에서 일정 정도 후퇴했다. 그리하여 "화평론을 주장하는 자는 전일 삼사에 있던 사람도 다 등용해야 한다고 합니다. 그러나 신의 생각으로는, 조정은 하나의 조정인데 만약 그런 사람까지 모두 등용하면 의논이 여러 갈래로 나뉘어 끝내 하나 될 때가 없을 것입니다. 모두 다시 등용하는 것은 옳지 않다고 생각합니다"라고 말해, 변화된 입장을 보여준다. 이이는 결코 이런 사태를 원하지 않았었다. 그럼에도 "삼사의 사람들은 모두 물러가 움츠리고 서로 눈을 부릅뜨며 이리저리 관망하면서 (나에게) 찾아오지도 않는가 하면, 출근해서도 직무를 보지 않기도 한다. 이들 때문에 국가의 허다한 직무를 오래도록 폐기할 수는 없다"라고까지 말했다. 그가 할 수 있는 일은 별로 없었다.

이이의 죽음

이이는 선조 17년(1584) 1월 16일 서울 중부 대사동大寺洞 집에서 49
세로 사망했다. 대사동은 지금의 종로 2가 탑골공원 근처이다. 49세라
고는 하지만 12월 26일에 태어나서 1월 중순에 사망했으니, 만 47세에
불과한 나이였다. 옛날에는 지금보다 평균수명이 훨씬 짧았지만, 그 당
시의 기준으로 볼 때도 오래 살았다고 할 수 없는 나이다.

조선왕조 역대 국왕의 치세 중에서 선조 대는 처음으로 두 종류의
실록을 가졌다. 이전 시대와 같은 '실록'과 이전 시대에는 없던 '수정실
록'이 있다. 이렇게 두 종류의 실록이 있게 된 배경은 선조 대부터 나타
나기 시작한 당쟁의 결과이다. 즉 집권 세력이 바뀌자 과거에 대한 평
가도 달라졌던 탓이다. 『선조실록』은 광해군이 즉위한 뒤에 동인의 한
갈래인 북인의 영향 아래 만들어졌다. 반면 『선조수정실록』은 뒷날 인
조 대에 서인 이식李植(1584~1647)에 의해 대부분이 만들어졌다. 특히 임
진왜란 이전 부분은 이식이 완성했다. 상황이 이렇다면 우리는 두 실록
내용의 진위에 대해서 걱정할 수밖에 없다. 하지만 크게 걱정할 필요는

없다. '수정실록'을 만든 이들은 앞서 완성된 '실록'을 없애버리지 않았다. 아마도 그들은 뒷시대 독자들에게 '자, 봐라. 누구 이야기가 맞는지'라고 말하고 싶었던 것 같다.

『선조실록』의 이이 졸기 부분

『선조실록』과 『선조수정실록』 각각에 실린 이이의 졸기는 극명한 차이를 보여준다. 『선조실록』에는 '吏曹判書李珥卒(이조판서이이졸)'이라고 단 7자만 적혀 있다. '이조 판서 이이가 사망하다'가 전부다. 짤막한 사실로만 끝낸 보고는 이 짧음 때문에 오히려 더 많은 말을 하고 있는 것처럼 보인다. 조정에서 동인의 총공격을 받았고, 그 때문에 도리어 동인의 중진들이 줄줄이 귀양 가고 좌천되는 계기가 되었던 이이라는 인물의 졸기에, 이렇게 아무런 평이 따라붙지 않았다는 것은 무엇을 말하는가?

『선조수정실록』의 이이 졸기는 우선 양이 대단히 많다. 그래서 이이의 사망과 관련된 정보는 대부분 여기서 얻을 수밖에 없다. 이이는 선조 17년으로 해가 바뀌자 조정에 나오지 못했다. 아파서 집에 누워 있어야만 했던 것이다. 북방의 국경 방어 책임자로 서익徐益이라는 사람이 평안도에 가게 되었다. 선조는 그에게 이이를 찾아가 변방에 관한 일을 물으라고 말했다. 그가 이이의 집에 갔을 때, 이이의 자제들은 부친에게 서익을 만나는 것은 무리라며 만나지 말라고 말했다. 하지만 이이는 힘겹게 일어나 그를 맞이하고는, 아우 이우로 하여금 자신이 말하는 6조항의 지침을 받아 적게 했다. 이우가 다 받아쓰자 이이는 혼수상태에 빠지고 말았다. 그러고는 꿈속에서 말하는 듯 국사國事에 관한 말들을 쏟아냈다. 얼마 뒤 정철이 문병 왔을 때는 다시 정신을 차렸다. 이이는 정철의 손을 잡고 사람을 등용함에 편중하지 말라고 간곡히 부탁했다. 그러고는 다음 날 새벽에 사망했다.

『선조수정실록』은 계속해서 다음과 같이 기록했다. "동료 관리들과 성균관 학생, 말단의 군졸, 시장 상인, 그 밖의 말단 관리와 중인 서리들, 관청에서 부리는 노비와 하인들까지도 모두 달려와 모여서 통곡했다. 궁벽한 마을의 일반 백성들도 더러는 서로 위로하고 눈물을 흘리면서 '우리 백성들이 복이 없기도 하다' 하였다. 발인하는 날 밤에는 멀고 가까운 곳에서 집결하여 전송하였는데, 횃불이 하늘을 밝히며 수십 리에 걸쳐 끊이지 않았다. 이이는 서울에 집을 갖고 있지 않았으며, 집안에는 남은 곡식이 없었다. 친한 친구들이 (이이의) 수의를 마련하고 부의를 거두어 염하여 장례를 치른 뒤 조그만 집을 사서 가족에게 주었으나, 그래도 가족은 살아갈 방도가 없었다." 대사동에 있던 이이의 집은 세 들어 살던 곳이었다. 어머니 신사임당이 살았던 꼭 그 시간 만큼 산 이이는 파주 자운산에 있는 어머니와 아버지 묘소 옆에 묻혔다.

『조선왕조실록』에는 조정 동료들뿐 아니라 백성들이 자발적으로 찾아와 조문한 예가 두 사람 나온다. 한 사람은 이이이고, 또 한 사람은 김육이다. 이이는 공물 변통을 체계적으로 주장한 사람이고, 김육은 공물 변통을 실제로 성립시킨 사람이다.

이이의 세 가지 문제

이이는 오늘날 어떻게 기려지는가? 인터넷에서 '율곡사업'은 한국 군의 군무기와 장비의 현대화 작업의 암호명이며, 'DDG-992 율곡이 이'는 한국 해군의 두 번째 이지스함을 가리킨다고 검색된다. 주로 군사 분야와 관련된 이름이다. 이이가 '10만 양병설'을 주장했다고도 하고, 또 사망하기 얼마 전까지는 병조 판서에 재직하기도 했으니, 그 같은 작명으로 기리는 일이 잘못되었다고 하기는 어렵다.

하지만 이이는 그것보다 훨씬 더 깊은 의미로 기려져야 마땅하다. 대부분의 관료와 지식인들이 자신들의 관심 범위 밖으로 나오지 못할 때, 그는 국가의 존재 이유가 일차적으로 민생을 보장하는 데 있다고 주장했다. 나아가 그는 이 추상적 원칙을 현실에서 어떤 문제에 적용해 풀어내야 하는지를 정확히 지적했다. 조선시대에 그의 후배 경세가들은 바로 이 점 때문에 그를 기렸다.

그럼에도 이이의 정치 활동에 성적을 매긴다면, 그는 낙제점을 벗어날 수 없을 듯하다. 이귀李貴(1557~1633)는 인조반정의 중심인물이자, 호서대동법이 성립될 당시 호조 판서로서 실무를 지휘했던 이시방의 아버지다. 그는 이이의 중요한 제자 중 한 사람이었다. 이이가 죽자 이귀는 자신의 스승을 위해 조정에 올린 상소문에서, 이이는 천부적 자질을 갖고도 평생의 포부를 하나도 실현할 수 없었다며 몹시 안타까워했다.

문정왕후의 구체제가 무너지면서 시작된 이이의 20년간의 관료 생활 동안 그는 세 가지 문제에 도전했다. 첫째는 구체제의 해체와 사림의 권력 장악이다. 이 문제를 해결하는 데 그는 가장 빛나는 공을 세웠다. 하지만 이 문제는 정확히 말한다면 '그의 문제'가 아니었고, 아마도 그가 아니라도 결국은 해결되었을 문제다. 어떤 면에서 이 문제 해결의 주인공은 이황이라고 하는 편이 더 합당할 것이다.

이이가 당면한 두 번째 문제는 사림들이 조정을 장악한 선조 6년(1573) 이후에 찾아왔다. 선한 정치 세력이 권력을 장악했음에도 민생이 조금도 나아지지 않았다는 사실에 부딪힌 것이다. 이이는 이 문제를 반만 해결했다고 볼 수 있다. 그 해결한 절반은 '이이의 경세론'이라고 이름 붙일 수 있는 것이고, 이후 조선 경세론의 원칙이자 방법론으로 자리 잡는 것이다. 그가 이 문제에서 절반의 성공을 거둘 수 있었던 것은, 현실을 남의 생각이 아닌 자신의 눈으로 보고 판단했던 덕분이다. 그는 이황의 틀을 벗어나면서 자신의 경세론을 갖게 되었다. 해결하지 못한 절반이란, 그가 자신의 경세론을 다른 사람들에게 이해시킬 수 없었다는 점이다. 이해되지 못한 경세론은 결국 실패로 귀결되었다.

이이가 맞은 세 번째 문제는 선조 11년(1578) 이후 사림의 분열이다. 그에게 사림은 개혁의 사상적 정치적 토대였다. 그는 사망하기 얼마 전까지도 사림의 분열을 근본적으로는 받아들이지 않았다. 이 세 번째 문제는 두 번째 문제와는 또 다른 성격을 지녔다. 두 번째 문제는 새롭게 발생한 일이 아니었다. 이이는 다만 현실을 해석하는 자신의 생각을 바꿨을 뿐이다. 하지만 세 번째 문제인 사림의 분열은 실제로 자기 눈앞에서 일어난 변화였다. 그는 이 문제를 해결하고자 오랜 시간 동안 엄청난 노력을 기울였지만, 결국 철저하게 실패했다. 이황이 사림의 승리 후에 필요한 제도적 차원의 경세론을 갖고 있지 않았듯이, 이이는 사림의 분열이라는 현실을 인정할 수 없었다. 이황과 이이 모두 자기 시대에 벌어진 일에 대해서 아무런 대응책을 가지지 못했던 것이다.

언제나 민생을 염려하노니

오리 이원익, 진심으로 헌신한 관리

오리 이원익,

진심으로 헌신한 관리

경기도 광명시 소하2동에 있는 이원익의 옛집인 관감당이다. 지금은 그의 후손들이 만든 종가박물관
인 〈충현박물관〉 안에 자리잡고 있다. 40년 동안 정승을 지낸 청백리 이원익이 비바람을 피하기도 힘
든 누추한 집에서 산다는 사실을 인조가 알고는, 인조 8년(1630)에 그에게 새 집을 하사했다. 오리 이원
익은 고사 끝에 이 집을 마지못해 받았다.

위는 관감당의 전경이고, 아래는 내부 모습이다. 종택 옆에 일자형 사랑채로 떨어져 지었다. 처음에 이원익이 극구 집을 거절하자, 인조의 명을 받은 경기 감사가 매우 곤란해 했다. 인조가 다시 승지를 보내 후세의 벼슬아치들에게 청백리의 본보기를 보이려 하는 것임을 재차 밝히자, 비로소 왕이 지어 준 집을 받았다고 한다.

〈충현박물관〉에서 관감당을 지나면, 충현서원으로 들어가는 길이 나온다. 충현서원은 이곳 금천 지역의 유일한
서원이자 임금이 편액을 하사한 사액서원이었다. 처음에는 강감찬과 서견 등과 함께 모시기 위해 삼현사(三賢
祠)로 지어졌다. 지금은 주춧돌만 남아 있고, 그 자리에 〈문비대〉(文備臺)라는 표석이 있다.

위는 오리영우, 즉 오리(梧里) 이원익의 영정(影)을 모신 집(宇)이다. 〈충현박물관〉의 야외전시장에는 두 개의 정자가 있는데, 아래 오른쪽은 그중의 하나인 삼상대다. 영의정, 좌의정, 우의정을 모두 거친 삼정승의 경험과 공적을 기리기 위해 세운 정자다. 다른 하나의 정자는 풍욕대인데, 바람에 목욕한 다 는 뜻의 운치가 어우러져 있는 곳으로, 아래 왼쪽 사진은 원래 있던 터에 남은 표석이다.

험난한 시대를 산 따뜻한 관리

조선시대에는 지금으로 치면 가벼운 수필 같은 이야기를 모은 책들이 많이 만들어졌다. 그 이야기들 중 대다수는 사람들에 관한 내용이다. 어떤 사람은 지금 우리도 잘 아는 인물이고, 또 어떤 사람은 이제는 그 이름이 좀 생소해진 인물도 있다. 이야기에 가장 많이 등장하는 사람 중 하나는 오리梧里 이원익李元翼(1547~1634)이다. 그와 관련된 이야기는 거창하거나 엄숙하지 않고, 대개는 따뜻하고 소박한 느낌을 준다.

그는 임진왜란(1592~1598), 인조반정(1623), 이괄의 난(1624), 정묘호란(1627) 등 전쟁과 정치적 쿠데타와 내란이 있던 시기를 살았다. 평범한 백성의 한 사람으로서도 그 시기는 살아가기에 험한 시대였다. 그런데 그는 임진왜란 중에 이미 우의정이 되었고, 이들 사건이 벌어지는 내내 현직으로 있든 조정에서 물러나 있든 언제나 정승의 지위에 있었다. 더구나 그는 자리만 지켰던 것이 아니라, 언제나 상황의 중심에서 중요한 활약을 했다. 이런 정황을 생각하면, 그에 관한 이야기가 대부분 따뜻하고 소박하다는 것은 확실히 좀 이상하다.

게다가 더 의아한 것은 그가 학술 연구 대상에서도 비켜서 있다는 점이다. 선조부터 인조 연간은 조선의 역사가 심하게 요동치던 시기이다. 그 때문에 이 시기에 대해 많은 연구가 집중되었다. 그럼에도 이원익에 주목한 연구는 이해하기 어려울 정도로 적은 편이다. 이러한 사실은 우연이라고만 보기는 어렵다. 미리 이 글의 결론을 말하면, 그 원인은 이원익에게 있다기보다는 오늘날 우리에게 있다고 보는 것이 합당할 듯싶다.

이원익
그는 대동법이라는 개혁을 위해 반드시 거쳐야 할 길을 묵묵히 걸어간 관리였다.

종친이라는 가계, 그리고 관리가 되기까지

　　조선의 3대왕 태종은 정궁正宮(왕비: 후궁에 상대하는 말로서 본부인을 뜻함)
과의 사이에서 4명의 대군大君과 4명의 공주公主를 낳았고, 후궁後宮과의
사이에서 8명의 군君과 13명의 옹주翁主를 낳았다. 8명의 군왕자 중 막
내가 익령군益寧君 치袳인데, 이 사람이 바로 이원익의 4대조 할아버지,
즉 고조할아버지다. 익령군의 아들이 수천군秀泉君 정은貞恩으로, 이원익
에게는 증조할아버지가 되는 사람이다. 생육신生六臣의 한 사람인 추강秋
江 남효온南孝溫(1454~1492)에 따르면, 수천군은 음악에 상당한 조예를 갖
고 있었다. 수천군의 아들이자 이원익의 할아버지는 청기군靑杞君 표彪
이고, 그의 아들이 이원익의 아버지 함천군咸川君 억재億載이다. 함천군도
스스로 작곡을 할 정도로 음악에 조예가 깊었다고 한다.

　　위에서 보듯이 이원익의 고조할아버지부터 아버지까지는 군호君號
를 갖고 있다. 이것은 이원익의 아버지 함천군까지는 종친宗親, 즉 왕
의 아버지 쪽 친척 범위에 포함되기 때문이다. 이들은 군호를 받는 대
신 법적으로 과거에 응시할 자격이 없었다. 조선은 종친과 외척에 대

해서 정치 참여를 엄격히 제한했다. 조선이 왕조王朝라는 정체政體를 가지면서도 왕실과 그 외척의 정치 참여를 엄격하게 억제하는 한편, 과거를 통과한 양반들이 정치를 주도하도록 했던 것은 조선왕조 운영의 원칙인 문치주의文治主義에 따른 것이다. 이런 정치적 관행 속에서 종친들이 할 수 있는 활동은 대개 문화 예술 방면밖에 없었다. 수천군 이래 함천군까지 모두 음악에 조예가 있었던 배경에는 기본적으로 이런 여건에서 연유했다. 이원익은 집안에서 처음으로 과거에 응시할 수 있는 자격을 얻은 사람이었다. 또한 집안 대대로 내려오는 음악적 분위기 덕분에, 그 역시 음악에 상당한 조예를 갖고 있었으며 한평생 거문고를 즐겼다.

이원익이 왕자의 4대손, 즉 현손玄孫이라는 사실은 그 자신에게나 당시 조선 조정에서도 중요한 의미를 지닌다. 그는 스스로 '종척지신宗戚之臣'임을 자임했다. 더 주목할 것은 선조, 광해군, 인조가 하나같이 그 사실을 되풀이해서 말하고 있다는 점이다. 말하자면 세 명의 국왕 모두 이원익을 나라와 운명을 함께할 종실의 사람으로 여기고 존중했다. 동시에 그가 재상의 지위에 올랐을 때, 이 조건은 그의 정치적 성장에 대단히 중요한 요소가 되었다.

한성은 5개 행정구역인 동·서·남·북·중의 5부로 나뉘었고, 그 아래 52방坊이 있었다. 이원익은 명종 3년(1547) 10월 24일 한성 동부 유동檢洞 천달방泉達坊에서 태어났다. 이곳은 오늘날 서울시 종로구 동숭동 지역이다. 관직 생활을 함께했던 그의 선배에 해당하는 대표적 인물로는 이이李珥(1536~1584)와 유성룡柳成龍(1542~1607)을 들 수 있는데, 이원익보다 이이는 열한 살, 유성룡은 다섯 살이 많았다. 한 사람을 더 덧붙인다면 그보다 두 살 많은 이순신李舜臣(1545~1598)이 있다. 이원익은 임진왜란 중에 이순신과 가까운 관계를 유지했을 뿐만 아니라, 그를 정치적으로 보호하기 위해서 노력했다.

이원익은 13세에 오늘날 서울시 동대문구 이화여자대학교 부속병원 자리에 있던 동부학당에 입학했다. 17세(명종 18년, 1563)에 진사 초시에 합격했지만 그 시험이 무효가 되는 바람에, 다음 해인 1564년 봄에 생원 초시를 다시 치러 합격했고, 가을에 최종 시험에 해당하는 복시에 합격했다. 이 시험을 주관한 사람이 이이였다. 이원익은 그해 겨울에 성균관에 들어갔고, 5년 뒤인 23세(선조 2년, 1569)에 문과에 급제하여 승문원承文院 권지權知에 배치되었다.

승문원은 외교문서 작성을 담당하던 기관으로, 과거 급제자들 중에서도 어리고 총명한 사람을 주로 뽑아 썼다. 권지란 오늘날로 말하면 인턴직에 해당하는 자리다. 문무과 합격자 중에서 1, 2, 3등에게는 합격과 동시에 현직의 자리가 주어졌지만, 나머지는 권지에 있다가 나중에 관직을 배정받았다. 이원익은 승문원 권지를 맡아보다가 이후 종9품직인 승문원 부정자副正字에 배정됨으로써 관직 생활을 시작했다. 그는 서울에서 출생해서 성장한 뒤 비교적 이른 나이에 관직 생활을 시작한 셈이다.

유능한 관리 이원익

이 사람은 한인이 아니냐

승문원 부정자 시절에 이원익은 중국어 공부를 열심히 했다. 앞서 말했듯이 승문원은 외교문서를 작성하는 기관이었다. 조선의 외교에서 가장 중요한 나라는 역시 중국이었다. 중국과 조선이 다 같이 한자를 썼기 때문에 조선의 식자층은 비록 말로는 중국인과 소통할 수 없어도 필담筆談으로는 충분히 의사소통이 가능했다. 하지만 원활한 의사소통을 위해서는 말로 하는 대화가 당연히 필요하고 중요했다. 이런 이유로 승문원에서는 젊은 관원 5명을 뽑아서 중국어를 가르쳤다. 이원익도 젊은 관원 5명에 들어서 중국어 교육을 받았다.

그런데 당시 젊은 문신들 사이에서는 중국어를 배우는 것을 경시하는 분위기가 있었다. 아마도 중국어를 잘해서 중국과의 관계에서 중요한 역할을 할지라도, 그것이 벼슬아치로서의 출세에 별로 도움이 되지 않았기 때문일 것이다. 그러나 이원익은 임금이 몸소 시험을 주관할 때마다 언제나 가장 우수한 성적으로 상을 받곤 했다. 물론 그가 앞날을 내다보는 어떤 안목이 있어서 중국어 공부를 열심히 했던 것 같지는 않다. 아마도 그는 약삭빠르지 않은 모범생 타입의 인물이었던 듯하다. 이원익의 뛰어난 중국어 실력과 인품에 대해서는 다음과 같은 일화가 전해진다.

선조 6년(1573)에 이원익은 성절사聖節使 사신단의 질정관質正官으로 명나라의 수도 연경燕京에 갔다. 지금의 북경이다. 성절사란 중국 황제와 황후의 생일을 축하하기 위해 조선이 매년 파견했던 사신이다. 질정관은 특정 사안에 대해 중국 정부에 질의하거나 해명하는 일을 담당했는데, 사헌부·사간원 등 언관직과 6조 중에서 총명한 하급 관리가 선발되었다. 연경으로 향하는 길에 큰물을 건너야 하는 상황이 발생했다. 역관들은 맨발을 한 데다 이원익이 탄 가마까지 메게 되자 중국어로 불평을 했다고 한다. 아마도 '어린 놈 가마까지 메야 하다니' 정도의 말이었을 것이다. 실제로 당시 이원익은 27세였다. 그들은 이원익도 다른 관리들처럼 중국어를 할 줄 모른다고 생각했다. 이원익은 못 알아듣는 척했다. 따지고 보면 그들의 불평도 그리 탓할 일은 아니었다.

사신단 일행이 연경에 도착하자 문제가 발생했다. 역관들이 이익을 보려고 가져온 물품이 너무 많아서 명나라 법에 저촉된 것이다. 이 때문에 연경에서 여러 날을 지체하게 되는 상황이 벌어졌다. 이 상황이 지속된다면 사신단의 일정과 경비에 문제가 생길 수밖에 없다. 이때 이원익이 외국 사신을 담당하는 부서인 예부禮部에 찾아가서 조목조목 사정 이야기를 했다. 이원익이 예부의 담당 책임자와 묻고 대답하는 품이 어찌나 훌륭했던지, 그가 부탁한 대로 문제가 원만하게 해결되었다. 이를 지켜본 역관들은 깜짝 놀라고 두려워하지 않을 수 없었다. 하지만 이후에도 이원익은 역관들에게 이전과 다름없이 대했다. 이 일을 겪고 난 역관들은 귀국한 뒤에도 세시歲時 무렵이면 늘 모여서 이원익에게 인사를 왔는데, 많은 세월이 지나서도 인사를 그치지 않는 역관이 있었다고 한다.

이원익의 중국어 실력은 뒷날 중요한 역할을 했다. 임진왜란 때 그는 명나라 장수들을 상대로 뛰어난 중국어 실력을 발휘하며 전쟁을 이끌 수 있었다. 명나라 군사가 조선에 들어오고 사신의 왕래가 빈번했지만, 역관들의 중국어 수준은 춥고 더운 것을 말하는 인사 정도뿐이라서 피차의 뜻이 백에 하나도 통하지 못했다. 이때 이원익이 평안 감사로서 중국 사람들을 응접하고 의사소통하는 데 조금도 막힘이 없었다. 명나라의 한 장수는 크게 기뻐하며 말하기를 "이 사람은 한인漢人이 아니냐"라고 말했을 정도라고 한다. 사실 이원익뿐만 아니라 임진왜란 때 영의정으로 전쟁을 총지휘했던 유성룡이나 뒷날 인조 대의 대신인 최명길崔鳴吉(1586년~1647), 이경석李景奭(1595~1671) 등도 통역관 이상의 실력이 있었다고 한다.

이이가 감탄한 이원익의 군적부 작성 솜씨

이원익은 선조 7년(1574) 9월에 황해도 도사都事에 임명되었다. 도사는 순찰사와 함께 지방을 돌면서 수령들을 규찰하는 임무를 담당하는 종5품 관직이다. 그로서는 처음으로 나가는 지방 근무였다. 이 즈음 조선은 전국적으로 군적부軍籍簿를 정리하고 있었다. 군적부란 군역을 져야 할 대상자들의 목록을 말한다. 그런데 당시 황해도는 관찰사가 일시적으로 공석이어서 이원익이 관찰사의 임무까지 대리로 수행했다.

10월에 이이가 황해도 관찰사에 임명되었다. 처음에 이이는 이원익을 특별히 주목했던 것 같지 않다. 이이가 이원익을 처음 눈여겨보게 된 계기는 아마도 그의 군적부 작성 솜씨 때문이었던 듯하다. 오늘날도 그렇지만 조선시대에도 군역은 백성들 입장에서 굉장히 무거운 부담이었다. 부담의 정도를 비교하면 조선시대의 군역은 오늘날의 병역에 비길 바가 아니었다. 조선은 원칙적으로 16~60세까지의 모든 양인 남자에게 군역을 부과했는데, 지금처럼 복무 기간이 평생에 한 번, 그리고 20여 개월에 그치고 마는 것이 아니었다. 더구나 군역 수행에 따른 잡다한 경제적 부담도 스스로 감당해야 했다. 이런 까닭에 자신이 군적에 포함되는지의 여부를 놓고 불만이 생길 수밖에 없었다. 『조선왕조실록』은, 여러 도의 일을 맡은 사람들 중에 어떤 이는 군적 작성을 소략하게 하고 어떤 이는 각박하게 하여 백성의 원망이 많았는데 황해도에서 만든 군적만이 최고로 일컬어지니, 원익은 이 일로 이름이 드러났다고 기록하고 있다. 사료로 확인할 수 있는 군적 작성 솜씨에 관한 이원익의 첫 번째 능력이다. 이이는 이런 이원익의 재주를 높이 평가했다.

다음 해 선조 8년(1575) 3월, 이이는 홍문관 부제학에 임명되어 조정에 복귀했다. 그는 사람들에게 이원익의 청렴하고 재주 있는 일 처리가 쓸 만하다고 말하며 그의 이름을 홍문록弘文錄에 올렸다. 홍문록은 홍문관 관원의 예비 후보로 결정된 사람의 이름을 기록한 문서이다. 홍문관 관원에 결원이 생기면 홍문록에 이름이 올라 있는 사람 중에서 충원했다. 홍문관 관원은 젊은 하위직 관리라면 누구나 선망하는, 대단히 명예로운 자리였다. 더욱이 홍문관은 고위 관료로 진출할 수 있는 등용문 같은 곳이었다. 선조 9년(1576) 이원익은 정6품직인 사간원 정언正言에 임명되었다. 이때에 이르러 이원익은 비로소 주목받는 직책에 임명되기 시작했다. 참고로, 조선시대 관직명에는 그 관직의 역할이나 임무가 드러난 것이 많은데, 정언은 말 그대로 바른 말을 해야 하는 직책이다.

원칙은 원칙!

언관言官이란 단어 뜻 그대로 말하는 것을 임무로 하는 관직이다. 구체적으로 홍문관, 사헌부, 사간원의 관원을 가리킨다. 그들의 임무에는 서로 겹치는 부분도 적지 않지만 굳이 그 역할을 나눈다면, 사헌부·사간원이 왕과 관료들에 대한 비판에 중점을 둔 반면, 홍문관은 왕을 교육시키는 경연經筵을 주관했다. 경연에 사헌부와 사간원의 관원이 참석하는 것과 동일한 맥락에서, 홍문관은 결원이 생겼을 때 사헌부와 사간원의 관원으로 빈자리를 채웠다.

이원익은 선조 15년(1582) 동부승지로 승진할 때까지 내내 경연에 참석했다. 경연이 얼마나 자주 열렸는가는 왕에 따라 큰 차이가 난다. 굳이 비유한다면, 조선시대 각각의 왕은 오늘날 5년 임기의 정부와 비슷하다. 정부마다 정책에 차이가 있고 같은 정책도 그 구체적인 내용이 다르듯이, 왕들의 재위 기간 모습도 제각각이었다. 세종과 성종이 매우 성실하게 경연에 참석했던 반면, 연산군과 광해군은 거의 경연에 참석하지 않았다. 선조는 비교적 착실하게 경연에 참석했다.

경연관은 명예로운 직책이기는 했지만, 실제로 그 일은 몹시 고됐다. 왕의 공부는 일반 사대부들의 공부와 달랐다. 교재는 크게 다르지 않지만 공부하는 방법이 달랐다. 왕은 과거를 볼 필요가 없으므로 교재 내용을 암기하지 않아도 된다. 그러나 경연관은 교재 내용에 대한 상세한 이해는 물론이고 그와 관련된 수많은 역사적 전거典據를 제시할 수 있어야 한다. 말하자면 경연관은 머리와 입으로 요즘의 하이퍼텍스트 기능을 연출해야 했다. 학생이 왕이니, 신하이자 선생으로서 경연관은 심적으로 몹시 부담스러운 직책이었을 것이다. 이런 까닭에 경연이 있을 때마다 모든 경연관이 한꺼번에 들어가지 않고 순번을 정해서 참석했다. 예습이 필요했기 때문이다.

경연에 대한 부담이 매우 컸기 때문에 경연관은 자기 차례가 돌아오면 여러 가지 이유를 대며 경연 참석을 피하려고 하는 모습도 흔히 있었다. 하지만 이원익은 5~6년 동안 한 번도 경연에 빠지지 않고 참석했다. 그의 성실성을 엿볼 수 있는 대목이다. 또 강론을 할 때마다 알기 쉽고 상세하게 진행했기 때문에 선조는 그가 하는 강론을 좋아했다. 이원익이 승지로 승진할 수 있었던 것은 아마도 경연에서 맺은 선조와의 이러한 관계가 영향을 주었으리라고 생각된다.

하지만 이원익의 승지 재직은 오래가지 않았다. 선조 15년(1582) 동부승지로 임명되고, 선조 16년에 다시 우부승지로 임명되었지만, 선조 16년 8월에 그 직책에서 물러났다. 조정에서 당쟁이 본격화되면서 승정원에 그 불길이 옮겨붙었기 때문이다. 이원익이 개인적으로 져야 할 책임은 아니었지만, 그는 다른 승지들과 함께 승지직에서 물러났다.

이 당시 승지들의 파직 원인을 제공했던 사람은 도승지 박근원朴謹元이다. 그는 영의정 박순朴淳과 사이가 좋지 않았다. 박근원은 박순을 비판하는 상소를 승정원 이름으로 올리고, 박순을 지지하는 유생들의 상소를 중간에서 차단했다. 이를 비판하는 소리가 선조의 귀에도 들어갔다. 선조는 승정원 명의로 제출된 부적절한 보고서를 누가 작성했는지 물었다. 다른 승지들이 도승지가 올렸다고 말하려 하자, 이원익이 여기에 반대했다. 나아가 이원익은 동료에게 죄가 돌아가게 하여 나머지만 모면할 생각을 할 수는 없다며, 왕에게 세 번이나 그 답변을 거절하는 상소를 올렸다. 누가 보고를 올렸든, 그것은 승지들 전체의 책임이라는 것이 이유였다. 자신의 그러한 거절이 개인적으로는 불리하게 작용할 가능성이 높았지만, 원칙은 원칙이라고 생각했던 것이다.

선조 17년(1584) 가을 이원익은 부친상을 당했다. 조선의 관리는 부친상을 당하면 특별한 경우를 제외하고 삼년상 기간 동안 관직에서 물러나 있는다. 선조 19년(1586) 10월에 탈상한 뒤, 다음 해 봄에 이원익은 나귀에 거문고를 얹고 금강산을 두루 유람했다. 역설적이지만, 벼슬 없이 지내던 이 시기가 그의 인생에서 다시 오지 않을 여유롭고 근심 없는 시간이었다. 이해 가을, 즉 선조 20년(1587) 10월에 이원익은 평안도 안주安州 목사에 임명되었다.

안주 명주의 유래, 이공의 뽕나무

이원익의 정치 경력에서 의미 있는 출발점은 안주 목사 재직부터이다. 실록은 "(뒷날 그의) 정승으로서 명망은 바로 안주에서 기초되었다"

라고 적었다. 선조 24년(1591) 그는 형조 참판, 오늘날로 말하면 법무부 차관으로 승진하여 조정에 돌아올 때까지 정해진 임기를 넘기며 4년 가까이 안주 목사로 재직했다. 이 경험은 뒷날 그 자신에게는 물론 조선에도 아주 중요한 의미를 지닌다. 안주 목사로서 이원익의 경험과 성과를 인정한 선조는 임진왜란 발발 직후 그를 평안도 도순찰사에 임명했다. 선조는 이원익이 안주 목사를 하면서 백성에게 얻은 신망에 기대 자신의 피난길을 열고자 했다. 피난하려고 궁궐을 나온 왕 일행에게 돌이 날아오는 상황이었으니, 그러한 인사 조치를 한 선조의 고심을 이해할 수 있다. 이원익이 평안도 도순찰사 직책을 성공적으로 수행하는 중에 조선은 절대적으로 불리했던 임진왜란 초기 전세를 역전시켜 전쟁을 계속할 수 있는 전기轉機를 만들었다. 이 덕분에 이원익은 감사에서 우의정으로 곧바로 승진했다. 건국 이후 200년 조선 역사에서 처음 있는 일이었다. 우선 안주 목사 때 이야기로 돌아가자.

안주는 북쪽 지방의 방어를 위해서 매우 중요한 지역이었다. 평안도라는 이름 자체가 평양과 안주의 앞 글자를 딴 명칭이다. 광해군 때까지 평안도 병영은 영변에 있었다. 김소월의 시 「진달래꽃」에도 나오고, 최근에는 북한의 핵 문제와 관련해서 뉴스에 가끔씩 등장하는 그 영변이다. 평안도의 병영은 '이괄의 난'(인조 2년, 1624) 이후 안주로 옮겨졌다. 선조 20년(1587) 무렵 안주는 여러 차례 자연재해를 겪고 기근까지 들어 몹시 피폐해 있었다. 이를 회복하기 위해서는 유능한 관리가 필요했다. 이원익에 앞서서 이미 세 사람이나 추천되었지만 모두 임명이 취소되는 우여곡절을 겪다가, 마침내 이원익이 안주 목사에 천거되었다. 선조도 그와 함께 경연을 5~6년이나 같이한 경험과 승지 재직 시절의 모습을 기억하며 이원익의 임명을 허락했다.

이원익은 안주 목사로 임명된 다음 날 혼자 말을 타고 길을 나섰다. 지방관에 임명되고 바로 이튿날 홀로 임명지로 출발하는 것은 당시 관행에서 그리 흔한 일이 아니었다. 대개 지방관에 임명이 되면 한동안 서울에 그대로 머무르는 경우가 많았다. 그 기간에 자신의 임명과 관련된 여기저기 정부 기관들과 유력자들을 공식·비공식적으로 방문하여 인사를 차리는 일이 관행이었다. 그러는 사이 신임 수령을 모시러 현지 아전들이 서울에 도착하면, 신임관은 그들과 함께 부임지에 모양 있게 내려갔다. 하지만 이원익은 이 모든 과정을 생략했던 것이다.

이원익이 안주에 도착해서 목격한 것은 굶주려 죽어가는 백성이었다. 시급히 곡식이 필요했다. 그는 먼저 안주의 관속官屬들에게 지시하기를, 배를 동원하여 곡식이 저장되어 있는 해변 고을에 가서 대기하라고 했다. 그리고 자신은 곧장 평안도 감사 김수金睟를 찾아가 1만 석의 조곡糶穀을 대출해서 받아냈다. 김수는 이원익과 같은 시기에 경연관을 지낸 사람이었다. 조곡, 즉 조적곡은 정부가 춘궁기인 봄에 백성에게 빌려주었다가 추수 뒤에 거두어들이던 곡물을 말한다. 감사의 허락이 떨어지자마자 이원익은 곧바로 관속들이 대기하고 있는 해변 고을로 가, 창고에서 곡물을 꺼내 배에 싣고 안주로 운반해 왔다. 그 곡물로 굶주리는 안주의 백성을 구하고, 아울러 다음 해 농사지을 종자種子까지 나눠주었다. 다행히 이듬해 가을에는 큰 풍년이 들었다. 백성들은 빌린 곡식을 갚을 수 있었고, 안주 지역도 되살아났다.

여기서 한 가지 눈여겨볼 사실이 있다. 그것은 지방관의 요청으로 평안도 감사가 조적곡 1만 석을 즉시 지급했다는 사실이다. 당시 평안도 조적 총규모에서 1만 석이 얼마만큼의 비중을 차지하는지는 분명하지 않지만, 결코 작은 규모라고 할 수는 없다. 분명한 사실은 중앙의 승인 없이도 감사가 예하 지방관의 요청에 따라 상당한 규모의 조적곡을 지급할 수 있을 정도로 조선의 곡물 운영이 체계적이었다는 점이다. 이런 일은 상당히 정비된 행정 체계에서만 가능하다. 물론 임기를 마칠 때는 다음 감사에게 인수인계 하는 과정에서 재임 기간 중 자신의 행정 결정을 책임져야 했다. 여기서 간과하지 말아야 하는 부분은 이원익의 행정 처리가 조선의 그런 시스템 위에서 가능했다는 점이다.

안주 목사 재직 시절의 이원익과 관련해서는 또 다른 유명한 일화도 전해진다. 당시 안주에는 뽕나무가 없었는데, 그 이유는 사람들이 이 지역이 뽕나무를 키우기에 적합하지 않다고 생각했기 때문이다. 이원익은 사람들에게 청천강가에 수천 그루의 뽕나무를 심게 했고, 이때부터 이 지역에 뽕나무가 자라났다. 이후 여기서 나오는 뽕을 먹이로 해서 누에를 키워 양잠업이 일어났고, 이는 민생에 커다란 도움이 되었다. 이후 이 지역의 뽕나무는 이공상李公桑, 즉 이공의 뽕나무라고 불렸고, 조선 후기까지도 이 이름이 계속 전해졌다.

관행을 깨고 직접 조세 수취에 나선 지방관

이원익이 안주에서 편 행정적 조치는 정확하고 신속했으며, 그 효과도 매우 컸다. 그런데 그의 조치가 실상 내용면에서 그다지 새로운 것은 아니었다. 그는 당시 조선의 지방관이라면 취해야 할 상식적인 조치를 단지 정확하고 신속하게 취했을 뿐이다. 안주 목사 시절에 남긴 전세 납부에 관한 일화는 그가 이 상식을 얼마나 철저하게 실천했는지를 잘 보여준다.

조선시대에 평안도의 각 고을은 가장 기본적인 조세인 전세田稅를 서울에 내지 않았다. 쌀이 아닌 잡곡이 주로 생산되었고, 중국과의 외교에 적지 않은 비용이 들었기 때문이다. 무거운 곡물을 먼 거리까지 운반하려면 많은 비용이 드니, 평안도에서 생산되는 작물은 바로 외교 비용에 충당하는 것이 더 효율적이었다. 따라서 안주도 서울에 전세를 납부하지 않고, 대신 변방 경계를 담당한 강계·의주·창성 같은 고을에 전세를 납부했다. 그런데 이 전세의 운반과 수납 과정이 몹시 문란했던 탓에 안주 백성들은 원래 내도록 규정된 양보다 훨씬 많은 양을 내야 했다. 쌀 자체가 무거운 데다 지역 특성상 험한 지형을 통과해서 운반해야 했기 때문에, 법적으로 백성에게서 收취하도록 규정된 양보다 다소 늘어나는 것은 현실적으로 불가피했다. 하지만 바로 이런 상황을 빌미로 백성들로부터 추가로 징수한 양이 너무 지나쳤다.

이원익은 기존에 아전들이 담당했던 전세 운반을 자신이 직접 수행했다. 이렇게 되자 아전들이 당황한 것은 물론이고, 강계·의주·창성 등 다른 지역의 관리들도 놀라고 당황할 수밖에 없었다. 이원익이 직접 전세를 운반해서 나타나자, 그들은 술자리를 베풀고 이원익의 노고를 치하하려 했다. 하지만 이원익은 이 모든 것을 물리치고 바로 돌아왔다. 상황이 이러하니 분위기가 바뀌지 않을 수 없다. 따지고 보면, 전세 수취 및 납부는 원래 지방관의 임무 중에서 가장 중요한 일이었다. 그럼에도 당시에는 수령이 아랫사람에게 맡기는 것이 오랫동안 관행으로 이어져 내려왔으므로 이원익이 유별나 보였던 것이다. 하지만 그러한 임무 수행은 오히려 지방관으로서 원칙에 따른 결단이라고 할 수 있다.

안주 목사로서 이원익의 활동은 대단히 성공적이었다. 당시 평안도 감사는 당대의 경세가經世家로 이름 높은 윤두수尹斗壽(1533~1601)였다. 앞서 황해도에서 이원익과 이이가 도사와 관찰사로서 만난 게 반년이 채 안 되는 시간이라면, 이 시기 윤두수와 이원익의 관계는 선조 24년(1591) 초에 두 사람이 조정에 차례로 복귀하기까지 만 2년이 넘게 이어졌다. 윤두수는 이원익의 활동을 높이 평가한 보고를 조정에 올렸다. 그 결과 이원익은 종2품 가선대부嘉善大夫로 승진했다. 형조 참판으로 조정에 복귀한 뒤 임진왜란이 일어나는 다음 해까지의 짧은 기간 동안, 이원익은 윤두수에 이어 호조 판서를 지냈고, 이어서 예조 및 이조 판서를 역임했다. 임진왜란을 목전에 두고 그는 이미 재상급 인물로 성장해 있었다.

망할 뻔한 나라를 일으켜 세우다

20만 대군의 침략

조선은 임진왜란에서 승리했는가? 선뜻 그렇다고 말하기는 어렵다. 하지만 조선은 지지 않았다. 물론 '지지 않았다'는 말에는 당대인들이 감내해야 했던 말할 수 없는 비극적 고통이 배어 있음을 우리는 잘 알고 있다. 당시 조선과 일본의 군사적 조건을 객관적으로 볼 때 조선이 지지 않은 것만 해도 놀라운 일이다.

전근대 시기에 20만 명이 넘는 병력이 배를 타고 바다 건너 이웃 나라에 쳐들어가서 전면전을 벌인 기록을 달리 찾아보기 어렵다. 지금 한국은 한국전쟁 이후 반세기 이상 매우 많은 병력을 유지하고 있다. 그 때문인지 우리는 20만이라는 숫자에 둔감하다. 하지만 당시보다 인구가 크게 늘어난 현재 기준에서 보아도 이 정도 병력은 대단히 큰 규모다. 현대전의 양상이 옛날과 다르기 때문에 같은 기준에서 비교하기는 어렵겠지만, 오늘날 중국, 미국, 러시아는 각각 230만, 160만, 100만 정도의 현역군을 갖고 있다. 절대수로만 본다면 한국보다 많지만, 그들

나라의 인구와 영토의 크기를 한번 생각해보라. 실제로 한국이 1,000명당 현역 군인이 13.7명인데 반해, 이들 세 나라는 각각 1.7명, 5.1명, 7.3명에 불과하다. 인구가 약 6,000만 명 정도인 영국도 현역병으로 약 18만 명의 정규군을 보유하고 있을 뿐이다.

문제는 일본군의 규모만이 아니었다. 그들은 100년 넘게 지속된 전국시대의 막바지를 산, 평생에 걸친 실전 경험으로 단련된 병사들이었다. 당시 일본의 군사력은 세계 최강이었다. 반면 조선은 건국 이래 200년이나 지속된 긴 평화의 끝에 있었다. 예나 지금이나 물자를 가장 빨리, 가장 많이 소비하는 방법은 전쟁을 하는 것이다. 그러나 외부로부터의 잠재적 위험이 낮은 상황에서 높은 수준의 전쟁 준비 상태를 긴 세월 유지하는 것은 현실적으로 어렵다. 200년의 평화 시기 동안 조선이 전면전을 감당할 수 있는 군사적 준비를 해 놓지 못했다고 비판하는 것은 사후에나 할 수 있는 말이다. 전쟁 초기에 조선인들이 일본군의 조총에 놀랐던 것은, 그 조총의 살상력 때문이라기보다 그것이 뿜어내는 소리 때문이었다는 사실은 당시 조선의 사정을 짐작게 한다.

종척으로서 나라가 망하는 것을 볼 수 없습니다

임진왜란에서 가장 큰 공을 세운 사람은 누구일까? 아마도 이순신과 유성룡을 꼽아야 할 것이다. 그런데 이순신은 전쟁 막바지에 전사했고, 유성룡 역시 이순신의 죽음 직전에 정치적으로 실각했다. 이원익이 전쟁에서 세운 공 역시 크지만, 공정하게 말하면 이 두 사람의 공에 앞선다고 할 수는 없을 것이다. 하지만 이원익은 왕실의 후예이고, 그의 공을 치켜세운다 한들 정치적으로 문제될 것이 없는 사람이었다. 논공행상論功行賞은 정치적으로 이루어지는 법이다. 무엇보다 그는 전쟁에 공을 세운 사람들 중에서 가장 오래 살았다.

이원익이 사망한 지 71년 만인 숙종 31년(1705)에 작성된, 그의 생애를 정리한 글에는 그가 이룩한 평생 업적이 세 가지로 요약되어 있다. "공은 선조宣祖를 만나서는 국가 재건을 협찬한 업적이 있고, 혼조昏朝(광해군 대) 때는 강상綱常(근본적 윤리)을 붙들어 세운 공이 있으며, 인조仁祖를 만나서는 또 국가 중흥을 도와 이룬 공이 있다"라고 했다. '국가 재건을 협찬한 업적'이란 임진왜란으로 거의 망할 뻔한 나라를 일으켜 세웠다는 말의 완곡한 표현이다. 그는 임진왜란 내내 큰 활약을 했지만, 특히 '국가 재건을 협찬한 업적'을 세웠던 것은 전쟁 초기였다.

선조 25년(1592) 4월 13일 저녁 무렵, 부산 앞바다에 일본 군선이 나타났다. 다음 날 아침 왜군이 해안에 상륙하면서 임진왜란이 시작되었다. 처음에 조정은 부산과 동래에서 벌어진 상황의 의미를 즉각 파악하지 못했다. 왜구의 침략은 이전에도 있었던 일이기 때문이다. 상황이 심상치 않게 돌아가자 17일에는 여진족 토벌에 혁혁한 공을 세웠던, 당시 조선 제일의 명장 신립申砬(1546~1592)을 삼도순변사三道巡邊使로 임명하여 남쪽 지방에 파견했다. 모두 불안한 마음이었지만 그의 높은 군사적 명망을 믿으려 했다.

임진왜란이 일어나기 전 선조 16년(1583)에 조선의 동북방 지역에서는 니탕개尼湯介가 여러 여진 부족을 규합하여 두만강가의 조선 6진鎭을 공격하고 그 일부를 점령했다. 여러 명의 조선 장군이 그와 벌인 싸움에서 모두 졌지만, 신립만은 달랐다. 신립은 그때 불과 500여 기의 철기병과 화포로 무장하고 니탕개 군사 1만 명을 물리쳤으며, 계속해서 두만강을 건너 그들의 본거지까지 소탕했다. 실로 엄청난 성과였다. 임진왜란이 발발할 때까지 그는 조선 제일의 명장으로 명성이 높았다.

조정이 걷잡을 수 없는 혼란에 빠져든 것은 4월 27일이다. 그날 신립은 탄금대 전투에서 패배한 뒤 자살하고, 충주는 왜군의 손에 떨어졌다. 단 며칠 안에 서울이 일본군의 공격을 받으리라는 것이 분명해졌다. 이 소식이 조정에 전해지자, 고위 관료들을 비롯해 많은 사람이 극도의 혼란에 빠졌다. 이때 이원익은 선조에게 자신은 종척으로서 나라가 망하는 것을 볼 수 없다며 참전할 수 있도록 해달라고 요청했다. 선조가 이 문제를 조정 논의에 부치자, 많은 사람이 병약한 그를 참전케 하는 것은 무익한 일이라며 반대했다. 대신 선조는 이원익과 최흥원崔興源을 각각 평안도와 황해·경기의 도순찰사에 임명했다. 최흥원은 나중에 유성룡에 뒤이어 영의정에 올랐던 사람이다. 그들을 도순찰사에 임명한 것은 임금의 피난길을 대비하기 위해서였다.

국왕은 사직을 위해서 죽음도 불사해야 합니다

민심은 극도로 흉흉했다. 선조 자신이 "(백성들에게) 윗사람을 위해서 죽는 의리가 없어졌다"라고 말할 정도였다. 실제로 조선을 저버리고 일본 쪽에 협력하는 사람들이 나타나고 있었다. 평시에 자신들의 삶을 보살펴주지 않고 책임지지 않았던 권력에 백성들이 의리를 지킬 이유는 없었기 때문이다. 신립의 패전과 자살 소식이 전해지자 선조는 그 즉시 서울을 떠나기로 결심했지만, 아무 곳에나 갈 수는 없었다. 당시 선조가 조선 땅에서 갈 수 있는 곳이란 황해도와 평안도뿐이었다. 하지만 이미 그곳의 민심도 보장할 수 없었다. 이런 상황에서 선조는 이 두 지역에서 이전에 지방관을 지내며 민심을 얻었던 이원익과 최흥원에 기대어, 그곳 부노父老들의 마음을 달래는 수밖에 없었다. 말하자면 두 사람의 일차적 임무는 피난을 오는 왕과 그 일행이 그곳 백성들에게 불상사를 당하지 않도록 지역 민심을 다독이는 일이었다.

28일에 세자를 세우는 일에 관한 논의가 선조와 몇몇 중신들 사이에서 밤늦도록 진행되었다. 그때까지도 세자가 정해지지 않았기 때문이다. 사실은 정할 수 없었다. 그 전년도에 정철鄭澈이 선조에게 세자를 정하라고 말했다가 귀양을 간 일이 있었으므로 신하들은 이 문제를 섣불리 입 밖에 꺼낼 수 없었다. 하지만 전쟁이 터졌으니 당장 세자를 정해야 했다. 마치 오늘날 국가 비상 상황이 발생하면 대통령과 국무총리가 따로 떨어져서 만일의 상황에 대비하는 것과 같은 이유로, 급박한 전황 속에서 세자가 필요했다. 다음 날 선조 자신의 뜻에 따라 마침내 광해군이 세자로 정해졌다.

30일 새벽, 비가 내리는 중에 도승지 이항복李恒福(1556~1618)을 앞세우고 선조는 궁궐을 나왔다. 이날은 온종일 비가 쏟아졌다. 서대문으로도 불리는 돈의문敦義門을 나와, 앞날을 기약할 수 없는 피난길에 올랐다. 실록에 따르면 이때 왕 일행의 수가 종친과 문무관을 모두 포함해서 100명이 못 되었다. 이는 평상시 궁궐 안에서 사는 사람들의 수와 비교해도 터무니없이 적은 숫자다. 몽진蒙塵 일행의 수가 100명이 못 되었다는 사실은 이미 대부분의 사람이 왕을 떠났음을 뜻한다. 아마도 일행에 포함된 사람들조차 내심 서울로 다시 돌아올 수 있으리라고 확신하지 못했을 것이다.

도순찰사로서 이원익의 활약은 두드러졌다. 그는 파탄 난 민심을 다독여서 선조 일행을 평양에 무사히 맞아들였다. 또 선조 일행에게 제공할 물자와 편의 관리에도 소홀하지 않았다. 심지어 그는 왕이 먹을 음식을 자신이 먼저 먹어본 뒤 어느 정도 시간이 지나서야 들여보내곤 했다. 혹시 있을지도 모르는 독살에 대비하기 위해서였다. 당시 민심이 어떠했는지를 보여주는 예다. 선조는 이때 이원익에게 깊은 인상을 받았다. 이는 뒷날 이원익이 신하로서는 감히 하기 어려운 수준의 비판을 해도, 선조가 그에 대한 신뢰를 버리지 않는 이유가 되었다.

이원익은 명나라 군대에 조달할 식량 문제도 능숙하게 처리했다. 당시 명나라는 4만 명이 넘는 병력을 조선에 파견했다. 전쟁 중 이 정도 병력에 군량을 조달하는 일은 결코 쉽게 처리할 수 있는 문제가 아니다. 군량을 마련하는 일이 더 큰 문제였지만, 군사가 이동하는 전쟁터를 따라 운반하는 일도 작은 문제는 아니었다. 사람들을 동원해야 했기 때문이다. 왕의 독살이 염려될 정도로 정부에 대한 신뢰가 떨어진 상황에서 정부가 강력한 행정력을 발휘하기는 어려웠다. 하지만 이원익은 능숙한 중국어 실력을 발휘하며 명나라 장수들을 상대로 군사작전과 군량 조달을 긴밀히 협의했고, 백성들의 신망을 바탕으로 자신의 임무를 수행했다.

그런데 여기서 우리는 흥미로운 한 장면을 볼 수 있다. 선조 일행은

5월 7일에 평양에 들어갔는데, 얼마 지나지 않아서 이곳마저도 왜군에게 위협받았다. 그러자 왕이 평양을 지켜야 할지, 아니면 더 북쪽으로 이동해야 할지에 대한 논의가 벌어졌다. 선조 자신은 더 북쪽으로 이동하고 여차하면 중국으로 망명하려고 했다. 사실 선조는 임진왜란 내내 전쟁에 책임지는 자세를 보이지 않았다. 이때 이원익은 "국왕은 사직社稷을 위해서 죽음도 불사해야 합니다. 비록 처지가 곤궁하고, 또 명나라가 작은 나라의 왕실을 위한다고 하지만, 명나라 땅으로 건너가서는 안 됩니다. 건너가서도 평안하지 않을 것입니다"라고 말했다. 왕의 음식에 혹여 독이 들었을까 자신이 직접 시험했던 이원익이다. 그런 그가 임금은 사직을 위해서 죽기를 각오해야 한다고 말했던 것이다. 임금에 대한 그의 충성은 결코 선조 개인에 대한 충성이 아니었다.

조선시대에 오늘날의 '국가'라는 뜻과 제일 비슷한 단어는 종묘사직宗廟社稷이다. 역대 왕과 왕비의 사당인 종묘는 왕실을 뜻하고, 사직社稷의 사社는 토지신을, 직稷은 곡식의 신을 말한다. 땅과 곡식은 백성과 직결된다. 따라서 사직은 어떤 면에서 종묘보다 오늘날의 국가 개념에 더 잘 부합된다고 할 수 있다. 왕과 사직은 대개는 붙어 있지만 때로는 떨어질 때도 있다. 두 가지가 떨어질 때 '종척지신'을 자임하던 이원익은 사직을 선택했던 셈이다. 그리고 이러한 그의 마음이, 나중에 광해군이 사직을 위태롭게 할 때 그가 반정에 동의했던 마음이기도 할 것이다.

어쨌든 이원익은 선조의 기대 이상으로 임무를 수행했다. 그는 8도 중 7도가 와해되고 평안도 수십 고을만 온전하니 평안도가 7도를 회복시킬 근본이 되어야 한다고 생각했다. 평양에 있는 동안 그는 군사 공

평양성전투도

조명연합군이 평양성을 되찾기 위해서 선조 26년(1593) 1월 6일에 공격을 가하기 시작했다. 1월 8일 조명연합군의 대규모 공세가 다시 펼쳐지자, 적장 고니시 유키나가小酉行長는 결국 평양성을 포기하고 한양으로 철수했다. 이 과정에서 18,000명의 고니시 부대는 절반 이하로 축소되었다. 이로써 조선은 약 7개월 만에 평양성을 되찾았다. 그 결과 조선은 나라를 완전히 잃을지도 모른다는 공포에서 벗어나 한숨 돌리게 되었다.

격에도 직접 참여했다. 그는 선조 25년(1592) 6월 능라도稜羅島에 있는 왜군을 습격하는 데 참여했다. 이 습격으로 약간의 전과를 올렸지만, 오히려 일본군의 반격을 받아 크게 패함으로써 평양을 내주고 후퇴해야 했다. 전투는 그의 장기가 아니었다. 하지만 선조 26년(1593) 1월에 다시 명나라 제독 이여송李如松과 합세하여 평양을 탈환하는 데 참여했다.

이원익은 평양성 탈환의 공로로 종1품 숭정대부崇政大夫에 올랐다. 그에게 숭정대부 품계가 부여된 것은 선조 26년(1593) 5월이었다. 그때는 왜군으로부터 서울을 되찾은 직후였다. 당시 조정은 서울로 되돌아가는 문제를 논의하고 있었다. 그에게 수여된 숭정대부 품계는 그간의 노고와 공로에 대한 포상이자, 더 중요하게는 왕이 떠난 뒤 평안도를 위임한다는 뜻이었다. 아직 유동적인 전황 속에서 선조는 전쟁 수행의 최후 근거지인 평안도를 그에게 맡겼던 것이다. 선조 26년 이후 조정에서 이원익의 명망은 확고해졌다.

이순신에 대한 신뢰와 변호

인물을 알아보는 능력

이원익은 선조 28년(1595) 6월에 유성룡의 추천을 받아 우의정으로 승진했고, 동시에 경상·전라·충청·강원 4도의 도체찰사都體察使를 겸하여 맡았다. 도체찰사는 군사명령을 내릴 수 있는 최고권자이다. 선조 27년 중반 이후 전쟁은 소강상태로 접어들었다. 전투는 잦아들고, 강화 회담이 진행되었다. 전선은 서울 아래로 내려가서 고착되고, 더 이상 서울이 군사적으로 위협받지 않게 되었다. 이에 반해 남쪽 지방은 오랜 전쟁 때문에 극도로 황폐해졌다. 민심 이반도 심각한 수준이었다. 그러니 이원익처럼 주도면밀하고 마음을 다하는 관리가 필요했던 것이다.

평안도에서 조정으로 복귀하기 직전에 이원익은 종1품 상계인 숭록대부崇祿大夫로 승진했다. 민심을 안정시키는 한편 8,000의 정예 군사를 훈련시키는 등 평안도의 전쟁 준비를 잘한 것에 대한 치하였다. 관찰사에서 정승으로 곧바로 승진한 것은 조선 건국 이래 200여 년 만에 처음 있는 일이었다. 평양 백성들은 그를 위해 자발적으로 사당을 세우고 제사를 지냈다. 이임한 지방관을 기려서 살아 있는 사람을 대상으로 생사당生祠堂이 세워진 것도 조선 건국 이래 처음이었다. 그를 기리는 생사당이 백성들에 의해 세워졌다는 사실은 매우 놀랄 만한 일이다. 그가 평양에서 책임졌던 군량 조달과 신병 모집 및 훈련은 백성들의 원망을 부르지 않을 수 없는 임무였기 때문이다. 이 사실은 다시 한 번 그가 전투에 공을 세우는 일에는 능하지 못해도, 행정과 민생을 돌보는 데는 탁월한 능력을 발휘했음을 보여준다.

이원익은 상경 즉시 새로 부여된 임무 수행을 위해서 한산도로 향했다. 이때 한산도에는 수군통제사 이순신이 주둔하고 있었다. 이원익은 한산도의 군대 배치 상황을 살펴본 뒤 이순신을 크게 칭찬했다. 그리고 이순신의 권유에 따라, 이원익은 지친 병사들을 위해서 방산旁山에 올라 소를 잡고 잔치를 베풀었다. 이 일 이후 방산은 '정승봉政丞峯'으로 불렸다. 두 사람은 이때 처음으로 만났다. 하지만 이후에 있었던 여러 가지 일들로 판단하건데 그들은 이 한 번의 만남으로 서로를 높이 평가했고, 정서적으로도 상대에게 크게 공감했던 것 같다. 사실 두 사람은 원칙적이고 '정치'를 잘 몰랐다는 점에서 서로 비슷한 면이 있었다. 각각 문과와 무과를 통과한 뒤 여러 해 동안 하급 관직에 머물렀던 것도 유사했다. 아무튼 이순신과의 만남 이후 이원익은 계속해서 호남의 여러 곳을 순행했고, 이어서 영남으로 건너가 성주에 체찰부體察府를 설치했다.

이원익은 무엇보다 왜군의 살육과 약탈, 조선 정부의 군량 징발에 지친 백성들을 돌보는 일에 주력했다. 하지만 그의 일은 여기에 그치지 않았다. 그는 남쪽 지역의 군대와 지휘관 배치에 대해서도 큰 흐름을 잡아내고 상소를 올렸다. 그는 영남의 경우에 강의 형세가 좌우로 크고 넓기 때문에 위급한 상황에서 신속히 대응하기에 적절치 못하다고 보았다. 그래서 이 지역의 군대를 한 곳이 아닌 좌우로 나누어 배치하도록 했다. 또 금오金鰲, 공산公山, 황석黃石을 비롯한 여러 곳의 산성을 보수하거나 개축하게 했다.

이원익이 건의한 지휘관 배치는 그가 인물을 파악하는 데 상당한 감식력을 지녔음을 보여준다. 그는 통제사 이순신을 거제에 주둔시켜 남해안에 포진하고 있는 일본군을 막도록 요청했다. 또 곽재우郭再祐(1552~1617)를 변경에 두어 해변을 지키게 하고, 영남 출신으로 지리와 인정에 밝은 순찰어사 정경세鄭經世(1563~1633)를 영남 지방의 산성 수축 임무에 배치하도록 건의했다.

이순신을 변호하다

선조 29년(1596) 10월, 이원익은 선조의 부름을 받고 서울로 돌아왔다. 이원익을 만난 자리에서 선조는 이순신에 대해 이것저것 집요하게 물었는데, 그 질문에는 이순신에 대한 깊은 불신이 담겨 있었다. 이 같은 사실은 많은 내용을 함축하고, 동시에 앞으로 일어날 일을 예시하는 것이었다.

이미 선조 27년(1594)에 조정에서는 원균元均(1540~1597)과 이순신의 갈등이 거론되기 시작했다. 사실 '갈등'이라고 말하는 것은 정확하지 않다. 이순신에 대한 원균의 원망 혹은 비방이라고 해야 옳을 것이다. 두

원릉군사우와 원균　원릉군사우는 원균의 영정을 안치한 사당이다. 경기도 평택시 도일동 하리에 있다. 임진왜란 뒤 선조 37년(1604) 이순신·권율과 함께 선무공신宣武功臣 1등에 올라 원릉군原陵 君에 추증되었다.

사람의 관계가 이렇게 된 원인은 수군의 전투가 벌어진 이후 이순신이 원균보다 훨씬 탁월한 성과를 올리고 높은 평가를 받았기 때문이다. 두 사람은 어릴 때 서로 알고 지내는 사이였던 것 같다. 허균許筠(1569~1618) 에 따르면 자신의 처가가 건천동(현 서울시 중구 충무로 지역)에 있었는데, 모두 34가구였다고 한다. 그리고 자신의 형과 유성룡, 이순신, 원균이 모두 여기서 태어났다고 한다. 전쟁 전만 해도 이순신은 여러 가지 점 에서 원균에 비해 뒤떨어졌다. 집안의 수준이 그랬고, 무과에 붙은 나 이와 성적이 그랬으며, 무과 합격 이후 관력官歷이 그랬다. 친근한 사람 들 사이에도 사회적 위계가 내면화된 심리적 위계가 있는 법이다. 그 위계의 위쪽에 있던 사람이 어느 순간 아래쪽으로 내려가면, 그것을 억 지로라도 이성적으로 받아들이는 것은 쉬운 일이 아니다. 원균은 그것 을 받아들이지 못했다. 이순신에 대한 원균의 원망은 어느 순간 비방으로 바뀌었고, 그것이 조정에까지 전해졌다.

여러 연구는 이때 선조가 특별한 이유 없이 원균 쪽으로 기울어 이순신을 부정적으로 바라보았다고 말한다. 선조는 이원익이 서울에 올라오기 전에 이미 그에게 이순신에 대한 '은밀한 단서'를 잡으라고 지시한 바 있다. 이에 대해 이원익은 두 번이나 이순신의 충성됨을 비밀스레 보고했다.

당시 선조는 정치적으로 곤혹스러운 상태에 놓여 있었다. 전쟁이 일어나자 변변히 싸워보지도 않고 명나라로 망명하려 했던 선조의 행적은, 백성은 물론 사대부들에게도 공분을 일으켰다. 심지어 선조 28년 (1595) 3월 명나라 신종神宗 황제는 광해군에게 보내는 칙서에서 선조를 '실패한 왕'으로 규정했다. 선조로서는 몹시 견디기 힘든 일이었다. 실제로 그는 스스로 왕위에서 물러나겠다고 신하들에게 여러 차례 공언했다. 물론 그것은 그의 진심이 아니었다. 왕이 그렇게 말하면 신하들은 말릴 수밖에 없고, 이를 통해서 선조는 자신의 지위를 재확인했다. 이런 상황에서 백성의 신망을 얻으며 전쟁 영웅으로 떠오른 이순신이, 선조 입장에서는 결코 달갑지 않았다. 아랫사람의 공이 너무 크면 상을 주기 어려운 법이다. 그 공이 윗사람을 위협하기 때문이다.

선조는 이원익에게 먼저 이순신이 임무에 제대로 힘쓰는지 물었다. 이원익은 그가 부지런히 근무할 뿐만 아니라 한산도에 군량도 많이 쌓았다고 답했다. 그러자 선조는 이순신이 태만해졌다는 여론이 있다면서 이순신의 사람 됨됨이를 추궁하듯 물었다. 이에 이원익은 그가 장수 가운데 가장 쟁쟁한 인물이며, 태만한지는 알지 못하겠다고 했다. 선조는 이순신이 군 지휘자로서 자질이 있는지 다시 물었다. 이원익도 소신을 굽히지 않고 경상도 장수 가운데 이순신이 가장 훌륭하다고 말하자, 그제야 선조의 질문이 끝났다. 이원익은 선조가 자신으로부터 어떤 답을 듣고 싶었는지 몰랐을까? 이원익이 그것을 짐작했는지 여부는 알 수 없지만, 확실한 것은 그가 이순신에 대해서 지녔던 생각을 조금도 바꾸지 않고 선조에게 말했다는 점이다.

적이 두려워하는 것은 수군이요, 수군이 믿는 것은 순신입니다

선조 30년(1597) 1월 가토 기요마사加藤淸正가 이끄는 첫 번째 부대 1만 병력의 공격을 시작으로 정유재란이 시작되었다. 그런데 이순신은 정유재란 발발 직후인 2월 말에 몇 가지 죄명으로 한산도에서 압송되어, 3월 초 서울의 옥에 갇힌다. 승지에게 내린 비망기에 선조가 열거한 이순신의 죄명은 엄청났다. "이순신은 조정을 속였으니 임금을 무시한 죄요, 적을 쫓아 치지 않았으니 나라를 등진 죄요, 거기에다 남의 공을 빼앗고 또 남을 모함한 죄와 방자하고 거리낌 없는 죄가 있다." 처형을 전제로 하달된 비망기였다.

이순신이 하옥되었던 직접적인 이유는 명령 불복종이다. 선조 29년(1596)에 적장 고니시 유키나가小西行長는 조선에 화의를 맺자고 청했다. 동시에 그의 참모인 요시라를 시켜 경상도 병마절도사 김응서金應瑞에게 첩보를 알려왔다. 그 내용인즉, 두 나라 사이에 화의가 추진되지 못하는 것은 가토가 반대하기 때문인데, 마침 그가 단지 배 한 척을 타고 대마도에서 부산으로 올 예정이라는 것이다. 그리고 가토의 기패旗牌, 즉 그가 탄 배에 달린 깃발의 모양과 색깔까지 알려주었다. 조정의 많은 인사가 그 말에 크게 동요했고, 도원수 권율까지도 이순신에게 부산으로 진격할 것을 권했다.

하지만 이순신의 판단은 달랐다. 한산도에서 부산까지 가려면 도중에 반드시 적진을 경유해야 했다. 따라서 부산으로 진격할 경우 필연적으로 아군의 형세가 노출되어 공격받을 가능성이 대단히 높았다. 또 부산에 당도해서는 바람을 안고 적을 맞아 싸워야만 했다. 이순신은 적의 말만 믿고 시험 삼아 전쟁을 할 수는 없다고 판단하여 출전하지 않았다. 조정의 압력이 가중되자 이순신은 미적거리며 시간을 끌었고, 결국 약간의 군사로 정찰을 하는 데 그쳤다. 나중에 요시라가 다시 와서 가토가 이미 바다를 건너와버렸는데 조선 수군은 어찌하여 이런 기회를 놓쳤느냐고 추궁했다. 그러자 조정에서는 이순신이 머뭇거리다가 적을 놓쳤다는 비난이 폭풍처럼 일어났다. 심지어 이순신을 참수해야 한다는 말까지 나왔다.

이 당시 이순신의 하옥은 기본적으로 정치적인 이유에서 비롯되었다. 이순신은 유성룡의 사람으로 인식되고 있었는데, 그 인식이 잘못됐다고 하기 어려웠다. 이순신의 초반 관직 경력은 부진했다. 그는 28세 되던 해에 무인 선발 시험의 하나인 훈련원별과訓鍊院別科에 응시했으나, 시험장에서 달리던 말이 쓰러지는 바람에 낙상하여 왼발을 다치고 실격했다. 그가 무과에 합격한 것은 4년 뒤인 선조 9년(1576)으로, 나이가 이미 32세였다. 시험 성적도 썩 좋은 편이 아니었다. 그러고는 무과에 합격한 지 13년 만인 선조 22년(1589)에야 비로소 현감에 임명되었다. 현감은 종6품의 최하급 수령직이다. 그랬던 그가 불과 2년 뒤인 선조 24년(1591)에 유성룡의 천거로 정3품 당상관인 전라좌수사에 임명된 것이다. 조선시대에 당하관에서 당상관으로 올라가는 것은 마치 오늘날 군대에서 장성으로 승진하거나 기업에서 이사가 되는 것에 비유할 수 있다. 당상관과 당하관의 차이는 그만큼 현격했다. 그래서 임진왜란이 일어나기 1년 전인 1591년 초에 그가 전라좌수사에 임명되자, 사간원에서는 "아무리 인재가 부족해도 어떻게 현령을 갑자기 수사水使에 승진시켜 임명할 수 있습니까?"라고 말했다.

지금 돌이켜보면, 유성룡의 이 천거는 조선이 임진왜란 때 나라를 보전할 수 있었던 가장 중요한 결정이었다. 하지만 당시에는 누구의 눈에도 이순신이 유성룡의 사람으로 보일 수밖에 없었다. 『연려실기술』은 다음과 같이 말했다. "순신은 유성룡이 천거한 사람이었다. 성룡과 사이가 좋지 않은 자들이 떠들썩하게 순신이 군사의 기회를 잃었다는 것으로 죄를 만들었는데, 그 뜻은 성룡을 삽자는 데 있었다."

이순신이 옥에 갇힌 상황에서, 영남에 있던 이원익은 사실이 그렇지 않다는 내용의 상소를 올렸다. 이전에 원균은 조정에 올린 상소에서, 전쟁 초기에 자신이 병력 지원을 요청했을 때 이순신이 적극적으로 응하지 않았었다고 비난했다. 이에 대해 이원익은, 이순신과 원균이 각각 맡은 바가 있으니 처음에 이순신이 가서 지원하지 않았다고 죄 될 일은 없다고 말했다. 이원익은 이순신을 하옥하는 것에 세 번이나 강력히 반대했다. 이원익은 "적이 두려워하는 것은 수군이요, 수군이 믿는 사람은 순신입니다. 순신은 움직여서는 안 되고, 원균은 써서는 안 됩니다"

鳴梁海戰圖二

右水營

瑞島

花源半島

珍島

명량해전도

명량대첩은 선조 30년(1597) 9월 16일 이순신이 지휘하는 조선 수군 13척이 명량에서 일본 수군 333여 척을 물리친 해전이다. 명량해전 직전 조선은 제해권을 완전히 상실한 상태였다. 삼도수군 통제사 원균은 칠천량 해전에서 대패하며 군사와 전선, 그리고 자신의 생명까지 잃었다. 백의종군 하던 이순신이 삼도수군통제사에 복귀했을 때 그에게 남은 것은 전선 12척과 120명의 병사가 전부였다. 선조는 이때 수군을 폐지하려 했는데, 이순신은 "지금 신에게는 아직 12척의 전선이 남아 있습니다. 신이 죽지 않는 한 적들은 감히 저희들을 업신여기지 못할 것입니다"라고 장계를 올렸다. 이 장계를 받아본 선조는 무슨 생각을 했을까?

라고 말했다. 그 무렵 유성룡은 정치적으로 이순신을 도와줄 수 있는 처지에 있지 못했다. 조정은 마침내 원균을 이순신의 후임으로 결정했다. 그러나 이 결정은 결국 조선 수군과 조선을 크게 위태롭게 했을 뿐만 아니라, 원균 자신까지 죽게 만들었다.

예상 밖으로 이순신은 하옥된 지 28일 만인 선조 30년(1597) 4월 1일에 석방되었다. 물론 그가 무죄로 풀려났다는 말은 아니다. 그에 대한 형벌은 권율의 부대에서 '백의종군白衣從軍'하는 것이었다. 해군사령관이었던 사람에게 계급 없이 병사의 신분으로 싸우라는 말이나 똑같았다. 이때 선조는 왜 이순신을 죽이지 못했을까? 아마도 정유재란이 시작된 상황에서 내심 원균에 대한 확신이 없었기 때문일 것이다. 정탁鄭琢, 이원익 등이 이순신을 변호하던 논리도 바로 이것이었다. 실제로 원균은 7월 16일 칠천량 해전에서 자신이 이끄는 함대가 괴멸되면서 함께 전사했다. 그 뒤 단 6일 만인 22일에 선조는 이순신을 삼도수군통제사로 복귀시켜야 했다. 대안이 없었기 때문이다.

정치적 진퇴를 같이한 두 사람

조선시대에 전해 내려오는 이야기 중에 유성룡과 이원익을 비교하는 유명한 말이 있다. 당시에도 두 사람은 함께 거론되는 것이 자연스러웠던 모양이다. 그 말은 "완평은 속일 수 있지만 차마 속일 수 없고, 서애는 속이고 싶어도 속이지 못한다"라는 것이다. 완평은 완평부원군完平府院君을 가리키는데, 임진왜란이 끝난 뒤 이원익이 받은 공신 칭호이다. 이 말은 얼핏 들으면 말장난 같지만, 이 말만큼 두 사람의 차이를 분명하게 드러내는 말도 달리 찾기 어렵다. 이원익은 탁월하게 뛰어나진 않지만 그 사람 자체가 너무도 순수하고 그의 순수함이 상대에게 전해져서 차마 속이려는 마음을 먹기 어려운 반면, 유성룡은 대단히 주도면밀해서 도저히 속일 수 없다는 뜻이다.

전체적으로 볼 때 유성룡과 이원익은 다른 점보다는 비슷한 점이 더 많다. 이원익보다 다섯 살이 더 많은 유성룡은 서울 건천동에서 태어났고, 두 사람 모두 4부학당 중 동학東學에 다녔다. 또 두 사람은 명종

19년(1564)에 나란히 사마시에 합격했다. 유성룡은 생원시와 진사시에 모두 붙었고, 이원익은 생원시에 합격하여 거의 비슷한 시기에 성균관에 들어갔다. 유성룡은 2년 뒤인 25세에, 이원익은 5년 뒤인 23세에 문과에 합격했고, 둘 다 승문원 권지로 배정되었다가 부정자로 관직 생활을 시작했다. 사료에서는 확인되지 않지만, 그들은 적어도 성균관 시절부터는 서로를 알았을 가능성이 높다. 그들은 또한 관직 생활을 시작하고 몇 년 뒤 명나라에 사신단의 일원으로 다녀오는 것까지 같은 경험을 한다. 유성룡이 더 오래 경연관을 지냈지만, 이원익도 짧다고는 할 수 없는 5~6년의 경연관 생활을 했고, 두 사람 모두 경연관에 이어 승지직을 지냈다.

공직 경력의 유사성보다 두 사람을 더욱 비슷하게 보이게 하는 점은 그들의 청렴함이다. 선조 34년(1601) 두 사람은 모두 염근리廉勤吏에 선정되었다. '염근廉勤'이라는 말은 '청백淸白'이라는 말이 너무 높은 수준이기에 감당하기 어렵다는 이유로 내신 쓴 말이기는 하지만, 의미상으로는 청렴한 관리라는 같은 뜻을 갖고 있다. 당시에 모두 네 명의 염근리를 뽑았는데, 첫째가 이원익이고 둘째가 유성룡이었다. 이 염근리 선정을 주도한 사람은 그 자신이야말로 염근리에 들어야 마땅하다고 사람들이 말하던 이항복이었다. 그런데 당시 이원익과 유성룡은 모두 조정을 떠나 있는 상태였다. 당시 조정은 유성룡을 몰아낸 북인北人 세력이 장악하고 있었다. 유성룡만큼 당파적 공격의 대상이 되었던 것은 아니지만, 이원익 역시 남인南人으로 분류되었다. 그럼에도 두 사람이 명예로운 염근리에 선정된 것을 두고 조정에서는 별다른 이견이 없었다.

정치적 진퇴를 같이한 두 사람

오래전에 이항복은 자신도 모르게 이원익에게 신세를 진 일이 있다. 이원익은 안주 목사직을 끝내고 서울로 돌아와 선조 24년(1591)에 오늘날의 감사원에 해당하는 사헌부의 수장인 대사헌이 되었다. 이때 그는 2년 전에 일어난 기축옥사己丑獄事(선조 22년, 1589) 문제를 재론했다. 정철鄭澈(1536~1593)이 사건을 크게 확대하여 동인東人 1,000여 명에게 화를 입혔다고 알려진 사건이다. 그러고는 이를 주도했던 매파 서인西人 정철을 귀양 보냈다. 정철은 한강가에서 조정의 처분만을 기다리고 있었다. 그의 제자나 친구들은 두려워서 감히 배웅도 하지 못했는데, 이항복이 혼자 정철을 방문하여 위로했다. 이를 보고 어떤 사헌부 관리가 이항복도 유배 명단 속에 넣으려고 했지만, 이원익이 반대함으로써 이항복이 무사할 수 있었다.

이원익은 유성룡과 정치적 진퇴를 함께했다. 선조 30년(1597) 봄 이순신의 백의종군 사건에서 볼 수 있듯이, 유성룡은 이미 조정에서 정치적으로 수세에 몰리고 있었다. 정유재란이 발발하면서 조정 내 갈등은 잠시 수그러드는 듯했지만, 그리 오래가지 않았다. 선조 31년 6월에 명나라의 병부 주사主事 정응태丁應泰가 경리經理 양호楊鎬를 무고한 사건과 관련해서 유성룡은 집중적으로 정치적 공격에 시달렸다. 결국 10월에 그는 영의정에서 물러나 낙향하고 말았다. 그리고 선조 40년(1607)에 사망할 때까지 다시는 조정에 돌아오지 않았다.

선조 30년 1월 정유재란이 시작되고 왜군이 다시 북상하기 시작했다. 9월 초에 왜군이 오늘날 평택과 천안의 중간쯤인 직산稷山까지 이르자, 이원익은 양호와 협력해서 왜군을 물리쳤다. 만약 이곳에서 왜군을 저지하지 못했더라면 곧바로 서울이 위험할 상황이었다. 직산 전투는 명나라가 임진왜란 3대첩의 하나로 꼽은 전투이다. 정응태는 이 전투에서 양호가 큰 전공을 세우자, 이를 시기하여 거짓 내용으로 명나라에 보고했다. 더불어 조선이 여러 곳에 성城을 쌓는 이유는 명에 다른 뜻을 품고 있기 때문이라는 듯이 보고했다. 양호는 명에서 파견된 여러 장수들 중에서도 매우 헌신적으로 임무를 수행한 장수였다. 그래서 선조를 비롯하여 조선의 여러 대신도 그에게 호의를 갖고 있었다. 조선 측에서는 양호의 소환을 막기 위해 노력했지만, 결국 그는 선조 31년(1598) 7월에 본국으로 소환되고 말았다. 이에 따라 조선 측에서는 신속히 명에 사신을 보내 양호를 변호하고, 축성과 관련해서도 오해를 풀어야 할 필요가 생겼다.

조정에서 진주사陳奏使를 파견하는 문제가 논의되자, 선조는 이렇게 말했다. "이번 진주사는 반드시 상신相臣(영의정·좌의정·우의정을 통틀어 이르는 말, 즉 삼정승) 중 하나에서 보내되, 능숙한 문장으로 변론할 수 있는 사람이어야 한다." 직접 거명하지는 않았지만, 선조가 영의정 유성룡을 진주사로 지목하고 있음을 모두가 알 수 있었다. 하지만 유성룡은 노모老母로 인해 그 임무를 선뜻 자임하고 나서지 못했다. 좌의정 김응남金應南은 몸이 아픈 상태였기에, 결국 우의정 이원익이 진주사 임무를 맡았다. 선조 31년(1598) 8월 초에 이원익은 무거운 임무를 띠고 연경으로 떠났다.

선조는 유성룡이 자신의 바람을 선뜻 받아들이지 않은 데 대해 많

『징비록』 유성룡은 임진왜란을 실제로 이끈 최고 책임자였다. '징비懲毖'란 미리 징계하여 후환을 경계한다는 뜻이다. 미리 대비하지 못한 것에 대한 후회와 앞으로는 그렇게 하기를 바라는 유성룡의 염원을 담은 제목이다.

이 서운했던 듯하다. 물론 그렇다고 이 일이 두 사람 사이를 근본적으로 갈라놓지는 않았다. 유성룡에 대한 선조의 신임이 워낙 두터웠기 때문이다. 전쟁 전까지만 해도 선조는 유성룡에게 "10년 동안 경연에 있으면서 완전한 덕을 갖추어 하자가 전연 없었으니, 임금과 신하의 의가 있다고는 하지만 (나와 그대의) 정분은 친구와 같다. 또 (그대의) 학문으로 논하면 글자 뜻에만 얽매이는 고루한 선비가 아니고, 재주로 말하면 충분히 큰일을 맡을 수가 있다. 경을 알아보는 이는 나만 한 자가 없을 것이다"라고 말했을 정도다. 하지만 진주사 문제 이후에는 유성룡에 대한 선조의 태도에서 확실히 이전과 다른 온도 차이를 보인다. 이런 상황에서 유성룡의 정적들은 집요하게 그를 공격하는 상소를 올렸다. 유성룡이 물러나야 한다는 주장이었다. 유성룡 본인도 물러날 것을 계속 요청했다. 결국 그는 선조 31년(1598) 10월 6일에 영의정에서 물러났다.

유성룡의 사직은 7년이나 끌어온 전쟁의 막바지에 일어났다. 어떤 면에서 임진왜란은 도요토미 히데요시豊臣秀吉 개인의 의지로 일어난 전쟁이었다. 그런데 전쟁을 일으킨 도요토미가 선조 31년(1598) 8월에 사망하면서, 병력의 철수를 유언으로 남겼다. 조선에 나와 있던 왜군으로서는 전쟁을 계속해야 할 이유가 없어진 셈이다. 또 유성룡이 영의정 자리에서 물러나고 한 달 남짓 지난 11월 19일에 이순신도 전사했다. 이로써 임진왜란에서 일본과 조선의 가장 중요한 인물들 중 세 사람이 무대에서 사라졌다. 한편 진주사로 명나라에 파견된 이원익은 조선에 돌아오기 전 이미 영의정에 임명되어 있었다. 그리고 이덕형과 이항복이 각각 좌의정과 우의정에 임명되었다.

다음 해인 선조 32년(1599) 1월 초 이원익이 연경에서 돌아왔다. 연경에서의 일을 보고하는 자리에서 그는 무엇보다 유성룡을 힘써 변호했다. 먼저 그는, 유성룡이 진주사 임무를 자청하지 않은 잘못을 범했다는 점을 인정했다. 그러나 이것을 빌미로 유성룡 반대파들이 가한 공격도 너무나 터무니없음을 지적했다. 유성룡이 10년 동안 정사를 보필하면서 한 가지 도움도 없었다거나, 자신의 사람들을 널리 요직에 심고 임금의 권세를 참람하게 사용해서 그의 집에 뇌물이 가득하다는 주장은 전혀 사실이 아니라고 말했다. 사실, 불과 2년 뒤 유성룡은 염근리에 선정되고, 조정에서는 아무도 이를 문제 삼지 않았다. 이원익은 유성룡의 청렴하고 나라를 걱정하는 지극한 정성은 실로 본받을 만하며 "아무도 그를 대신할 수 없다"라고 말했다. 그의 인격과 능력에 대한 최고의 상찬이었다.

이원익의 말은 유성룡 비판에 나섰던 사람들의 즉각적인 반격을 불러일으켰다. 그들은 왕에게 이원익의 말을 들추며 자신들이 물러나겠다고 말했다. 그러나 선조는 그들의 사퇴를 허락하지 않았다. 결과적으로 이 과정을 통해 그들은 선조의 정치적 재신임을 받은 셈이고, 유성룡에 대한 비판의 입장도 견지할 수 있었다. 이런 상황을 지켜보면서 이원익은 자신 역시 조정에 있기 어렵다고 판단했다. 그는 자신도 물러나게 해달라고 선조에게 요청했다. 그러자 선조는 "우리나라는 옛날 초나라나 제나라가 아니다. 경이 나를 버리고 무엇이 되고자 하는가"라고 말했다. 그러면서도 이원익이 요구한 유성룡에 대한 기존의 조치를 되돌리지는 않았다. 이후 이원익은 동호東湖로 물러나서 계속 사직상소를 올렸다. 동호는 오늘날 한강 동호대교의 강북 쪽 지역을 말한다. 지금은 물길이 달라졌지만, 조선시대에는 한강의 흐름이 이곳에서 잔잔해져 마치 호수 같다고 해서 붙여진 이름이다.

선조 32년(1599)은 이원익에게 정치적 투쟁의 기간이었다. 그는 조정에 나오지 않은 채 서울에 머물며 계속해서 사직상소를 올렸다. 결국 여섯 번의 사직상소 끝에, 11월에 공식적으로 영의정 자리에서 물러났다. 이후 선조 35년(1602)에 크게 아프기 전까지는 간헐적으로 정사에 간여하기도 했지만, 실질적으로는 선조 대의 조정에서 은퇴한 거나 마찬가지였다. 유성룡과 정치적 진퇴를 같이했던 것이다.

오직 이원익에게만 큰일을 맡길 수 있다

선조 33년(1600)부터 광해군이 즉위하는 1608년까지 이원익은 고향인 경기도 금천^{衿川}에 머물렀다. 지금의 광명시 소하동이다. 그의 호는 고향 동네 이름인 오리^{梧里}, 즉 오동나무 마을에서 딴 것이다. 조정을 떠났어도 그에 대한 선조의 신망과 조정에서의 명망은 줄지 않았다. 선조 35년(1602) 그가 몹시 아파 생명이 위태로웠던 적이 있다. 이 소식이 전해지자 선조는 즉시 어의 허준^{許浚}을 보내 그를 진찰하게 했다. 허준이 돌아오자 선조는 침실로 그를 불러들여 이원익의 생사 여부를 물었다. 또 점치는 사람을 불러서 이원익의 수명 장단에 대한 점괘를 풀게 했다. 이원익이 좀 더 살 수 있는지 확인하고자 했던 것이다. 이때 점을 쳤던 이는 함충헌^{咸忠憲}이라는 사람이다.

이 같은 행동은 선조가 이원익의 죽음을 국가적인 문제로 여겼음을 암시한다. 선조는 자신의 죽음을 앞두고 광해군에게 "여러 신하 중에 오직 이원익에게만 큰일을 맡길 수 있다. 나는 후한 예로 그를 대우하지 못했다. 너는 성의를 보여야 그를 쓸 수 있을 것이다"라고 했다. 이 말은 임진왜란을 거치며 선조의 마음속에 자리 잡은 이원익에 대한 신뢰가 얼마나 컸던가를 잘 보여준다. 광해군은 즉위하자 아버지의 말대로 이원익을 자신의 첫 번째 영의정에 등용했다.

광해군 대에 강상을 붙들어 세운 공

비극의 씨앗을 뿌린 선조

인조반정(1623)을 일으킨 세력은 '거사' 명분으로 몇 가지 사항을 내세웠다. 그중에서도 가장 핵심적인 명분은 폐모살제廢母殺弟였다. 즉 광해군이 어머니 인목대비仁穆大妃(1584~1632)를 폐하고 형제인 임해군臨海君(1574~1609)과 영창대군永昌大君(1606~1614)을 죽였다는 것을 거사의 가장 큰 명분으로 삼았다. '폐모'와 '살제' 두 가지 중에서도 더욱 치명적인 잘못은 어머니를 폐한 일이었다. 동복의 형과 이복동생을 죽이고 계모는 죽이지 않았지만, 오히려 더욱 큰 죄는 그 어머니를 폐한 일이라는 것이다. 명분이란 사회적으로 사람들이 널리 받아들여야 성립되는 것이니, 폐모가 반정의 가장 큰 명분이 되었다는 사실은 당시의 사회적 이념이 그랬음을 뜻한다. 실제로 조선시대의 효孝는 가정윤리라기보다는 본질적으로 사회윤리에 가까웠다.

그런데 광해군은 과연 임해군과 영창대군의 죽음을 막을 수 있었을까? 형제의 죽음에 대해서 광해군은 지시한 것일까, 조장한 것일까, 아니면 묵인한 것일까? 도대체 무슨 생각으로 그랬을까? 이에 대해서는 당분간 좀 더 면밀한 연구가 나오기를 기다려야 할 것 같다. 하지만 어떤 경우가 되었든지, 그것은 근본적으로 광해군의 독자적인 정치 장악력이 충분치 못한 것과 관련이 있는 듯하다. 자신의 세력을 통제하기보다 그 세력에 끌려간 측면이 있었다. 그리고 이러한 상황이 벌어진 근원적인 이유는 부왕父王 선조에게도 상당한 책임이 있었다. 선조는 광해군에게 힘을 실어주기보다는 임진왜란 중에 이미 자신의 정치적 경쟁자로 여기고 있었다. 이런 선조의 태도는 광해군의 정치적 입지를 약화시키는 방향으로 작용했다.

광해군은 18세에 전격적으로 세자 지명을 받았다. 그것은 전적으로 임진왜란 때문이었다. 몇몇 대신들과 하룻밤의 논의를 거쳐서 최종적으로 광해군을 세자로 지명한 사람은 선조 자신이었다. 광해군은 임진왜란 중에 부왕의 역할을 성공적으로 대신했다. 조선시대에 세자는 부왕을 도와, 혹은 대신하여 외국 사신을 접대하는 일 외에는 오로지 공부가 해야 할 일의 전부였다. 그 때문에 궁궐 밖에 나올 일도 별로 없었다. 『조선왕조실록』에는 선조와 광해군 대에만 나오는 '분조分朝'라는 말이 있다. '나뉜 조정'이라는 뜻으로, 임진왜란 당시 두 개의 조정이 있었다는 말이다. 하나는 물론 선조의 조정이고, 다른 하나는 광해군의 조정이다. 전쟁 중에 선조의 조정은 별 기능을 못했지만, 광해군의 조정은 크게 활약했다. 광해군은 전쟁을 이끌면서 아직 나라가 망하지 않았다는 것과 조정이 건재하다는 것을 증명했다. 그 결과 나중에 명나라 신종神宗은 선조를 '실패한 왕'으로 규정하며, 광해군에게 전라도와 경상도에서의 군사 지휘를 총괄한다는 칙서를 내렸다. 전쟁 초기에 선조는 나라를 지키기 위한 변변한 시도도 못한 채 명나라로 망명하려 했다. 그랬기 때문에 전쟁 중에 이미 선조는 백성과 사대부들로부터 왕으로서의 권위를 크게 잃고 말았다. 권위를 잃으면 권력의 행사가 힘들어지는 법이다. 당연히 광해군에게는 너무나 불리한 상황이었다. 광해군으로서는 부왕의 역할을 성공적으로 대신한 일이 오히려 그 자신을 정치적으로 어렵게 만들어버린 셈이었다.

선조의 정비正妃인 의인왕후懿仁王后가 선조 33년(1600)에 아이를 낳지 못하고 죽자, 2년 뒤인 1602년에 51세의 선조는 김제남金悌男의 딸인 19세의 연안 김씨를 새 신부로 맞아들인다. 그녀가 곧 인목대비. 계비繼妃는 광해군보다 아홉 살이나 어렸다. 오늘날의 감각으로 보면 좀 어색하지만, 당시로서는 자연스러운 일이었다. 왕조 국가에 국모가 없어서는 안 되며, 또 왕비가 될 여자가 결혼 적령기를 지난 사람일 수도 없기 때문이다. 그 4년 뒤, 사람들이 걱정하던 대로 영창대군永昌大君이 태어났다.

당시 광해군은 세자로 임진왜란을 지휘하면서 이미 나이가 서른이 넘었음에도, 중국으로부터 정식으로 세자 책봉 승인을 받지 못한 상태였다. 명나라는 이런저런 핑계를 대며 그의 세자 책봉 승인을 미루었다. 명나라의 이런 태도는 대단히 모순적이었다. 명나라는 광해군이 실질적으로 조선을 대표한다고 판단하고, 임진왜란 중 조선 측 상대자로 선조가 아닌 광해군과 연락을 주고받았기 때문이다. 그런데 세자 책봉 승인을 미루는 명나라만 문제가 아니었다. 광해군은 후궁 소생의 차자

庶子이지만, 새로 태어난 영창대군은 왕위 계승에 전혀 하자가 없는 적통 왕자인 대군大君이었다. 상황을 최악으로 몰아간 것은 선조가 말년에 실제로 광해군 대신 영창대군을 세자로 세우려고 시도했다는 점이다. 이것은 흡사 태조 이성계가 창업의 주역 중 한 사람인 방원芳遠 대신에 11세의 어린 아들 방석芳碩을 세자로 정했던 일과 비슷하다. 그들은 무슨 생각으로 그런 무리한 시도를 했을까? 절대 권력을 오래 행사하다 보면 할 수 있는 일과 없는 일에 대한 합리적 판단이 흐려지는 것일까? 어쨌든 광해군은 아버지이자 왕인 선조에 대해서 어떤 것도 할 수 없었다. 아마 선조가 좀 더 살았더라면 실제로 본인이 원하는 대로 했을지도 모른다. 그런데 선조가 극적으로 죽고 말았다. 이 같은 형세가 광해군이 왕위를 물려받을 무렵의 정치적 상황이었다.

영의정 직무를 거부케 한 원인, 계축옥사

광해군과 이원익이 왕과 신하로서 맺은 첫 만남은 나쁘지 않았다. 광해군은 왕위에 오르자 부왕의 유언에 따라 예우를 갖춰 이원익을 영의정에 임명했다. 하지만 광해군은 공제公除가 끝나기도 전에 한 살 많은 자신의 형 임해군을 귀양 형에 처했다. 공제란 왕이나 왕비가 부모의 상사喪事를 당하여 한 달을 하루로 계산하여 상을 치르는 것이다. 천하의 공적인 일을 담당하는 왕에게 보통 사람처럼 상사의 기간을 지키게 할 수 없다고 생각했기 때문이다. 왕은 이 기간 동안 공무를 보지 않았다. 삼년상이 보통 27개월이므로, 27일을 공제의 기간으로 삼는 경우가 많았다. 언론을 담당하는 삼사三司, 즉 홍문관·사간원·사헌부의 고발문에 따르면, 임해군의 무리가 다량의 철퇴鐵椎와 환도環刀를 빈 가마니에 싸서 궁궐 안으로 들여갔다는 것이다. 이는 임해군이 막 즉위한 광해군을 시해하려 한다는 것을 암시했다. 조정 전체가 한순간에 얼어붙는 상황이었다.

이때 이원익은 삼사가 반역 음모를 고발해 놓고도 조정이 정식으로 심문하는 과정에서 그 모반 사실을 밝히지 못하고 있음을 지적했다. 그러고는 삼사 고발의 근거인 쇠칼을 지닌 사람을 안다고 말한 수문장졸에게 사실을 심문해야 한다고 말했다. 이원익의 주장은 당연하고 타당했다. 그런데 광해군이 이 문제를 대하는 태도에는 뭔가 석연치 않은 점이 있었다. 그러자 이원익은 "이 사건은 지친至親 사이에 일어났습니다. 은의恩義가 함께 존재하는 사이이므로 마땅히 정情으로 용서해야 합니다"라고 말했다. 이원익의 주장에도 불구하고 임해군은 다음 해인 광해군 원년(1609)에 결국 유배지인 강화도 교동에서 살해되었다. 사실 이런 종류의 권력투쟁에서는 광해군이 임해군 문제에 대해 명확한 태도를 보이지 않는 순간, 결과는 이미 정해진 것이나 마찬가지였다. 최고 권력자의 의중을 짐작하는 측근은 직접적인 지시가 없어도 움직이는 법이다. 오늘날 '나눌 수 있는' 유산을 두고 벌어지는 자식들 간의 싸움을 생각하면, 전근대 시대에 '나눌 수 없는' 최고 권력을 향한 투쟁이 어떠했으리라는 것은 충분히 짐작할 수 있다.

광해군 초년에 이원익은 비록 공식적으로는 영의정직에 있었지만 실제로 조정에 머문 기간은 길지 않았다. 그는 서울에 머물며 계속해서 사직상소를 올렸고, 광해군은 이를 번번이 거절하며 조정에 나올 것을 명했다. 이원익이 서울에서 그리 멀지도 않은 고향 금천으로 내려가지 않았던 것은, 그의 사직상소가 일종의 정치 행위였음을 뜻한다. 당시 이원익 정도의 인물이 서울에 머물고 있으면서도 정권에 참여하지 않겠다는 의사를 표시하는 것 자체가 분명한 의도를 드러내기 때문이다. 이런 과정이 지속되다가 어느 순간 광해군은 그의 사직을 받아들였다. 하지만 얼마간의 시간이 흐르면 다시 그를 영의정에 임명하고, 그러면서 앞의 과정이 또 반복되었다.

이원익이 영의정 직무를 거부했던 것은 단순히 겸양 때문은 아니었다. 당시 조정에서 실질적으로 가장 강력한 영향력을 행사했던 사람은 자신의 고향 합천에 머물고 있는 정인홍鄭仁弘(1535~1623)이었다. 그는 선조가 영창대군을 세자로 삼으려던 시도를 비판한 일로 정치적 입지를 확보했다. 그리고 비록 지방에 있었지만 제자인 이이첨李爾瞻(1560~1623)을 통해서 조정 상황을 자신의 의도대로 통제하고 있었다. 학계에서는 정인홍을 조선시대 처초의 산림山林으로 보기노 한다. 임해군 사건을 처리하는 과정에서 이원익은 이미 정인홍·이이첨과 매우 적대적인 사이가 되었다. 이원익이 임해군을 살리려고 했던 반면, 두 사람은 그를 죽이려고 했다. 이후 인목대비 문제가 불거지자 그 관계는 더욱 적대적으로 틀어졌다.

정권의 운영에 정인홍의 의사가 많이 반영된 것은 광해군에게도 좋은 일이 아니었다. 일찍이 이이는 40대 중반의 정인홍을 보고 이렇게 말한 바 있다. "그 사람은 강직하기만 하고 식견이 밝지 못하다. 용병用兵에 비유하자면 돌격장을 삼을 만한 자이다." 실제로 임진왜란 중에 의

병장으로서 정인홍은 훌륭했다. 하지만 정치가로서의 정인홍은 광해군 정권은 물론, 자신에게도 불행한 결과를 가져왔다.

광해군 5년(1613)에 '칠서七庶의 옥獄'이 발생했다. 고위 관료의 서얼 자제들 7명이 조령鳥嶺에서 은상銀商을 죽이고 은 수백 냥을 강탈했다가 모두 포도청에 잡힌 사건이었다. 이 사건은 원래 정치적인 성격이 없었으며, 단지 평소 서얼을 차별해온 관습에 대한 불만의 결과였다. 그런데 이이첨 등 대북파는 이 사건을 정치적으로 이용했다. 즉 이 사건의 주모자들을 문초할 때 인목왕후의 아버지이자 영창대군의 외할아버지인 김제남과 함께 반역을 도모했다고 허위 자백을 받아냈던 것이다. 여기에는 인목왕후와 영창대군의 정치적 위상을 약화시키기 위한 목적이 있었다. 결국 김제남은 광해군 5년(1613)에 사약을 받아 죽고, 영창대군도 대군의 지위에서 서인庶人 즉 평민으로 강등된 뒤 강화도에 유배되었다가 이듬해 강화 부사府使 정항鄭沆에게 살해당했다. 물론 정항이 자기 마음대로 벌인 일은 아니었을 터다. 이 사건을 광해군 5년의 간지干支를 따서 계축옥사癸丑獄事라고 한다.

계축옥사가 일어나자 우상 심희수沈喜壽는 광해군에게 이 사건이 대단히 중대하므로 여러 대신에게 물어서 처리해야 한다고 말했다. 광해군도 그 말에 동의해서 대신들에게 어떻게 처리할지를 물었다. 그러고는 대신 중에서 누가 논의에 참석하지 않았는지를 다시 물었다. 이원익이 참석하지 않았다고 하자, 광해군은 "완평은 병이 있어서 불참했겠지"라고 말하며 더 묻지 않았다. 아마 이원익이 아닌 다른 사람이 불참했다면 당장 소환되어 불참한 이유를 추궁당했을 것이다. 당시 상황으

이덕형과 이항복

이덕형(그림 왼쪽)의 졸기는 다음과 같다. "덕형은 일찍부터 재상이 되리라는 기대를 받았다. 문학의 재주와 인품은 이항복과 대등했으나, 관직에서는 덕형이 크게 앞섰다. 나이 38세에 이미 재상반열에 올랐다. 사람됨이 간솔하고 까다롭지 않으며, 부드러우면서도 능히 곧았다. 장인 이산해가당파 가운데서도 가장 편벽되고 그 문하들이 모두 간악한 자들로 본받을 만하지 못하였는데, 덕형은 이들 중 누구와도 친하지 않았다."

이항복(그림 오른쪽)은 권율의 사위다. 임진왜란 당시 도승지였는데, 서울을 떠나기 직전에 다음과 같이 말했다. "왕의 가마가 떠난다는 명이 내리자 대궐 안이 벌써 비었으니, 성을 나가는 날에는 따르는 자가 틀림없이 적을 것이다. 만약 계속 서쪽으로 가다가 국경까지 이르게 되면 강 하나사이가 바로 중국 땅이다. 거기에 가서는 응당 명나라 정부와 교섭하고 대응하는 일이 있어야 할것이다. 지금 조정의 신하들 가운데 명민하고 능란하며 경우 바르고 말솜씨 있는 사람은 유 정승(유성룡)만 한 이가 없다. 왕의 가마가 떠나면 서울은 필시 지킬 수 없을 것이다. 유 정승이 서울에머문다면 패전한 신하가 될 수밖에 없다. 그러나 만약 왕의 가마를 호종하여 간다면 틀림없이 많은 도움이 될 것이다." 이 판단은 임진왜란이 일어난 뒤 조선이 내린 가장 중요한 판단 중 하나다.

로 볼 때, 불참석은 왕에 대한 항명임이 명백했기 때문이다. 하지만 이원익에게만은 그렇게 할 수 없었다. 오히려 광해군은 그 자리에 이원익이 참석하지 않은 걸 다행으로 생각했을지도 모른다.

계축옥사로 인해, 임진왜란 때 크게 활약했던 중요한 재상 중 하나인 한음漢陰 이덕형李德馨(1561~1613)이 파직된다. 당시 영의정이던 그는 별도로 상소를 올려, 영창대군의 나이가 아직 어리니 처벌하지 말아달라고 요청했다. 그때 영창대군의 나이는 불과 여덟 살이었다. 이덕형의 상소가 올라오자 반대파의 공격이 그에게 집중되었다. 파직된 이덕형은 이 일로 크게 상심하여 결국 그해에 50대 초반의 나이로 사망했다.

인목왕후 폐비 사건과 죽음을 각오한 상소

광해군 6년(1614) 말 광해군은 "저주와 흉서, 이 두 건의 일에 대해 한 장의 교서를 지어 반포하라"라고 명한다. 실록에서 사관史官은 이 기사의 끝에 "폐비廢妃 논의가 오랫동안 암암리에 지속되었는데, 왕이 이로써 공개적 논의의 단서를 열었다"라고 기록하고 있다. 이 교서의 반포가 결국 폐비 문제로 번지자, 이원익은 중대한 결심을 한다. 이 논란의 끝이 어디로 귀결될지 분명했기 때문이다.

이원익은 자제들을 물리친 뒤 죽음을 각오하고 비밀리에 왕에게 글을 올렸다. 여기서 그는 어머니가 비록 어머니답지 않아도 자식은 자식대로 도리를 다해야 하며, 이것이 가장 큰 윤리이자 원칙이라고 말했다. 이원익의 상소에 광해군은 예민하게 반응했다. 그도 그럴 것이 효의 문제는 조선에서 가장 예민한 정치적 사회적 문제였기 때문이다. 이는 마치 중세 유럽에서 군주의 신앙이 첨예한 정치적 문제로 비화되는 것과 같은 맥락이라고 할 수 있다. 광해군은 이원익에게 사관을 보내 자신이 불효한 점이 무엇인지를 추궁했다. 이원익의 상소는 폐비 논의에 기름을 부은 격이 되었다.

이 상소가 알려지자 삼사는 이원익이 임금을 협박하고 역적을 두둔했다며 그를 멀리 귀양 보내라고 요청했다. 이에 대해 홍무적洪茂績을 비롯한 수십 명의 생원과 진사가 이원익을 옹호하는 상소를 올렸지만, 그들은 이 일로 모두 귀양을 가야 했다. 결국 광해군 7년(1615) 6월에 69세의 이원익은 강원도 홍천으로 귀양을 간다. '임금을 협박하고 역적을 두둔'한 죄치고는 가벼운 처벌이었다. 광해군의 말대로 이원익은 "공훈과 척분戚分이 있는 대신"이고, "조정과 재야에 명망이 두텁고 어진 재상"임이 고려된 형벌이었다. 척분이

謫洪川和申象村
_홍천 유배 시절에 신흠의 시에 화답하여
兩地俱爲放逐臣　中間消息各沾巾
淸平山下昭陽水　日夜東流到漢津
두 사람의 처지가 모두 쫓겨난 신하 신세이니 / 간간히 들려오는 소식에 서로 눈물을 적시는 구려 / 청평산 자락 소양강물은 / 잠시도 쉬지 않고 동쪽으로 흘러 한강 나루에 이릅니다

이원익이 홍천 유배 시절에 신흠에게 화답한 시를 나중에 후손이 목판본으로 간행한 것이다.(사진 제공: 충현박물관)

란 종실의 후예라는 뜻이다. 그는 광해군 11년(1619) 2월에 고향으로 돌아가라는 명을 받을 때까지 홍천에 머물렀다.

이원익이 평생에 걸쳐 세운 세 가지 업적에서 두 번째로 언급된 것이 광해군 대에 강상綱常 즉 근본적 윤리 혹은 국체國體를 붙들어 세운 공이었다. 그런데 정확히 따지면 이 말은 사실이 아니다. '강상을 붙들어 세웠다'라고 할 때, 그것은 인목왕후 폐비 사건에 관한 일을 가리킨다. 죽음을 불사한 이원익의 요청에도 불구하고, 결국 인목왕후는 1618년에 폐비가 되어 서궁西宮(덕수궁)에 유폐되었다. 말하자면 이원익은 강상을 붙들기는 했지만, 세우지는 못했던 것이다.

인목대비 폐비 사건으로 임진왜란을 극복한 주역 중 또 한 사람이 사망한다. 이항복은 "진실로 이르기를, 아비가 설령 자식을 사랑하지 않더라도 자식은 효도하지 않을 수 없습니다. 그렇기 때문에 『춘추春秋』의 의리에 자식이 어미를 원수로 대한다는 뜻이 없습니다"라며 인목대비 폐비에 대해서 반대했다. 이원익이 상소에서 주장한 것과 똑같은 내용이다. 그 말로 인해 이항복은 관직이 삭탈되고, 광해군 10년(1618) 1월 초 한겨울에 함경도 북청에 유배되었다. 이원익보다 훨씬 험난한 지역으로 보내진 것이다. 중풍이 재발된 63세의 노인에게는 가혹한 처벌이었다. 그는 한양에서 천 리도 넘게 떨어진 곳까지 걸어가서 5월 초에 사망했다. 후대에 또 한 사람이 그곳으로 귀양을 갔는데, 66세의 김정희金正喜(1786~1856)가 바로 그다.

이원익의 요청으로 만들어진 경기선혜법

이원익은 4도 도체찰사의 임무를 수행하다가 선조 29년(1596) 10월에 조정에 복귀했다. 서울로 돌아오는 길에 그는 지나는 고을들의 과중한 부역을 줄여줄 것을 조정에 여러 차례 상소했다. 이원익의 이런 행동은 단순히 백성에 대한 동정심에서 나온 일과성 조치가 아니었다. 그는 오랜 전쟁으로 황폐해진 민생을 살피는 일이 가장 중요하다고 생각했고, 그것의 핵심은 백성의 부세 부담을 줄이는 일이라고 보았다. 조정에 돌아온 이원익은 선조에게 다음과 같이 말했다.

사람들은 삶을 즐거워하는 마음이 있은 후에야 윗사람을 친애하며, (그들을 위해) 목숨이라도 버리는 법입니다. (백성에게) 이미 항심恒心이 없다면 아무리 그들을 엄중한 법으로 묶어서 마음을 붙잡으려 해도, 모두 떠나버릴 계획만 갖고 정착할 마음을 갖지 않을 것입니다. 그러다가 한번 고향을 떠나고 나면 바로 도적이 되어버립니다. 백성의 생활이 곤궁하고 어렵다는 말을 사대부들은 입버릇처럼 합니다. 성상께서도 필시 이 일을 대수롭지 않게 여기고 계실 것입니다. 지금 신이 (지방 사정을) 직접 자세히 보고 왔는데, 왜가 물러간다 해도 국가의 근본이 이 지경이 되었으니, 크게 근심스럽습니다. 모든 백성을 편안하게 하는 것을 염두에 두소서. ……오직 백성만이 나라의 근본입니다. 조정은 이 점을 절실하고 급박한 임무로 삼아야 합니다. 그 밖의 일들은 부수적인 일일 뿐입니다. …… 모든 백성은 삶을 즐거워하는 마음을 가진 뒤에야 (윗사람과) 더불어 고락苦樂을 함께할 수 있습니다. 만일 (그들에게) 항산恒産이 없다면, 비록 (조정에서) 명령을 내려도 (백성은) 따르지 않을 것입니다.

사대부, 즉 지식인과 관리들은 입버릇처럼 백성의 곤궁함을 말했다. 하지만 이원익이 보기에 그들의 말에는 진정성이 부족했다. 그는 심지어 선조조차 이 문제를 절실하고 긴급한 일로 느끼지 못한다고 생각했다. 그냥 아는 것과 절실히 깨닫는 것은 완전히 다르다. 절실한 깨달음은 태도와 행동의 변화로 이어지기 때문이다. 이원익은 임진왜란 이전에 두 차례의 지방관 근무 경험을 통해 백성의 형편을 소상히 알고 있었다. 더구나 전쟁 기간에는 군량 공급과 병력 충원을 책임졌기에, 왕이나 조정의 고관들이 아니라 백성이야말로 국가 존립의 근본임을 뼈저리게 인식하고 있었다. 정부가 백성의 생활을 안정시키지 못해 그들의 마음을 붙들지 못한다면 아무리 법으로 그들을 묶어두려 한들 떠나버리고 만다는 사실을 도처에서 확인했던 것이다. 백성이 자신들의 삶을 즐거워하면 나라를 위해 목숨까지 버리지만, 그렇지 못하면 곧바로 도적이 되어버리는 현실을 그는 생생히 지켜보았다. '사람들은 삶을 즐거워하는 마음이 있은 후에야 윗사람을 친애'한다는 말은, 임진왜란이 일어나자 선조가 "(백성들에게) 윗사람을 위해서 죽는 의리가 없어졌다"라고 말한 것과 공명한다. 선조가 했던 말을 이원익이 기억해내서 한 말은 아닐 것이다. 하지만 절실한 마음은 서로 통하는 법이다. 이원익의 이 말은 그냥 내뱉은 말이 아닌, 자신이 겪은 전쟁 경험에서 우러난 증언이었다. 그는 자신의 현실 인식을 "민생 이외의 일은 모두 부수적인 일에 불과하다"라는 한마디로 요약했다. 바로 이러한 현실 인식이 그가 주장했던 공물 변통 정책의 토대였다. 어떤 정책이든 그 뿌리에는 상응하는 수많은 경험과 감성이 스며 있게 마련이다.

경기선혜법이 빠르게 성립된 이유

광해군은 즉위년(1608) 3월 2일에 비망기를 내렸다. 국왕의 공적인 직무 개시가 유예되는 공제公除 기간이 끝나고 광해군이 처음으로 내린 포괄적 정책 지침이었다. 앞서 말했듯, 공제란 새로 즉위한 왕이 죽은 선왕에 대해 취하는 27일간의 공식적인 애도 기간이다. 이는 한 달을 하루로 친 삼년상에 해당하는 기간이다. 왕의 막중한 직무가 중단될 수 없다는 점과, 아들이 죽은 아버지에 대한 도리를 다해야 한다는 두 가지 점이 함께 고려된 기간이다.

비망기는 광해군이 즉위에 즈음해서 백성에게 베풀 시혜의 내용을 담고 있었다. 광해군은 우선 부왕의 장례에 쓰일 비용을 마련하는 일로 빚어질 민생 문제와 국정 전반에 걸친 민생 현안을 언급한 뒤, 이를 해

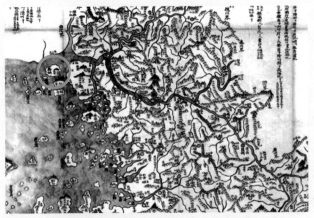

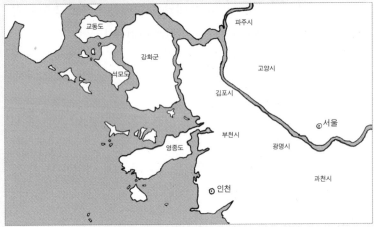

교동도

교동은 조선시대에 경기, 황해, 충청의 수군을 관할하는 해군 사령부가 위치한 군사적 요충지였
다. 또한 이곳은 최상급 정치범의 유배지였다. 교동이 왕족 전용의 유배지가 된 것은 대규모 군대
가 늘 주둔해 있고 수도와 가까워서 감시가 쉬웠기 때문이었다. 수양대군의 동생 안평대군, 연산
군, 광해군의 형 임해군, 인조의 동생인 능창대군이 모두 교동에 유배되었다. 이들은 모두 여기에
서 죽음을 맞았다. 위 지도는 19세기 전반에 제작된 『고지도첩古地圖帖』의 경기도 부분(원으로 표
시한 지역이 교동)이고, 아래 지도는 현재 지도로, 강화도 옆의 교동도 위치를 확인할 수 있다.

결할 수 있는 방안에 관해 대신들의 의견을 구했다.

비망기에 대한 이원익의 응답 상소는 비망기가 내려진 지 20여 일 뒤인 3월 26일에야 올라갔다. 상소가 늦어진 이유는 임해군 문제 때문이었다. 임해군은 광해군보다 한 살 많은 동복 형으로, 광해군이 즉위하면서 이미 유배형이 확정되었다. 광해군의 비망기가 내려진 3월 2일에 그는 벌써 교동현喬桐縣에 위리안치圍離安置되어 있었다. 교동은 서울에서 거리상으로는 멀지 않지만 강화도에서 더 떨어진 섬으로, 조선시대에 중요한 유배지였다. 그런데 임해군은 유배로 끝나지 않았다. 조정 한쪽에서 임해군을 모반죄로 몰아 죽이려는 논의가 진행되고 있었던 것이다. 이원익은 그것에 반대해서 집에 머물고 있었다.

사실 이원익은 관직 생활 내내 정치적 사건에 대해 늘 온건한 입장을 취했다. 이런 태도가 이원익의 반대편에 있는 사람들조차 그에 대해 극단적으로 적대적일 수 없던 이유였다. 심지어 광해군 대에 그와 가장 날 서게 대치했던 이이첨조차 인조반정 뒤 참형을 받을 때, "완평이 정승에 복위되었다면 우리 일족은 반드시 살아남았을 것"이라고 말했을 정도다. 이이첨은 이원익이 서울로 오기 사흘 전에 처형당했다.

어쨌든 상소에서 이원익은 먼저 "무릇 백성은 나라의 근본입니다. 백성이 없으면 나라도 없습니다"라고 말했다. 이어서 구체적으로 백성의 일을 잘 아는 사람 4~5인을 뽑고, 별도로 한 기관을 설치하여 일을 전담시킬 것을 요청했다. 그런데 여기서 이원익이 말한 '한 기관'이 한 달쯤 뒤에 만들어지는 경기선혜청을 뜻한다고 보기는 어렵다. 이때만 해도 선혜법宣惠法의 대상 지역이 경기에 한정되지 않았다. 또한 이원익이 언급한 것도 공물을 줄이는 문제에만 그치지 않았다.

이원익의 상소를 읽어본 광해군은 이조·예조·호조의 당상들을 그의 집에 보냈다. 이것은 당시 조정에서 이원익이 지닌 위상을 보여준다. 광해군은 일종의 정치적 힘겨루기를 하고 있는 이원익에게 6조의 판서들을 보내 정책을 논의시킨 것이다. 광해군의 지시가 내려진 다음 날 병조 판서 이정구李廷龜를 비롯한 몇몇이 이원익을 만나보고 와서, '백성의 일을 잘 아는 4~5명 관원'을 중심으로 선혜법의 사목事目 즉 운영 규정을 만들라는 그의 뜻을 광해군에게 전했다. 실제로 선혜법 사목은 그렇게 만들어졌다. 병가를 내고 집에 머물고 있는 이원익이 수많은 공물 항목을 일일이 검토해야 하는 문서 검토 과정을 주관하기는 어려웠기 때문이다. 이로부터 한 달 남짓 지난 광해군 즉위년(1608) 5월 7일의 실록에는 경기선혜청의 성립을 알리는 기사가 등장한다.

경기선혜법 사목은 한 달 정도의 짧은 기간에 완성되었다. 그것이 가능했던 데는 몇 가지 이유가 있었다. 방납防納의 폐단이 전국적으로 심각했지만, 특히 경기에서 극심했던 것이 첫 번째 이유였다. 방납이란 공물의 품질을 문제 삼아 공물 수취 기관이 공물의 수납을 거부하는 것이다. 공물은 현물로 내는 것이 원칙이었지만 이미 오래전부터 기관에서 쌀이나 포布로 대신 받고 있었기 때문에, 방납은 실상 납입가를 높이기 위한 핑계였다. 전통적으로 경기京畿는 왕기王畿 즉 왕이 직접 다스리는 지역이기에, 다른 지역보다 왕의 특별한 은혜가 더해져야 한다는 관념이 있었다. 하지만 현실은 오히려 그 반대였다. 폐단이 심했던 만큼 그에 대한 대책도 시급했다. 둘째는 실시할 지역을 경기에 국한했다는 점이다. 이 점은 공물 변통에서 언제나 난제로 등장했던 공물의 운반 문제를 논의하지 않아도 된다는 것을 뜻한다. 납부자가 직접 정부 기관에 납부하는 데 큰 문제가 없었던 것이다. 셋째는 산릉역山陵役이나 조사역詔使役 같이 처리하기 힘든 요소들을 선혜법 사목에서 제외했기 때문이다. 산릉역이란 국장國葬이 있을 때 산에 묘소를 조성하는 일이고, 조사역이란 중국 사신이 오고 가는 일에 수반된 각종 노역을 말한다. 산릉역과 조사역은 오늘날 우리가 생각하는 것보다 훨씬 부담이 무거웠다. 또한 그 속성상 수요도 예측할 수 없었다. 따라서 결당 16말씩 걷는 선혜법의 정해진 수입 안에 그 비용을 포함하기가 어려웠다.

경기선혜법은 누가 만들었는가

경기선혜법은 이원익의 높은 정치적 명망과 공물 변통에 대한 그의 열망이 만들어낸 결과였다. 선혜법에 대한 논의는 광해군의 비망기에서부터 시작되었다. 아마도 이 사실 때문에 오늘날 광해군이 대동법을 처음 실시했다고 잘못 알려진 듯하다. 논의가 비망기에서 시작되었다는 사실이 곧 광해군 스스로가 선혜법을 원했다는 것을 뜻하지는 않는다. 광해군은 즉위할 때 백성에게 다만 일회적 시혜를 베풀고자 했을 뿐, 그것을 항구적으로 제도화하려고 하지 않았다.

광해군은 처음 경기선혜법에 수동적으로 동의했지만, 그 뒤로 이 법을 유지하는 것에 대해서는 회의적이었다. 또, 이 법을 확대해서 실시하는 일에 명확히 반대했다. 실제로 광해군 원년(1609) 봄, 선혜법의 두 번째 실시를 앞두고 광해군은 이 법에 대한 자신의 생각을 밝힌 적이 있다. 광해군은 원래 이 법을 시행하기 어렵다고 생각했지만, 선혜청이 방납의 폐단을 제거해야 한다고 주장해서 일단 그 말을 시험해보려고 선혜청의 요청을 따랐다고 말했다. 덧붙여서 송나라의 개혁적인 신법 新法도 좋은 의도로 시도되었지만, 결국에는 커다란 재앙을 불렀다고도 말했다. 선혜법에 대한 부정적 견해를 명확히 드러낸 것이었다. 광해군이 말한 '선혜청의 요청'은 이원익의 요청이었다. 요컨대 광해군이 선혜법을 실시하자는 요청을 받아들인 것은 이원익의 정치적 영향력 때문이었다. 이렇듯 백성에 대한 광해군의 일회적인 시혜 조치를 이원익은 항구적인 제도로 전환시켰다.

광해군은 즉위년 가을에 경기선혜법을 한 차례 실시한 뒤 다음 해 봄에는 폐지하고 싶어 했다. 그러자 이원익은 법이 성립된 자초지종을 말하며, 적어도 1년은 실시해본 뒤에 결과를 평가하자고 했다. 그에 따르면, 광해군 즉위 이전에도 공물을 '작미作米'하는 것, 즉 공물을 쌀로 내는 개혁 입법에 대해 여러 차례 논의가 있었다. 이원익은 광해군이 민생 문제를 거론하자, 이 틈을 이용하여 전부터 있던 논의를 현실화한 것이다. 그런데 일단 공물 변통 논의가 시작되자, 그에 대해 강력한 저항이 일어나서 제대로 추진하지 못했다. 그 과정에서 본래 전국적으로 실시하려던 계획은 경기 지역으로 축소되고 말았다. 말하자면 경기선혜법은 처음부터 경기 지역을 대상으로 했던 것이 아니라, 선혜법 실시에 대한 강한 저항에 대한 타협의 결과였다. 이런 측면에서 보면 이원익이 15년 뒤 인조반정 직후에 추진한 삼도대동법은 광해군 때 이루지 못한 전국적 공물 변통에 대한 재시도라고 보아도 크게 틀리지 않다.

암묵적으로 동의한 인조반정

이원익은 광해군 11년(1619) 2월, 홍천에서 유배가 풀렸다. 하지만 그는 고향 금천으로 돌아가지 않았다. 금천이 서울과 너무 가까웠고, 그만큼 조정의 정치적 상황에 더 많이 노출될 수 있기 때문이었다. 그는 금천보다 거리상 서울과 훨씬 떨어진, 하지만 배를 이용하면 신속하게 서울에 갈 수 있는 여강驪江가의 앙덕리仰德里에 자리를 잡았다. 이곳의 지명은 지금도 앙덕리이고, 여강은 여주를 관통하는 남한강의 다른 이름이다. 73세의 이원익은 이곳에서 만 4년을 지내다가 인조반정의 소식을 듣는다.

이원익이 반정 계획을 사전에 구체적으로 알았던 것 같지는 않다. 인조반정의 중심인물들은 반정을 꾸미면서 이 일을 이원익에게 알리려 했다. 이때 이원익과 가깝게 지내던 전 양양 부사 정엽鄭曄이 "반정에 대해서 말했다가 완평이 불가한 일이라고 하면 어떻게 하겠는가?"라고 하자, 그들은 곧 그만두었다고 한다. 하지만 과연 이원익이 아무런 낌

새도 알아차리지 못했을까? 원두표元斗杓(1593~1664)는 인조반정 뒤 정사 공신 2등에 오르고 인조와 효종 대에 크게 활약한 사람이다. 그는 반정을 일으키기 전에 양덕리에 있는 이원익을 찾아가서 하룻밤을 보낸다. 이원익과 같은 방에서 자면서 그는 잠꼬대를 하는 척하며 자신들의 거사를 말했다. 다음 날 아침 이원익은 다른 곳에서는 이야기하지 말라며 원두표에게 입조심을 시켰다. 반정에 대한 암묵적 동의였던 셈이다. 요컨대 이원익은 반정을 일으키는 데 전혀 관여한 일이 없고 소식을 직접 전달받지도 않았지만, 아마도 대체적인 예상은 이미 했을 것이다.

광해군의 눈물

반정이 일어나고 10일쯤 뒤에 창경궁 명정전明政殿에서 이원익은 영의정 자격으로 인조를 만났다. 광해군 정권의 첫 영의정이, 다시 그 정권을 뒤엎고 들어선 정권의 첫 번째 영의정이 된 것이다. 이원익이 인조를 만나기 위해서 서울에 들어오니, 오리 대감이 오신다며 사람들이 기뻐하고 더러 눈물을 흘리는 사람도 있었다. 이원익이 명정전에 들어서자 인조는 환관을 시켜 부축케 했다. 인조는 "경에게 기대하기를 마치 큰 가뭄에 비를 바라듯 했다"라고 말했다. 또한 "경이 오기를 기다려 국사를 의논해 처리하려" 했고, "경이 나를 버리지 않고 올라와주어 너무도 기쁘다"라고도 말했다. 계속해서 인조는 "경의 보좌에 힘입어 위태한 조정이 부지되기를 바랄 뿐"이라고 자신의 소망을 나타냈다. 실록에는 이날 이원익이 만남을 마치고 나오자 4경東이었다고 기록하고 있다. 4경은 새벽 2시에서 4시 사이다.

명정전　창경궁 명정전은 현재 남아 있는 조선시대 궁궐 전각 중에서 가장 오래된 목조건축물이다. 성종 14년(1483)에 건립되었고, 서거정이 이름을 지었다. 임진왜란 때 불탔다가 광해군 8년(1616)에 복원되었다. 반정이 일어나고 10일쯤 뒤에 이원익은 영의정 자격으로 창경궁 명정전에서 인조를 만났다. 반정 세력은 광해군이 복원한 건물에서 '맑은 정치'를 시도하려 했다.

　　평생에 걸친 이원익의 세 가지 큰 업적 중에서 마지막은 '인조를 만나서 국가 중흥을 도와 이룬 공'이다. 말 자체만으로는 포괄적이라서 애매한 느낌을 줄 수도 있다. 하지만 역사적 맥락에서 살피면 그 뜻은 명확하다. 인조반정을 일으킨 뒤 반정 세력이 곧바로 정국을 장악하지는 못했다. 백성들은 반정을 일으킨 사람들이 어떤 사람들인지 즉각 알 수 있는 방법이 없었다. 오늘날과 같은 대중매체나 개인 간의 소셜 네트워크 서비스(SNS)가 없는 시대이니 당연한 일이다. 이러한 때 이원익이 영의정으로 새로운 정권에 참여한 것은, 백성들에게는 일종의 정치적 신호 같은 것이었다. 반정 정권은 이원익을 영의정으로 내세움으로써 백성의 마음을 얻고 정국을 안정시키는 데 큰 도움을 받았다. 이원

광해군 묘와 묘비 경기도 남양주시 진건읍 송능리에 있다. 문성군부인文城君夫人 유씨柳氏와 함
께 묻혔다.(왼쪽이 광해군 묘) 광해군은 1641년 7월 1일 사망했는데, 당시 제주 목사이던 이시방이
직접 염하였다. 인조 21년(1643) 10월에 지금의 묘소로 옮겨졌다. 묘비의 앞면에 '光海君之墓(광
해군지묘)', 뒷면에 '辛巳七月初 一日病卒於濟州命輟朝三日(신사년 칠월 초하루 제주에서 죽었
다. 3일간 조회를 중단하라는 명이 있었다)'이라고만 간단히 새겨져 있다.

익이 서울에 도착하자, 오리 대감이 오신다며 백성들이 기뻐했던 것에
는 커다란 정치적 의미가 내포되어 있었던 것이다. 그러니 인조가 이원
익을 기다리기를 '큰 가뭄에 비를 바라듯 했다'는 것도 과장이 아니다.

한편 반정 직후 급박한 위기 상황에서 광해군이 죽음을 피할 수 있
었던 것도 이원익의 힘이었다. 이원익은 임해군과 영창대군에 대해서
말했을 때와 똑같은 원칙으로 광해군의 죽음을 막았다. 하지만 누구보
다도 인목대비가 광해군을 죽이려 했다. 자식을 잃은 어미의 마음을 우
리는 충분히 이해할 수 있다. 많은 공신도 광해군을 죽이자는 데 찬성
했다. 공신들은 인목대비와는 다른 맥락에서 광해군을 죽이자고 주장
했다. 후환을 남겨서 좋을 게 없다고 생각했을 것이다. 하지만 이원익

은 광해군을 죽이자는 주장에 단호히 반대했다. 그는 광해군이 천명天命을 잃어서 내쫓겼으므로 마땅히 죽여야 하겠지만, 자신도 일찍이 그의 신하였으므로 차마 죽이자고 말할 수 없다고 했다. 그러자 인조는 자신도 같은 뜻이라며 광해군을 죽이라는 공신들의 요구를 물리쳤다. 광해군이 강화도로 유배 갈 때 이원익은 일부 신하들과 함께 나가서 전송했다. 이원익은 광해군에게 오늘날 이 지경에 이르게 한 것이 자신의 죄라고 말하며 미안해 했다. 광해군은 눈물을 흘리며 호송되어갔다.

이원익의 소인론

인조반정 뒤에 광해군 대의 정치적 파행에 가장 큰 책임을 지고 처형된 사람이 정인홍이다. 그는 인조반정이 일어나고 다음 달인 4월 초에 89세의 나이에도 불구하고 참형에 처해졌다. 그는 임해군과 영창대군의 죽음, 그리고 인목대비의 서궁 유폐에도 모두 관련되어 있었다. 반정이 성공한 이상, 그는 결코 죽음을 면할 수 없었다. 그는 이원익과 관계가 좋지 않았다. 이전에 세 사람의 처벌 문제를 두고 이원익과 정인홍 두 사람은 계속해서 대립했다. 이원익이 홍천으로 귀양을 갈 때, 정인홍은 그 처벌이 너무 가벼우니 벌을 더해야 한다고 주장하기도 했다. 그런데 뒷날 『국조인물고國朝人物考』라는 책이 전하는, 정인홍에 대한 이원익의 언급은 이원익이 지닌 인간관의 한 자락을 보여준다.

인조반정 뒤에 이원익은 동료 재상 중 한 사람에게 다음과 같이 물었다. "당신도 나중에 마음이 바뀌어 소인小人으로 변할 수 있지 않을까요?" 그러자 그 재상은 "제가 비록 옛 성현들만은 못해도 어찌 소인까지야 되겠습니까?"라고 응답했다. 그러자 이원익은 "정인홍은 젊을 때부터 원칙을 지키는 사람으로 유명했소. 누가 그 사람이 폐모론에 관여하리라고 예상했겠소?"라고 반문했다. 이어서 "그는 늙고 뜻이 쇠해지면서 친구들이 밖에서 권하고 자손이 안에서 충동질하여, 마침내 폐모를 청하는 상소를 올려서 90세의 나이에 처형되었소"라고 말했다. 그러면서 "나는 그 일 이후 스스로 더욱 조심하고 두려워하며 지냅니다"라고 말했다. 사람에 대한 이원익의 기본적인 관점을 보여주는 사례다. 사람은 변할 수 있다는 것이 그의 생각이었다. 이런 생각이 그로 하여금 공적으로나 사적으로 만나는 모든 사람에게 너그럽게 대하면서도, 스스로에게는 엄격히 절제했던 바탕이었다.

헌신적 관료

이원익과 인조반정을 이끈 중심인물들 사이의 밀월 관계는 오래가지 못했다. 폐세자 이질李侄이 그의 아내 박씨와 함께 강화도에 위리안치圍籬安置된 곳에서 탈출하려다 붙잡혔는데, 이 사건을 처리하는 문제로 불협화음이 나오기 시작했던 것이다. 위리안치란 유배된 곳에서 가족과 함께 지내도록 해주지만, 집 둘레에 탱자나무 가시로 울타리를 쳐서 집 밖으로 나올 수 없게 한 형벌이다. 폐세자빈 박씨는 자살했다. 이원익은 이질의 목숨을 살려주어야 한다고 말했고, 언관들과 공신 세력은 인조가 그와의 의義를 끊어야 한다고 말했다. 곧 죽이라는 말이었다. 이 일로 조정에서는 이원익을 비난하는 목소리가 불거졌다.

어째서 비교적 젊은 서인들이 중심이 된 인조반정 세력은 정치적으로 남인으로 분류된 이원익을 처음에 영의정으로 임명한다는 것에 반대하지 않았고, 또 반대로 반정 뒤에는 얼마 지나지 않아서 그를 비난했던 것일까? 많은 역사적 현상이 그렇듯이, 구체적인 사건은 수많은 우연이 개입되어서 다양하게 나타난다. 그 때문에 얼핏 보면 아무런 방향성도 없는 듯이 보인다. 하지만 거기에는 그 우연들을 전체적으로 감싸면서 상황을 일정한 방향으로 몰아가는 원인이 있는 법이다.

이원익이 광해군 정권의 첫 영의정이었으면서, 반정으로 세운 정권의 첫 영의정이 다시 될 수 있었던 것은, 우선 그 당시의 정치적 명망에서 이원익에 버금가는 사람이 없었기 때문이다. 한준겸韓浚謙(1557~1627) 정도를 이원익의 이름과 함께 열거할 수도 있겠지만, 그 역시 이원익의 명망에는 미치지 못했다. 더구나 한준겸은 인조의 장인이다. 사위와 장인이 왕과 영의정으로 동시에 조정에 있을 수는 없었다. 더구나 조선은 외척의 정치 개입에 대해 매우 엄격했다. 인조반정은 임진왜란으로부터 대략 한 세대 이후에 일어난 정변이다. 전란을 감당했던 핵심 인물들 중에서 인조반정이 일어날 때까지 살아 있는 사람은 사실상 이원익 외에는 찾아보기 어렵다. 더구나 이원익은 광해군 시절에 '강상을 붙들어 세운 공'이 있었다. 그에 더하여 당색도 짙지 않았다. 그러니 서인 입장에서는 정치적으로 크게 부담스럽지 않은 사람이었다. 하지만 이원익의 높은 명망이 반정 정권에서 그대로 실질적 힘을 뜻하지는 않았다. 다시 말해 그의 정치적 명망이 그만큼의 정치적 힘을 뜻하지는 않는다는 말이다. 이 때문에 권력 내부에 갈등 요인이 발생했을 때 이원익이 실제로 할 수 있는 일은 많지 않았다. 그는 자신에 대한 비판이 들려오자 병을 이유로 집에 돌아갔다. 폐세자에게는 자결형이 내려졌다.

여기서 한 가지 짚어야 할 점이 있다. 반정 이후 공신들은 권력의 중심을 비변사에서 의정부로 되돌리는 문제를 진지하게 논의했다. 실상 임진왜란에서 인조반정까지 31년이라는 시간이 지나 있었다. 이 기간에는 전쟁과 정치 세력의 교체 등으로 정치제도가 정상적으로 작동하기 어려웠다. 반정에 성공한 이들은 권력 구조를 새롭게 재건하는 문제에 대해 논의할 수밖에 없었을 것이다. 그런데 이때 이원익은 그동안 비변사의 기능이 강화되고 의정부의 기능이 약화된 데는 그럴 만한 이유가 있을 거라며, 신하가 나라의 대권을 마음대로 해서는 안 된다는 이유로 의정부의 회복에 반대했다. 그에 따라 그 논의도 중단되었다.

이원익 자신도 말했듯이 의정부 권한의 강화는 대신大臣 권한의 강화를 의미한다. 여기에 대해서 뒷날 이익李瀷(1681~1763)이나 안정복安鼎福(1712~1791)은 크게 아쉬워했다. 특히 안정복은 대신의 권한이 강화되면 이원익 자신이 반드시 그 일을 떠맡게 될 것 같아 마음이 불안해서 그렇게 말했을 것이라고 단정했다. 그렇지만 당시 상황이 안정복의 말대로만 되지는 않았을 것이다. 당시 이원익의 명망은 높았지만 반정공신이 아니었으므로 권력은 그 명망에 미치지 못했기 때문이다. 그런데 다른 것은 놔두고라도, 권력 구조를 논의하는 과정에서 이원익이 했던 말은 뒷날 김육이 취한 자세와는 크게 대비되는 것이 사실이다. 김육은 백성은 대신을 믿는다며, 대신으로서 자신의 역할을 꿋꿋이 수행해 나갔다. 이러한 점으로 미뤄볼 때 이원익은 정치가라기보다는 헌신적 관료에 더 가까운 인물이었다고 할 수 있다.

또다시 시도한 대동법

세 가지 국정 현안

인조는 반정 뒤 10일 만에 국정 운영의 최고 책임자들과 만났다. 공식적으로 정책을 논의하는 최초의 자리였다. 여기서 인조는 세 가지 긴급한 국정 현안을 제시했다. 국가재정과 민생 문제, 반정에 따른 논공행상과 관련된 인사 문제, 그리고 군비軍備 문제였다. 하나같이 중요하고 잠재적으로 폭발성이 있는 사안들이었다. 실제로 인사 문제에 잘못 내저서 해가 바뀌자마자 '이괄의 난'(1624)이 터졌고, 군비 문제는 몇 년 뒤에 정묘호란(1627)으로, 그리고 끝내는 병자호란(1636)으로 나타나고야 말았다. 병자호란은 발발 당시에도 조선에 어마어마한 상처를 남겼지만, 그 후유증도 최소 30년 이상 지속되었다. 이렇듯 그 무렵에 인조 대를 뒤흔들 사건들은 이미 예감되고 있었다.

이원익은 인조가 제시한 세 가지 현안 중에서도 가장 시급한 일이 민생 문제임을 강조했다. 물론 그가 북방의 군사적 위험을 감지하지 못했던 것은 아니다. 이원익은 "앞으로 큰 적이 국경을 짓누르고 중국의 군사가 크게 이를 것"이라며 청淸의 군사적 도발을 예측했던 것이다. 그렇지만 "민심이 첫째이고, 방어하는 것은 끄트머리"이며 "민심이 군건한 다음에야 도적을 막을 수 있"다고 말했다. 확실히 이 말은 임진왜란을 직접 겪고 지휘한 사람의 경험에서 나올 법했다. 그의 주장에 따라 인조 초 국정 운영의 기본 방향이 결정되었고, 이 연장선에서 삼도대동법이 추진되기 시작했다.

전통적인 공물 변통 방식, '재생'

삼도대동법이 추진되기 전에 재생청裁省廳이 먼저 설치되었다. 그리고 삼도대동법 사목을 만드는 일은 재생청에서 주관했다. 이것은 삼도대동법 역시 그 출발은 경기선혜법 때와 마찬가지로 '재생裁省'의 차원에서 시작된 일이었음을 뜻한다. 이 의미를 이해하기 위해서는 조선의 공물 제도에 대한 약간의 배경 지식이 필요하다.

조선에서 백성에 대한 수취는 세 가지 방법으로 이루어졌다. 조租·용庸·조調가 그것이다. 조租는 이른바 전세田稅이고, 용庸은 노동력이며, 마지막 조調는 각 지역의 특산물(공물)이다. 전세는 가을 추수 뒤에 경작면적에 따라 한 번에 거두기 때문에 문제가 발생할 여지가 용庸이나 조調에 비해 상대적으로 적었다. 반면에 특산물 조調는 경작면적에 따라 거두는 것도 아니고, 한 해에 한 번만 걷는 것도 아니었다. 게다가 물건의 질이라는 것이 모두 똑같을 수는 없었다. 받는 측에서 문제를 삼자면 어떻게든 문제를 만들 수 있었다. 또 특정 지역의 특산물은 장기적으로는 바뀌기 마련이다. 많이 생산되던 것이 거의 나지 않거나 아예나지 않을 수도 있다. 하지만 제도로 한번 정해지면 그것을 조정하기 쉽지 않은 것은 옛날이나 지금이나 마찬가지다.

정부도 이러한 사정을 모르지 않았다. 다만 제도의 조정 속도가 현실의 변화 속도를 따르지 못한다는 것이 문제였다. 변화에 따른 조정이 없지는 않았다. 그러나 어찌되었든 공물은 그 생산지에서 거두는 것이 원칙이고, 과도하게 부과되는 경향이 큰 공물가貢物價는 삭감되어야 했다. 공물 산지의 재조정 및 공물가 인하를 위해 공안貢案(공물 수취 장부)을 간헐적으로 개정하는 일은 조선의 전통적인 재정 운영 방식 중 하나였다. 공물가란 원칙적으로 현물로 내기로 되어 있는 물품 대신 그 물품 값에 해당하는 미米·포布를 뜻한다. 조선시대에는 17세기 말까지도 미·포를 기본적인 유통수단으로 사용했다. 이때 과도하게 부과된 공물가를 삭감하는 것을 조선은 '재생'이라고 불렀다. 잘 살펴서 덜어낸다는 뜻이다. 조선 전기 이래로 공물 수취에 따른 폐단은 재생을 통해서 더 악화되지 않도록 일성한 수순 안에서 관리되었다.

경기선혜법 역시 입법 당시에는 '재생'의 실시라는 틀로 이해되었다. 재생은 조선의 전통적인 공물 변통 방식이었을 뿐 아니라, 임진왜란 이후 극도로 어려워진 민생 현실에서 자연스럽게 요청되었다. 인조 원년(1623)에도 상황은 전과 다르지 않았다. 그런데 나중에야 분명해지지만, 삼도대동법이 실시되자 공물 변통의 전통적 방식이면서 이전까지 극히 상식적인 조치로 여겨졌던 '재생'이 더 이상 공납 문제에 대한 적절한 대응책이 될 수 없다는 증거가 나타나기 시작했다. 다시 인조 원년의 상황으로 돌아가자.

이원익은 인조 원년 4월에 조익趙翼(1579~1655)을 재생청 낭청으로 뽑았다. 삼도대동법의 사목 만드는 일을 주관하게 하기 위해서였다. 이원익의 생각에 당시 조정이 힘써야 할 가장 중요한 일은 민생을 돌보는 일이었다. 구체적으로는 백성에게 과도하게 부과된 잡다한 국가 수취를 줄이는 일, 즉 재생이었다. 그것의 새로운 이름이 대동법이었다. 이원익은 경기선혜법 실시를 주장했을 때와 마찬가지로, 재생의 틀 안에서 삼도대동법의 실시를 주장했다. 그는 그저 익숙한 이름으로 자신도 정확히 알지 못하는 새로운 시도를 했던 것이다. 그러한 시도가 결국에 무엇을 뜻하는 것인지는 아무도 정확히 아는 사람이 없었다.

삼도대동법은 경기선혜법과 몇 가지 점에서 근본적인 차이가 있었다. 무엇보다 법이 실시될 범위가 크게 달랐다. 삼도대동법의 대상 지역인 충청, 전라, 강원 3도는 재정적인 차원에서만 본다면 사실상 조선 전체라고 보아도 크게 틀리지 않는다. 더구나 이들 지역은 서울에서 멀리 떨어져 있기 때문에 대동미의 운송이 커다란 문제였다. 이것은 경기선혜법 사목을 만들 때는 논의되지 않았던 문제였다. 오늘날은 다양한 운송 수단 덕택에 운송 문제가 전근대와는 비교할 수 없이 쉬워졌지만, 전근대에는 굉장히 큰 문제였다. 법 실시 범위를 확대하는 일은 공물 변통의 기본 개념에 대한 근본적인 수정을 필요로 했다. 이제 공물 변통은 국가 전체의 재정 운영이라는 차원에서 설계되어야 했다.

처음에 삼도대동법 사목에서 결당 16말씩 거둔 것 중 각 고을에 자체 운영비로 2말씩만 책정했던 것은 확실히 경기선혜법의 영향이었다. 경기선혜법이 그렇게 운영되고 있었다. 인조 원년에 삼도대동법을 실시하자 곧바로 많은 문제가 나타났다. 가장 심각한 문제는 백성에 대한 중복 수취를 막으려던 조정의 애초 의도가 실패로 돌아갔다는 점이다. 문제는 각 관, 즉 지방의 각 고을에서 나타나기 시작했다. 결당 2말로는 각 관이 반드시 지출해야 하는 액수에 절대적으로 부족했다. 이렇게 되면 각 관은 공물 명목으로 백성들에게서 추가로 더 거둘 수밖에 없다. 지방 각 관이 지출하는 경비를 합리적으로 지급하는 일, 그리고 백성에 대해 중복 수취를 엄격하게 금지하는 일이 공물 변통의 성공에 필수적 요소라는 사실이 인조 원년 가을의 삼도대동법 실시를 통해서 분명하게 드러났다. 이에 인조 2년(1624) 여름에 조익은 각 고을의 경비로 결당 5말씩을 지급해야 한다고 주장했다. 이 주장은 약 30년 뒤 효종 대의 호서대동법에서야 실현된다. 하지만 인조 2년 당시에는 조정에서 그의 주장이 받아들여지지 않았다. 조익의 주장이 무슨 뜻인지를 이해하는 사람은 거의 없었다.

'이괄李适의 난'으로 인조가 공주에 피했다가 서울로 놀아온 직후에 조정에서 삼도대동법에 대한 논의가 다시 벌어졌다. 이때는 인조 2년 봄의 대동미·포 수취를 앞둔 시점이었다. 인조는 신하들에게 '경제지책經濟之策'을 요구했다. 그러자 이원익은 공물과 관련해서 두 가지를 건의했다. 첫째로 경제의 기본 원칙으로 쓸데없는 정부 지출을 줄여야 한다고 주장했다. 그는 계속해서 재생의 원칙을 고수했던 것이다. 그리고 그 지출 삭감의 대상으로는 인목대비전과 종묘 제향에 들어가는 물품을 들었다. 왕실 경비의 절감에 대해서 인조가 난처해 하는 태도를 보이자, 이원익은 '이괄의 난'으로 공주에 머물렀을 때의 절박한 상황을 들어서 인조의 미온적인 자세를 비판했다. 그러고는 전통적인 재생의 원칙을 다시 한 번 강조했다. 둘째로 인조 2년 봄에 실시하기로 한 대동미 수취를 이전 방식으로 되돌릴 것을 주장했다. 말하자면 그가 '이괄의 난' 이후 한양으로 돌아와서 한 첫 번째 발언은 이제 막 시작된 삼도대동법을 중단하자는 것이었다. 그는 민심의 안정이 가장 중요하다고 생각했다. 아마도 대동법이 경기 이외의 지역에서는 경기 지방에서만큼 효과적이지 않다고 판단했던 것 같다.

사마광에서 왕안석으로

물론 이원익이 올린 두 번째 건의, 즉 삼도대동법을 중단하자는 발언으로 그가 더 이상 대동법 실시를 바라지 않았다고 보기는 어렵다. '이괄의 난'으로 빚어진 정치적 사회적 혼란과 기득권자들의 강력한 저항이 계속적인 정책 추진을 어렵게 했다. 더구나 개혁 정책 추진이 불러온 정치적 역풍은 온통 이원익에게 집중되었다. 그런데 여기서 생각해보아야 할 것은, 위와 같은 상황을 감안하더라도 이원익이 자기 입으로 대동법을 중단하자고 말한 이유를 전적으로 외적 환경 요인에만 돌릴 수 있는 것인가 하는 점이다. 그의 공물 변통론에도 역시 어떤 한계가 있었기 때문이라고 보는 것이 타당할 듯하다.

이원익은 대동법을 새로운 재정 운영 체계라기보다는 재생의 연장선상에 있는, 다시 말해 백성의 무거운 공물 부담을 덜어주는 방법으로 이해했다. 이원익은 가장 숙련되고 경험 많은 관료였다. 또 공물 변통 개혁은 그 세부 내용의 많은 부분이 기존 정책과 경험의 연속선상에 있는 것이 사실이다. 하지만 대동법의 어떤 부분은 그런 수준의 개혁과는 다른 이념적이고 실험적인 내용을 포함했다. 따라서 굳은 정책적 신념이 없다면 개혁을 끝까지 밀어붙이는 데 한계가 생길 수밖에 없다. 사실 개혁이 어려운 이유 중 하나는, 그 결과를 기존 경험 속에서 모두 확증할 수 없다는 데 있다. 그 때문에 개혁에는 본질적으로 특정한 가치를 향해, 위험을 내포한 도약이 포함되기 마련이다.

대동법 실시에 따른 심각한 혼란과 반대 세력의 저항은 이 시기 삼도대동법을 이끌던 이원익이 왕안석王安石(중국 북송의 정치가, 1021~1086)에 비유되어 비판받는 것으로 나타났다. 개혁의 저항 세력 일부가 이원익의 삼도대동법을 왕안석의 신법新法에 견주어 공격했다. 선혜법이나 대동법을 왕안석의 신법에 견주어 비판하는 것은 인조 초에 처음 등장한 일이 아니다. 재미있는 점은 이원익이 공물 변통에 관여하기 이전만 해도, 그는 왕안석의 정적政敵인 사마광司馬光(중국 북송의 학자·정치가, 1019~1086)에 비유되었다는 사실이다. 사마광은 조선의 사대부가 필독서로 여긴 『자치통감資治通鑑』의 저자이다. 조선의 사대부들에게 왕안석이 교활한 관리의 전형이었다면, 사마광은 정직하고 원칙적인 관리의 전형이었다. 물론 왕안석과 사마광이 실제로 꼭 그렇지는 않았다.

대동법을 왕안석의 신법에 견주어 비판하는 이데올로기적 공격은 단순히 말로만 그치는 공격이 아니었다. 물리적으로 그것을 뒷받침하는 강력한 사회 세력이 있었다. 반면에 인조 초만 하더라도 조정 안팎에서 삼도대동법에 적극적으로 찬성하는 세력은 거의 찾아보기 어려웠다. 당시 우의정 신흠申欽(1566~1628)은 기득권 집단의 저항에 대해서 다음과 같이 말했다.

(삼도대동법에 따르면) 10결을 소유한 자는 10석을 내야 하고, 20결을 소유한 자는 20석을 내도록 되어 있습니다. 이런 식으로 될 경우 전결이 많으면 많을수록 더욱 고통스럽게 여길 것은 당연합니다. 어떤 이는 "소민은 편하게 여기는데, 달갑지 않게 여기는 쪽은 호족들이다"라고 합니다. 이 말이 이치에 가까운 듯합니다. 대가大家와 거족巨族이 불편하게 여기며 원망을 하는 법이라면, 이 또한 쇠퇴한 세상에서 우려스러운 일이라 할 것입니다.

경기선혜법과 삼도대동법 사이에는 큰 차이가 있었다. 전자는 서울에서 가깝고 상대적으로 좁은 범위였지만, 후자는 서울에서 훨씬 멀 뿐아니라 훨씬 넓은 범위였다. 이런 지리적 공간적 차이는 두 공물 변통의 핵심 내용을 다르게 만들었다. 전자가 재생이라는 개념만으로도 그런대로 작동했다면, 후자는 그것만으로는 작동할 수 없었다. 부분적으로 작동한다고 하더라도 애초의 정책 목표와는 큰 차이가 있었다. 삼도대동법은 기존 공물 변통의 허점을 분명하게 드러냈고, 공물 변통을 성공시키기 위해서 무엇이 필요한지를 깨닫게 해주었다. 요컨대 이원익이 추진한 공물 변통은 앞 단계를 완성하고, 뒷 단계에서 무엇이 필요한지를 분명히 드러내는 역할을 했다.

왕이 지어준 집

인조 대에 이원익이 조정에 실제로 머문 기간은 길지 않았다. 하지만 그는 국가적으로 중요한 일이 있을 때마다 조정에 직접 나아가거나 글로 자신의 의사를 밝혔다. 그러던 그가 조정과 서울을 떠나기로 마음을 먹은 것은 대략 정묘호란 때 세자를 보호하기 위해 전주로 피했다가 돌아온 직후였다. 무엇보다 그는 이미 81세의 노인이고, 본래 병약했다. 그 때문에 육체적으로 조정에 나가는 일이 어려웠다. 하지만 이것이 그가 물러나기로 결심한 가장 큰 이유는 아니었다.

당시 반정공신들 사이에는 갈등이 지속되고 있었는데, 이원익은 영의정이면서도 그 갈등 밖에서 겉돌 뿐 그것을 통제할 수 없었다. 물론 그들이 개인적으로 이원익에게 함부로 하지는 못했다. 사실 인조반정의 두 주축인 김류金瑬와 이귀李貴에게조차도 이원익은 앞 세대의 인물이었다. 그들이 아직 문과 합격 이전의 서생이었을 때 이원익은 이미 정승으로서 임진왜란을 지휘했던 인물이다. 이원익의 명망이 워낙 높기도 했지만, 그에 대한 인조의 존경심도 무척 깊었다. 인조는 왕위에 오르기 전부터 이원익을 존경해 마지않았다. 그 때문에 왕위에 오른 이후 가능하면 이원익의 말을 존중하여 따랐다. 인조의 태도가 그러하니 반정공신들이 이원익에게 드러내놓고 함부로 할 수는 없었다. 하지만 그렇다고 상황의 본질적 내용이 달라지는 것은 아니다. 이원익으로서는 단지 높은 지위만을 차지하며 하는 일 없이 조정에 머물 이유가 없었다. 그는 마침내 고향 금천으로 내려갔다.

이원익이 낙향한 뒤에도 인조는 승지나 사관 편에 약과 음식을 자주 내려보냈다. 조선시대에 사관은 단지 역사를 기록하는 임무만 수행하지 않았다. 임금의 메신저 역할도 했다. 인조 9년(1631) 정월에 인조는 승지 강홍중姜弘重을 이원익에게 보내 문병했다. 강홍중은 이원익이 당세의 인물 중 가장 높이 평가하고 교분을 나누었던 작고한 전 승지 강서姜緖의 재종 조카다. 강홍중이 돌아오자 인조는 이원익의 거처에 대해서 물었다. 이에 강홍중은 "그가 거처하는 집은 잡목으로 지은 두어 칸짜리 띠집인데, 겨우 몸이나 들일 정도입니다. 집이 낮고 작고 좁아서 형편없었습니다. 그 앞에 식솔이 들어 사는 집은 더욱 한쪽으로 기울어져 곧 허물어질 것 같이 누추하여, 비바람도 피할 수 없을 듯했습니다. 사람이 살 수 없는 집이었습니다. 또 들으니, 그가 살고 있는 땅은 여러 세대 선조先祖의 묘가 있는 산 아래 있는데 그 곁에 한 이랑의 농사지을 땅도 없고, 또 두어 사람의 노비도 없어서, 온 집안이 다만 매달 나라에서 주는 쌀로 겨우 목숨을 연장한다고 합니다"라고 보고했다.

여러 해 전에 인조는 이원익에게 궤장几杖, 즉 안석案席과 지팡이를 내린 적이 있다. 궤장은 신하를 명예롭게 할 수 있는, 왕이 내리는 최고의 하사품이다. 이를 기념하여 후배 고위 관료들이 그의 집에 모였다. 이때 김상헌金尙憲도 참석했는데, 그에 따르면 이원익의 집 마당은 말(馬)을 돌릴 수도 없을 정도로 좁아서 집 옆 빈터에 휘장을 친 다음 연회를 베풀었다고 한다.

이원익의 집이 짚으로 엮였는지 갈대나 풀로 엮였는지는 확실치 않지만 기와집이 아니었던 것은 분명하다. 게다가 해마다 지붕을 갈아주지도 않았던 것 같다. 초가집이라도 매해 지붕을 갈고 관리하면, 비바람은 막을 수 있기 때문이다. 17세기만 하더라도 양반들은 수십에서 수백 명의 노비를 거느리고 있었다. 당시에 노비는 어떤 면에서 토지보다 더욱 경제적으로 중요한 자원이었다. 하지만 이원익은 한 이랑의 전답도 갖고 있지 않았듯이 몇 사람의 노비도 갖지 못했다.

강홍중의 보고를 받은 인조는 "40년 동안 정승을 지낸 사람이 다만 두어 칸 띠집을 가졌을 뿐이라니……. 만일 모든 벼슬아치로 하여금 그를 본받게 힌다면 백성의 곤궁을 어찌 근심하셌는가?"라고 탄식했다. 인조는 이원익에게 새 집을 지어주고 흰 이불과 요를 내려 그의 검소한 덕을 기리도록 하라고 명했다. 이원익이 처음 우의정에 오른 것은 선조 28년(1595)이다. 정승이 된 이후 정확히 36년이 흘렀다. 조선시대에 30세에 문과에 급제하여 70세에 벼슬에서 물러나는 것도 매우 드문 경우다. 그런데 이원익은 정승에 오른 이후 그 지위를 유지한 기간이 거의 40년에 육박한다. 무척이나 특별한 경우라고 할 수 있다. 그리고 이렇게 긴 기간 동안 최고위 관직에 있었으면서도 전혀 재산을 축적하지 않았다는 것도 상상하기 어려운 일이다. 인조도 말했듯이, 왕 입장에서 이원익은 더 이상 바랄 수 없는 훌륭한 신하였다. 왕이 신하에게 집을 내려준 사례로는 그 이전에 세종이 황희에게 내렸던 예만 있을 뿐이다.

이원익은 왕이 내려주는 집을 처음에 거절했다. 직접 집을 지어주어야 하는 경기 감사 입장에서는 난처한 일이 아닐 수 없었다. 경기 감사는 조정에 "이원익이 나라에서 집을 지어준다면 다른 고장으로 옮겨가겠다고 합니다. 이에 명령을 받들어 집행하지 못하고 있으니 지극히 황공합니다"라고 보고했다. 그러자 인조는 다시 승지를 이원익에게 보내, 집을 지어주라고 한 것은 그 뜻이 벼슬아치들에게 본보기를 보이려는 것이니 자신의 뜻을 받아주면 좋겠다고 말했다. 그제야 이원익은 왕이 지어준 집을 받았다. 이 집이 현재 경기도 광명시 소하2동에 있는 관감당觀感堂이다. 인조는 집과 더불어 노비도 지급했다.

이에 앞서 이원익이 서울을 떠날 결심을 하고 인조에게 허락을 요청하자, 인조는 이렇게 말했다. "내가 경을 바라보는 것이 어린아이가 자애로운 어머니를 바라보듯 하오. 이제 경이 떠난다니 나는 어떻게 정치를 하란 말이오?" 이원익에 대한 인조의 마음을 엿볼 수 있는 말이다.

관감당 인조가 이원익에게 내려준 집이다. 나무 앞에는 이원익이 거문고를 연주했다는 탄금암이 보인다. (사진 제공: 충현박물관)

수많은 이야기 속에 남은 이원익

조선시대 전체로 보아도 선조 대처럼 인물이 많았던 시기는 아마도 세종 대밖에 없을 것이다. 이이, 유성룡, 이순신, 정철, 이항복, 이덕형 등 우리가 익히 이름을 알고 있는 그 유명한 인물들이 한 시대 한 조정에 있었다. 짧은 기간이긴 했지만 이황까지 포함하면, 우리나라 화폐에 얼굴을 올린 대부분의 인물이 포함된다. 그런데 이원익은 이 시기에 정승에 올라 40년 가까이 그 지위를 유지했다. 그는 어떻게 그럴 수 있었을까?

흥미로운 사실은 이원익을 그 시대 인물 평가 기준에 비춰도 비범하다고 말하기 어렵다는 점이다. 중국에서 전해진 관리 선발 기준으로 신언서판身言書判이 있다. '신身'은 겉으로 드러나는 풍모, '언言'은 조리 있는 말재주, '서書'는 글씨, 마지막으로 '판判'은 사물에 대한 통찰력이나 판단력이다. 전하는 바에 따르면, 이원익은 키가 매우 작아서 다른 사람과 대화할 때 늘 상대를 올려 봐야 했다고 한다. 그의 풍모에 대해 '오단지상五短之相'이라는 말이 전해 내려오는 것을 보면 키뿐 아니라 팔

다리도 평균보다 짧았던 모양이다. 한마디로 오종종하고 볼품없는 체구라는 말이다. 또 그가 중국 장수 양호楊鎬를 변호하기 위해 중국에 사신으로 갔을 때, 『조선왕조실록』이 말하듯이 말재주나 글재주도 보통이상은 아니었던 듯하다. 말하자면 신언서판의 네 가지 기준 중에서 앞의 세 가지는 뛰어나다고 할 수 없었다. 다만 판단력만은 상당히 뛰어났던 것 같다. 모두가 인정하는 그의 장기는 뛰어난 행정 능력이었다. 그런데 조선시대에 사대부의 우수함을 평가하는 기준으로 행정 능력은 그렇게 중시되지 않았다.

많은 사람이 이원익을 대동법과 연관해서 기억한다. 하지만 정확히 말하면 그는 대동법을 시작하지도, 완성하지도 않았다. 엄격하게 말하면 광해군 대의 선혜법은 뒷날 나오는 대동법의 예비적 형태일 수는 있지만, 그 자체가 대동법이라고 할 수는 없다. 또 광해군 대의 선혜법은 이론적으로는 이미 유성룡 같은 사람에 의해 기본적인 구상이 제시된 상태였다. 대동법을 완성했다고 할 수 있는 사람은 뒷날의 김육이다. 요컨대 이원익은 조선시대의 기준으로도 탁월한 능력을 갖지 못했고, 대동법의 성립에도 획기적인 업적을 이룩한 사람이 아니다. 그런데 어떻게 그는 전쟁과 반정으로 얼룩진 시대에, 그렇게 오랫동안 정치의 중심에 있으면서 많은 사람에게 영향을 줄 수 있었을까? 그것을 단지 운으로 돌리기는 어렵다. 오히려 운이 좋은 쪽은 이원익이 아니라, 그에게 신세를 진 조선 혹은 조선왕실이었다.

이원익에게도 장기는 있었다. 태생적으로 물려받은 것도 있고, 자신의 노력으로 갖게 된 것도 있었다. 우선 앞에서도 말했듯이 그는 사무 처리 능력에서는 동시대의 우수한 사람들 중 하나였다. 이 능력이 청렴하고 공정한 그의 심성과 합해지면서 빛을 발했다. 하지만 이러한 사무 처리 능력과 곧은 마음만으로 그가 승진 가도를 달릴 수는 없다. 재상의 반열에 들어간 이후에는 '종척지신'이라는 태생적 조건이 큰 영향을 미쳤지만, 하급 관료일 때는 이 조건도 별로 중요하지 않았다. 그래서 처음에는 그를 알아봐주는 사람이 필요했다. 다행히도 당대의 대표적인 경세가로 꼽히는 이이와 윤두수가 그를 발탁했다.

조선왕조가 500년 넘도록 지속되는 동안 정승을 지낸 사람은 360명 남짓에 지나지 않는다. 조선시대에 정승을 지낸다는 것은 그만큼 어려운 일이었다. 과연 임진왜란이 일어나지 않았어도 이원익이 정승이 될 수 있었을까? 그것은 장담하기 어렵다. 하지만 분명한 사실은 그의 탁월한 행정 능력이 전쟁 중에 더욱 빛을 발했다는 점이다. 여기에는 그가 '종척지신'이라는 사실도 중요했다. 왕으로서도 그를 다른 신하보다 더 신뢰할 수밖에 없을 것이다. 전쟁 중이라도 싸움만 하는 건 아니다. 또한 싸움도 직접적인 전투 행위로만 이루어지지는 않는다. 끊임없이 군량을 모으고 이동시켜야 하며, 새로운 병력을 훈련시켜 전투에 투입해야 한다. 무엇보다 중요한 것은 전쟁 기간 중 민심을 추스르는 일이다. 스스로 몇 차례 보여주었듯이 그에게는 군사적 재능이 별로 없었다. 하지만 백성을 추스러 군량을 조달하고 병력을 준비하는 능력은 매우 뛰어났다. 이런 능력이 그를 조선 최초로 관찰사에서 곧바로 정승으로 승진시킨 요인이 되었다.

앞에서 말했듯이 이원익은 대동법을 시작하지도 완성하지도 않았다. 하지만 그는 대동법이 성립되기 위해서 반드시 거쳐야 할 길을 묵묵히 걸었던 사람이다. 사실 그는 새로운 개혁을 추진한다는 생각조차 하지 않았다. 그가 했던 공물 개혁은 그의 선배 그룹인 이이와 유성룡 등이 이미 기본 개념을 제시했던 것이며, 또 그것의 많은 부분이 조선의 전통적인 관행을 재활용한 것이었다. 그는 전쟁을 겪으면서 당시에 가장 필요한 일이 민생을 보살피는 것이라 확신했고, 전력을 다해서 그것을 실천했을 뿐이다. 따라서 그의 조치는 획기적이지는 않았지만, 당시에 가장 필요한 일이었다. 그의 존재가 백성들의 마음속에 깊이 새겨진 근본적인 이유가 바로 이것이었다. 또한 그의 실천은 다음 단계의 공물 변통을 추진하기 위해서 반드시 필요한 정책적 지식을 획득할 수 있는 기회를 제공했다.

조선시대에 대해서 이제까지 수많은 연구가 이루어졌지만, 뜻밖에도 제도사에 대한 본격적인 연구는 많지 않다. 그 원인의 일부는 우리가 갖고 있는 '제도' 그 자체에 대한 부적절한 인식 때문일 것이다. 흔히 제도는 법이나 행정 규정의 조문이라고 생각하는 경우가 많다. 물론 그것도 제도의 중요한 일부임이 틀림없다. 하지만 제도는 그것보다 훨씬 넓고 깊다. 법과 행정 조문이 물 밖에 드러난 빙산이라면, 관련된 관행은 물 아래 숨겨져 있는 빙산 같이 거대하다. 법이나 행정 규정은 제도의 일부만 표현할 수 있을 뿐이다. 나아가 제도는 빙산 같은 무기물이 아니라 끊임없이 진화하는 유기체에 가깝다. 유기체가 그렇듯이 제도도 진화의 전 단계를 거치지 않고는 다음 단계로 나아가지 못한다.

지금까지는 조선왕조가 실제로 어떻게 작동하고 진화되었는지를

'제도적으로' 이해하려는 노력이 많지 않았다. 단지 조선이 어떻게 그 다음 단계라고 상정된 '근대'를 준비했는지에 대해서만 궁금하게 생각했다. 그런 점을 고려하면, 이원익은 조선이 어떻게 운영되고 진화되었는가의 관점에서만 포착할 수 있는 인물이다. 오랫동안 연구자들이 그의 진면모를 포착할 수 없었음에도, 그는 역사의 무대에서 완전히 사라지지 않았다. 조선시대의 수많은 이야기에 그가 늘 등장하기 때문이다.

언제나 민생을
염려하노니

포저 조익, 이론과 현실을 조화한 학자

포저 조익,
이론과 현실을 조화한 학자

충청남도 예산군 신양면 신양리 산 33–1번지. 공주 방면에서 유구읍을 지나 32번 국도를 타고 30분쯤 가면 유구IC를 지나 우측에 신양리가 자리잡고 있다. 신양 하천길 옆으로 〈포저 조익선생 묘〉 표지가 보인다. 포저 조익은 고향인 경기도 광주에서 죽은 뒤 처갓집이 있던 이곳에 묻혔다.

포저 조익은 경기 광주의 명고(明皐)서원, 개성의 숭양(崧陽)서원과 이곳 도산서원에 제향되어 있다.
묘역 입구의 홍살문을 지나면 왼쪽에 〈포저 조익 선생 사적비〉가 보인다.

비각 없는 신도비가 묘로 올라가는 가파른 길목에 서 있다. 청음 김상헌이 글을 짓고, 동춘당 송준길이 글씨를 썼다. 여기 묘소는 이 신도비의 유려한 행서 글씨와 좋은 풍수지리로 많은 이들이 찾는다고 한다.

有明朝鮮國議政府左議政
文孝公浦渚趙先生翼墓
贈貞敬夫人星州玄氏祔左

1월 눈발이 휘날리던 날 찾은 길이라, 묘소가 온통 설경이다. 아래는 이곳의 문인석이다.

진정한 사대부

　포저浦渚 조익趙翼(1579~1655)은 조선시대를 연구하는 학자들 사이에
서도 널리 알려진 인물이 아니다. 그렇다고 그가 자기 시대에도 존재감
이 없었던 것은 아니다. 당대에 뚜렷한 존재감을 나타낸 조선시대 인물
들이 오늘날 제대로 평가받지 못하고 알려지지 않은 경우가 무척 많다.
조익은 그런 인물들 가운데 대표적인 인물이다. 하지만 대동법 성립에
기여한 공으로 보면, 그는 마땅히 후하게 평가되어야 할 인물이다.

　대동법은 그 아이디어가 처음 등장해서 입법화되고 전국적으로 확
산되기까지 아주 오랜 시간이 걸렸다. 그래서 누가 이 법의 최초 설계
자였는지를 말하기가 쉽지 않다. 하지만 단 한 사람만 말해야 한다면
조익이라고 해야 옳다. 이제까지 조익에 대한 연구는 그를 조선시대 성
리학의 대가들 중 한 사람으로만 언급했다. 그에 대한 이러한 연구 경
향은 성리학을 단순히 관념적 사상으로 보는 부적절한 인식이나 태도
에서 비롯된 것 같다. 예를 들어서 오늘날 민주주의나 유럽에서 근대의
시작을 알린 계몽주의, 심지어 중세 유럽의 스콜라 철학도 단순히 관념

적이기만 한 사유라고 말할 수 있을까? 어떤 사상이 어떤 시대에 대표적인 사상이라고 할 때, 그것은 바로 그 사상과 사회제도의 연관성을 기초로 해서 한 말일 것이다.

흔히 조선의 지배층을 사대부士大夫라고 부른다. 현재의 개념으로 바꾸면 '사'는 학자이고, '대부'는 관리나 정치가다. 조선시대의 관직 체계는 1~9품까지인데, 각 품마다 정正과 종從으로 나뉘므로 모두 18등급이다. 여기서 정3품 이상 당상관堂上官까지는 정치가로, 그 이하는 관료로 보아도 크게 틀리지 않는다. 당상관은 정책을 논의했고, 당하관은 결정된 정책을 집행하는 실무 책임을 맡았다. 조선의 관직 체계는 사士가 하급 관리로 들어가, 점차 높이 승진하면 정치가가 되는 시스템이었다.

'실체'가 '말' 혹은 '글'로 표현되기도 하지만, '말'이나 '글'로 표현된 것이 모두 '실체'를 갖지는 않는다. '실체'를 '현실'이라는 말로 바꾸어도 뜻은 달라지지 않는다. 그런 까닭에 말과 글은 현실을 드러내기도 하지만 왜곡하기도 한다. '사대부'라는 말도 이와 관련해서 생각해보아야 할 단어이다. 사대부라는 단어는 한국인이라면 적어도 중·고등학교 때부터 들어온 익숙한 개념이다. 그런데 '사대부'는 실제로 존재하는가? 다시 말해 한 사람이 현실적으로 학자이면서 동시에 관리이자 정치가일 수 있는가? 나아가 그런 사람들의 '집단' 혹은 '계층'이 있을 수 있는가?

학자와 관리·정치가는 생각하는 방식이나 행동하는 방식에서 크게 다르다. 학자가 독립적이고 비판적으로 생각하고 행동해야 한다면, 관리와 정치가, 그중에서도 특히 관리는 그렇게 하면 안 된다. 관리는 일차적으로 개인이 아닌 관료 조직의 일원으로 존재한다. 명령 체계에 따라 자신에게 부여된 임무를 수행해야 하고, 다른 사람들과 협력해서 일을 처리해야 한다. 학자와 관리는 겉으로는 비슷해 보여도 실제로는 거의 정반대의 사고 및 행동 방식을 갖는다. 실상이 그럼에도 사대부 '계층'이라는 말 때문에 마치 실제로 사대부, 즉 학자이면서 동시에 관리이자 정치가인 '집단'이 존재한다는 생각을 하게 된다. 현실에서 존재하는 사람은 학자이거나 관리·정치가이지, 학자이면서 동시에 관리이고 정치가인 경우는 대단히 드물다. 그러나 조익은 실제로 학자인 동시에 관리이자 정치가에 가까운 사람이었다. 그의 이런 자질은 대동법의 성립에 크게 기여했다.

조익이 대동법의 최초 설계자가 될 수 있었던 데는 사대부로서 그의 자질에 기인한 점이 크다. 사대부는 다른 말로 하면 '현실에 참여한 지식인'이다. 대동법의 성립 과정에서 그가 보여준 모습은 '현실에 참여한 지식인'의 훌륭한 표본이라고 할 수 있다. 그가 사대부로 활동할 수 있었던 조건에는 그의 자질과 더불어 또 하나 중요한 사항이 있다. 바로 그가 살았던 시대 상황이다.

조익
그는 성리학자이자 대동법의 설계도를 그린 이론가였다.

친가, 외가, 처가

조익은 선조 12년(1579)에 서울의 창선방昌善坊(현 종로구 창신동 부근) 자택에서 아버지 조영중趙瑩中(1558~1646)과 어머니 해평海平 윤씨尹氏 사이에서 태어났다. 모두 7명의 형제자매가 있었지만, 어릴 때 모두 죽고 1남 1녀만 성장했다. 조익은 유일하게 살아남은 아들이다. 조선시대에는 태어난 아기가 자라서 성인이 될 가능성이 높지 않았다. 전근대 시대에 이런 일은 일반적이었다.

조익의 친가는 본래 무인 집안이었다. 고조할아버지 현범賢範은 수군절도사를 지냈고, 증조할아버지 안국安國은 오위도총부 부총관을 지낸 엘리트 무인이었다. 할아버지 간侃은 생원으로서 지방 현령을 지냈고, 아버지는 시험 합격 기록이 발견되지 않은 채 다만 첨지중추부사라는 벼슬을 지낸 것으로 나온다. 말하자면 조익의 친가는 무신 계열로는 높은 벼슬을 지냈지만, 할아버지 때부터 문신 쪽으로 전환한 뒤로는 그리 두각을 나타내지 못했다. 조익이 태어났을 무렵, 조익의 친가는 양반 집안이기는 했지만 명문가와는 거리가 있었다.

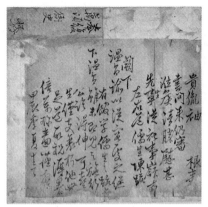

반면에 외가 쪽은 상당히 이름난 집안이었다. 조익의 어머니는 윤
춘수尹春壽의 딸인데, 윤춘수의 두 동생이 당대에 명성을 떨친 윤두수尹斗
壽와 윤근수尹根壽이다. 즉 이 두 사람은 조익의 외종조이다. 윤두수는 이
이와 함께 선조 대에 경세가經世家로 이름을 날리며 영의정을 지냈고, 윤
근수는 문장과 글씨로 일세를 풍미했다. 조익은 10대 후반에 윤근수에
게서 수년간 문장을 배웠다. 이 시기만 하더라도 외가가 친가보다 멀다
는 인식은 없었다. 그런 인식은 18세기 무렵에야 널리 퍼졌다.

조익이 14세 되던 선조 25년(1592)에 임진왜란이 일어났다. 이 시
기를 살면서 전쟁의 영향을 받지 않은 사람은 드물었지만, 조익의 집
은 운이 좋게도 비교적 큰 피해 없이 전쟁을 넘겼다. 전쟁이 나자 그의
집안은 경기도 양주, 연천, 마전, 삭녕 등지로 떠돌면서 피난 생활을 하
다가, 그해 가을에 경기도 광주의 구포九浦 시골집으로 돌아왔다. 이곳

은 현재의 경기도 화성군 매송면 야목리로, 수도권 지하철 4호선 상록
수역의 남쪽이자 안산 갈대습지공원의 오른쪽 지역이다. 매송면梅松面은
매곡梅谷의 매梅와 송동松洞의 송松 자를 따서 붙인 이름인데, 조선시대의
고지도에는 '매곡'과 '송동'으로 따로 표시되어 있다.

조익은 16세인 선조 27년(1594)에 현덕량玄德良(1544~1610)의 외동딸
성주星州 현씨玄氏와 결혼한다. 당시 왜군은 남쪽 지방으로 물러났고, 전
쟁은 소강상태에 있었다. 현덕량은 무과 출신으로 임진왜란에 군공을
세웠으며, 전쟁이 끝나고 1604년에 인동仁同(현 경북 칠곡·구미 지역) 현감
을 지낸 사람이다. 조익의 결혼으로 보건대, 아마도 조익의 아버지와
할아버지 대에 무과를 잇지는 못했어도 무신 계통의 가문적 관계는 계
속되었던 것 같다.

혼인 뒤에 조익은 충청도 신창현 도고산 아래 있는 처갓집으로 들
어간다. 처갓집은 멀수록 좋다는 말 역시 18세기 이후에나 들어맞는다.
조익의 시대에도 여전히, 결혼 뒤에는 남편이 처기에 들어가서 오랜 기
간 사는 것이 관행이었다. 조익은 24세에 문과에 급제하여 서울로 올라
와 살기 전까지 계속해서 처가에 살았다. 그가 지은 장모의 제문祭文을
보면, 딸 하나 있는 집안의 사위였기에 자신은 장모가 만든 음식을 먹
고, 장모가 지은 옷을 입으며 아들같이 지냈다고 나온다. 이렇게 조익
은 10대 중반부터 거의 10년 가까운 세월을 신창에서 보냈다. 이후에
도 그와 신창의 인연은 평생 이어졌다. 현재 그의 묘가 있는 자리도 바
로 이곳이다. 그가 광해군 때, 그리고 나중에 병자호란 뒤에 관직에서
물러나 살았던 곳도 신창이다.

첫 번째 관직 생활

성리학에 뜻을 두다

조익은 학문적으로나 정치적으로 대단히 주체적인 사고와 행동의 소유자였다. 이 점이야말로 그가 지닌 가장 중요한 특징이다. 이런 특징은 조익의 생애 동안은 물론이고, 어떤 면에서는 지금까지도 그에 대한 평가에 영향을 미친다고 할 수 있다. 그가 좌의정까지 지내고, 수많은 책을 지었으며, 대동법 성립에 큰 공을 세웠는데도, 일반인은 물론 연구자들에게까지 큰 주목을 끌지 못했던 것은 바로 이런 그의 특징과 무관하지 않다.

오늘날 조선시대에 대한 연구는 방법론적인 측면에서 볼 때 학문적으로나 정치적으로 어떤 집단을 대상으로 이루어지는 경우가 많다. 예컨대 서인이니 남인이니, 노론이니 소론이니 하는 정치적 분류나, 퇴계학파, 율곡학파, 남명학파 같은 학문적 분류가 바로 그것이다. 그 때문에 이와 같은 계보 속에 있지 않을 경우에는 연구자들의 관심도 받기 어렵다.

조익은 학문과 관련해서 특별히 스승이라고 할 만한 사람이 없었다. 그래도 그를 가장 오래 가르친 사람은 외종조 윤근수였다. 조익은 윤근수에게서 수년간 고문古文을 배웠다. 고문이란 『춘추좌씨전』, 『맹자』, 『사기』 등 중국 한나라 때까지의 문장을 가리킨다. 조익은 20세 때 평생의 공부 방향을 성리학으로 정했다. 오늘날도 그렇지만 당대의 가장 중요하고 영향력 있는 지적 사조思潮가 이제 막 학문에 뜻을 둔 젊은이에게 그런 선택을 하게 했을 것이다. 성리학에 뜻을 두면서 그는 수년째 해오던 문장 공부를 중단했다. 당시 윤근수는 이를 무척 아쉬워했다. 윤근수는 문장에 대한 조익의 재능을 아까워하며 몇 년 더 공부할 것을 간곡히 권했다. 어쨌든 조익은 이때 경학을 연구하기로 결정한 뒤, 생애를 마칠 때까지 성실하게 그리고 마음을 다하여 성리학에 대해 연구하고 저술했다.

타고난 학구열

조익은 24세가 되던 선조 35년(1602)에 문과에 합격했다. 조선시대의 기준에서 볼 때도 이른 나이의 합격이었다. 흥미로운 사실은 그가 시험 보기 한 해 전인 1601년 11월에 『학맹편學孟編』이라는 책을 탈고했다는 점이다. 그의 설명에 따르면 그 책은 『맹자』에 대한 독창적 연구의 결과는 아니고, 『맹자』가 "내용이 잡다하게 뒤섞인 채 분산되어서 조리가 없는 듯하기에, 종류별로 분류하여 편집"한 것이었다. 이 일은 작은 사례에 불과하지만, 우리는 여기서 젊은 나이에 이미 나타난 조익의 학문적 경향을 엿볼 수 있다.

예나 지금이나 '시험 공부'와 '학문 연구'는 비슷해 보여도 전연 다르다. 똑같은 책을 보더라도 공부하는 방식에 큰 차이가 있다. 전자의 경우에는 비판적 독서나 사고가 별로 도움이 되지 않는다. 이때의 독서 목적은 내용을 잘 이해하여 암기하는 데 있다. 약간의 응용까지 가능할 정도이면 금상첨화다. 반면, 후자의 경우에 가장 중요한 것은 독자의 비판적인 생각이다. 개인적 경험으로 보면, 한쪽만 잘하는 사람도 있고 양쪽을 다 잘하는 사람도 있다. 물론 전자보다 후자를 잘하는 경우는 훨씬 적다. 그런데 조익의 경우에는 '시험 공부'를 '학문 연구' 하듯이 했다. 그의 설명대로 『학맹편』은 독창적 저술은 아니었지만, 최소한 비판적 독해의 결과였다.

조익의 문집인 『포저집浦渚集』에는 그가 학문에만 전념할 뿐 과거 준비는 착실히 하지 않았는데, 할아버지의 강권에 못 이겨서 과거에 응시했다고 기록되어 있다. 쉽게 말해 과거 준비를 열심히 하지는 않았는데 그 어려운 시험에 붙었다는 말이다. 실제로 그랬는지는 알 수 없다. 조익의 과거 시험을 대하는 이런 식의 설명은 그를 좀 더 돋보이게 할 수 있다. 어쩌면 이 점을 노려서 문집을 만들 때 그렇게 기록했을 수도 있다. 하지만 분명한 것은 그가 과거에 번번이 떨어져서 고생을 했다거나, 과거 합격 뒤에 성취감을 표현한 적이 없었다는 점이다.

오히려 그 반대의 예가 발견된다. 그는 선조 37년(1604)에 「원조잠元朝箴」이라는 글을 지었는데, 그 앞머리에 "새해 아침에, 세월은 빨리도 지나가는데 학문은 독실하지 못해, 발전하지 않는 것을 탄식하면서 닭 울음소리에 일어나 앉아 있으려니 실의에 빠져 마음이 즐겁지 못하기에, 자신을 바로잡는 뜻으로 이 잠을 지었다"라고 덧붙였다.

조익은 선조 35년(1602) 과거에 합격한 뒤, 그해 11월부터 외교문서를 담당하는 승문원에서 관직 생활을 시작했다. 앞에서도 말했듯이 승문원에는 과거 합격자들 중에서도 젊고 총명한 사람이 주로 배치되었다. 그가 「원조잠」을 지은 시점은 약 1년 정도 관리 생활을 하고 난 뒤였다. 보통 사람이라면 과거 합격에 이어 승문원에서 관직 생활을 시작하게 된 성취감이 아직 완전히 가시지 않았을 시기라고 할 수 있다. 하지만 「원조잠」에 보이는 정서는 그런 것과는 전연 다르다.

「원조잠」에 나타난 조익의 태도는 그 뒤에도 달라지지 않았다. 그는 다음과 같은 글도 남겼다.

내가 태어난 지 지금 32년이 되니, 나이도 이미 많다고 하겠다. 그런데 그동안 읽은 글이 매우 적어서, 듣고 본 것이 고루하고 지식이 어둡기만 하다. 장차 보잘것없는 사람으로 살다가 이대로 생을 마치고 말 것인가. 지나간 일이야 물론 어떻게 할 수 없어도, 앞으로 맞을 세월을 예전처럼 헛되이 보내서야 되겠는가. 지금부터 독서에 대한 기록을 하되, 몇 월 며칠부터 언제까지 읽었다는 것과 읽은 분량을 표시해서 스스로 참고하기로 했다. 경술년(1610, 광해군 2년) 2월 그믐에 쓰다.

하지만 그는 자신의 말처럼 '(시간을) 헛되이 보내'지 않았다. 위의 기록은 오히려 공부에 대한 그의 자세와 열망을 보여줄 뿐이다.

고지식하면서도 진지한 삶의 태도

이원익처럼 조익도 사교적인 사람이 아니었다. 선조 39년(1606)에 그는 다음과 같이 말했다. "내가 과거에 급제한 뒤로 지금까지 5년 동안, 일찍이 벼슬길에서 출세하기 위해 명사名士 집 문에 발걸음을 옮긴 적이 한 번도 없었으며, 뻔뻔스럽게 얼굴을 쳐들고서 서로 알지 못하는 명관名官과 만나서 웃으며 환담해본 적이 한 번도 없었다." 어떤 조직에서 일에 대한 개인별 성과가 분명할 때는 비교적 인간관계가 상대적으로 덜 중시되는 경향이 있다. 하지만 조직에서 개인의 능력을 독립적으로 드러내기는 어렵다. 그래도 때가 되면 누군가는 승진하고, 누군가는 뒤처진다. 이때 중요한 것은 결국 인사에 영향을 미칠 수 있는 윗사람에게 평상시에 좋은 인상을 남기는 것이다. 그것이 '서로 알지 못하는 명관과 만나서 웃으며 환담'하는 일이 '현실적으로' 필요한 이유다.

조익의 이런 특징과 태도는 다른 곳에서도 확인된다. 윤선거尹宣擧가 쓴 그의 묘지명에는, 조익이 "신풍 장유張維나 완성 최명길崔鳴吉이나 연양 이시백李時白과는 소싯적부터 친하게 지냈는데도, 옳고 그름을 논의해야 할 때는 친구라고 해서 구차하게 영합하지 않았다"라고 기록되어 있다. '영합하지 않았다'는 말은 요즘 식으로 하면 묵인하거나 봐주지 않았다는 말이다. 윤선거는 윤증尹拯의 아버지이고, 조익과 가까웠던 윤황尹煌의 아들이다. 윤선거가 쓴 묘지명은 구체적 사례를 두고 한 말이었다. 이를테면 다음과 같은 일이다. 인조는 쿠데타로 즉위했으니, 생부 즉 낳아준 아버지는 대원군으로 추존되었다. 인조 6년(1628) 인조는 생부를 대원군에서 왕으로 높이려 했다. 이러한 인조의 노력은 여러 모로 무리한 시도였다. 하지만 이 과정에서 '현실적인' 최명길은 인조의 편을 들었다. 이때 최명길에게 가한 조익의 비판은 너무나 신랄해서 앞의 윤선거의 말이 오히려 너무 부드럽게 표현되었다는 느낌을 줄 정도였다.

낮은 관직에 있는 젊은 관리가 별로 사교적이지도 않고 시간이 나면 혼자서 책만 읽고 있었으니, 승진이 빠를 리 없다. 광해군 즉위년(1608) 2월에 조익은 평안도에 평사評事로 임명된다. 평사는 평안도와 함경도에 각 한 명씩 배치된 정6품 무관직이다. 그런데 이 평안도 평사 시절은 그에게 의미 있는 인연을 만들어주었다. 조익이 평안도 평사에 임명되었을 때, 마침 그곳에 기근이 크게 들었다. 평안도 감사가 조익에게 평안도의 진휼 업무를 맡겼는데, 그는 이 일을 훌륭하게 완수했다. 당시 평안도 감사는 한준겸韓浚謙(1557~1627)이었다. 한준겸은 인열왕후仁烈王后의 아버지이니, 인조의 장인이 되는 사람이다. 물론 그것은 15년 뒤의 일이지만, 어쨌든 한준겸은 진휼 업무를 수행하는 조익을 눈여겨보았다.

다음 해인 광해군 원년에 조익은 『제기활민방濟飢活民方』을 펴낸다. 이 책은 전해에 시행했던 진휼에 대한 경험을 토대로 집필한 것이다. 그의 설명에 따르면 이 책은 곡물 이외에 향촌에서 쉽게 구할 수 있는 다른 먹거리들을 정리해 놓은 것으로, 그가 충청도에 살 때 얻어들은 방법이었다. 그는 백성들이 장차 죽게 될 것을 참으로 눈뜨고 볼 수 없으며, 마치 자기 자신이 불에 타고 물에 빠진 것처럼 느껴지기에, 이 책을 편찬했다고 말했다. 그는 이 책을 백성들이 직접 볼 수 있도록 다시 언문으로 바꾸어 펴냈다. 서문에서 그는 이 책을 보는 사람들이 각자 아는 사람에게 전파하여 널리 전해지게 한다면 더 이상의 다행이 없겠다고 소망했다. 요컨대 조익은 광해군 즉위년에 전개했던 진휼 경험의 결과를 『제기활민방』으로 정리했던 것이다. 조익은 성리학 공부에 진지한 학자였을 뿐만 아니라, 백성을 구제하는 일에도 마음을 다한 관리였다. 사실 주자학의 기본 텍스트인 『대학』에서 가르치고자 한 것도 바로 이것이다.

잠시 열렸다 닫힌 출세길

조익은 광해군 원년(1609)에 갑자기 홍문록弘文錄에 등록되었다. 홍문록에 이름이 오르는 것은 본인에게 명예스러운 일이기도 했지만, 현실적으로 요직에 진출하는 등용문을 통과하는 것과도 같았다. 조익은 처음에 어떻게 자신이 홍문록에 올랐는지 몰랐지만, 나중에야 주위 사람들의 말을 듣고 이항복李恒福의 배려가 있었음을 알게 되었다. 비로소 조정에서 그의 이름이 알려지기 시작하며 차츰 승진 가도에 접어드는 듯이 보였다. 게다가 조정의 실력자 이이첨李爾瞻(1560~1623)이 그에 대해 우호적 발언을 하기도 했다. 하지만 그 길은 곧 가로막히고 끊어졌다.

광해군 정권에서 강력한 힘을 발휘했던 사람으로 재야에는 합천의 정인홍鄭仁弘(1535~1623)이, 조정에는 이이첨이 있었다. 정인홍은 조식曺植의 수제자였다. 남명 조식과 퇴계 이황의 살아생전의 미묘한 긴장은 두 사람이 사망한 뒤 오현종사五賢從祀를 계기로 폭발했다. 그것을 크게 촉발시킨 사람이 정인홍이다.

선조가 즉위하고 사림이 마침내 조정에서 권력을 장악하게 되었다.

그들은 사림의 학문적 정통성과 권력의 정당성을 강화하기 위해 자신들의 학문적 스승을 문묘文廟에 들일 것을 주장했다. 이 주장은 선조 대 내내 계속되다가, 광해군 2년(1610)에 드디어 김굉필金宏弼(1454~1504), 정여창鄭汝昌(1450~1504), 조광조趙光祖(1482~1519), 이언적李彦迪(1491~1553), 이황李滉(1501~1570) 등 5명의 문묘 종사가 이루어지는 것으로 결실을 맺는다. 이때 이 다섯 사람 중에 조식이 빠진 것이 분란의 불씨가 되었다. 조식은 광해군 정권의 최고 실세인 정인홍의 스승이었다. 다음 해에 정인홍은 이언적과 이황을 비판하는 상소를 올려 두 사람을 문묘에서 탈락시키려 했다.

정인홍의 상소는 즉각 커다란 분쟁을 야기했으며, 8도 유생들의 공분을 불러일으켰다. 성균관 유생들은 정인홍을 비판하는 상소를 올리며 그를 유적儒籍에서 삭제해버렸다. 유적이란 성균관과 향교의 출석부에 해당한다. 여기서 이름을 지웠다고 해서 어떤 법적 효력을 갖는 것은 아니지만, 그 대상이 된 사람에게는 심각한 불명예가 아닐 수 없었다. 이때 성균관에서 올린 상소에 대표로 이름을 올린 사람이 바로 다음 장에서 살펴볼 김육金堉인데, 그는 이 일로 큰 곤경에 처한다. 이 당시 조익은 홍문관 수찬의 직책을 맡고 있었다. 이 자리는 당대 조정에서 가장 날 선 원칙을 견지하는 사람이 맡았다. 조익은 동료들과 함께 정인홍을 비판하는 글을 올렸다. 이 때문에 조익은 광해군 3년(1611) 10월에 고산도高山道 찰방察訪으로 좌천된다. 그리고 2년 뒤에 그는 고산도 찰방직에서 자발적으로 물러났다. 이로써 20대 중반에서 30대 중반에 걸친 약 11년간의 첫 번째 관직 생활이 마감되었다.

집까지 팔아버리고 시작한 은거

조익은 광해군 3년(1611)에 고산도 찰방에 임명되었다. 조선은 중앙 집권 사회였다. 이 말은 중앙의 행정력이 먼 지방까지 직접적으로 미친 다는 뜻이다. 이는 중앙과 지방 사이의 교통과 통신이 신속하고 정확해야만 가능하다. 조선이 역도驛道 관리에 심혈을 기울인 이유가 바로 이것이다. 역도란 여러 개의 역을 이은 국용 도로이다. 말하자면 조선시대의 국도國道인 셈이다. 조선시대에는 전국적으로 40여 개의 역도가 있었는데, 고산도는 함경도에 있던 역도들 중 하나이다. 찰방은 역도를 관리하는 종6품 관직이다. 홍문관 수찬으로 일하던 조익이 함경도에 있는 역도의 찰방에 임명된 것은 이만저만한 좌천이 아닐 수 없었다.

하지만 조익은 불평 없이 고산도 찰방의 임무를 성실히 수행했다. 그는 "법대로 시행하여 많은 폐단을 없앴고, 역무驛務에 종사하는 사람들의 생활도 크게 개선했다." 중앙에서 멀리 떨어진 지방의 말단 행정 조직은 대체로 의무는 무거운 반면 지원은 부실한 경우가 많은 법이다.

이런 상황에서 무엇보다 중요한 것은 행정 책임자의 청렴하고 적극적인 역할이다. 한편 우연스럽게도 이 당시 함경도 감사도 한준겸이었다. 조익이 고산도 찰방으로 근무하는 동안에 한준겸은 그의 업무 수행 능력과 학문 수준을 보고는 "진심으로 감탄하여 친밀해"졌다고 한다.

이 시기에도 조익의 독서는 계속되었다. 그는 『탁마록琢磨錄』이라는 노트를 갖고 있었다. 그는 여기에 매일매일의 독서 진척 상황을 기록했다. 일종의 연구 노트였다. 조익의 연보에 따르면, 그는 "학문이 이미 높은 경지에 이르렀고 나이도 이미 장년에 들어섰으며 공무가 바쁜데도, 열심히 공부하는 것이 마치 어린 학생이 일과를 정해 놓고 독서하는 것과 같았다." 사실 이런 모습을 그렇게 신기해 할 것은 없다. 많지는 않아도 언제 어느 곳에서나 세속적인 보상 여부에 관계없이 자발적으로 열심히 공부하는 사람들이 있는 법이다. 앞에서 보았듯, 조익은 "읽은 글이 매우 적어서, 듣고 본 것이 고루하고 지식이 어둡기만 하다. 장차 보잘것없는 사람으로 살다가 이대로 생을 미치고 말 것인가"라는 글을 남긴 바 있다. 그 글은 조익이 생각하는 공부가 무엇인가를 잘 보여준다. 그는 공부를, 자신을 완성하는 수단으로 생각했다. 조익의 이런 생각은 특별히 그만 지녔던 것은 아니고, 조선시대 학자라면 일반적으로 가졌던 생각이다. 물론 조익이 좀 더 철저했던 것만은 사실이다.

계축옥사의 소용돌이 속에서

조익은 광해군 5년(1613)에 스스로 관직에서 물러났다. 일에 불만이 있거나 하찮은 직무에 실망해서 그런 것은 아니었다. 광해군 5년(1613)

에는 조익 말고도 많은 사람이 관직에서 자발적으로 물러났다. 계축옥
사癸丑獄事가 일어났기 때문이다.

　이 사건은 광해군 정권의 세력 기반인 대북파大北派가 자신들의 권력
강화를 위해서 조작한 것이었다. 그 내용인즉, 인목대비의 아버지 김제
남金悌男이 주도하여 영창대군永昌大君(1606~1614)을 왕으로 추대하려 했다
는 것이다. 또한 인목대비도 그와 같은 내용을 비밀리에 동의했으며,
다수의 사람들도 그 상황을 알고 있으면서 방조했다는 것이다. 이 사
건으로 김제남은 광해군 5년에 사약을 받았고, 그의 세 아들과 사위마
저 고문을 받다가 죽었다. 여덟 살에 불과한 영창대군은 대군에서 평민
으로 강등되어 강화도로 유배되었다가 다음 해 봄에 살해되었다. 그 뒤
이 사건이 도화선이 되어 광해군 10년(1618)에 결국 인목대비도 폐위되
어 서궁西宮(덕수궁)에 갇힌다.

　당시에는 대북파가 계축옥사를 통해 권력을 더욱 강화한 것처럼 보
였다. 하지만 계축옥사는 한마디로 대북 정권의 정치적 미숙성을 보
여준 사건이었다. 그리고 이 사건으로 광해군 정권은 몰락의 길을 걷
게 되었다. 10년 뒤 인조반정의 주동자들이 광해군의 잘못을 열거하면
서 가장 강조한 것은 '폐모살제廢母殺弟'였다. 인목대비를 대비의 지위에
서 폐하고(廢母), 형인 임해군과 동생인 영창대군을 죽였다(殺弟)는 것이다.
이 두 가지 중에서 좀 더 심각한 과오로 지적한 것은 '살제'보다 '폐모'
였다. 조선의 지식인과 관리들이 갖고 있던 근본 원칙에 어긋나기 때문
이었다. 그 결과 광해군 정권의 몰락은 정권 몰락의 차원으로만 끝나지
않았다. 조선시대에는 설령 어떤 당파가 권력을 잃더라도 그 당파 자체

가 금방 소멸되지는 않았다. 오랜 기간 세력을 유지했고, 때로는 권력을 되찾는 경우도 있었다. 하지만 광해군을 떠받치던 북인들은 광해군 정권의 몰락과 함께 아예 당파 자체도 소멸해버렸다. 북인의 몰락에 대해 단순히 승리한 당파의 정치적 박해 때문만으로 원인을 돌리기는 어렵다. 당시 북인은 조선의 지식인과 관리들이 합의한 기본 원칙과 금도를 넘어섰던 것이다.

계축옥사가 일어나자 명망 있는 사람들과 양심적인 관리들이 조정을 떠났다. 하위직 관료에 불과했지만 조익도 그중 하나였다. 그는 서울에 있는 집까지 팔아버리고, 광주 구포의 아버지 곁으로 갔다. 아마도 다시는 서울에서 관직 생활을 하지 못할 것이라 생각했던 모양이다. 그가 판 집은 서울 서소문西小門 밖에 있었다. 서소문은 조선시대에 숭례문崇禮門(남대문)과 돈의문敦義門(서대문) 사이에 자리했던 작은 문으로, 원래 이름은 소덕문昭德門(영조 때 소의문昭義門으로 고침)인데, 식민지 시대인 1914년에 일본의 도시계획에 따라 철거되었다. 현재 정확한 위치는 알 수 없지만, 서울의 호암아트홀 근처쯤으로 추정된다.

새롭게 절감한 농민들의 현실

관직에서 물러난 뒤 조익은 마치 미뤘던 숙제를 하듯이 차례차례 책을 펴냈다. 광해군 7년(1615)에 『중용곤득中庸困得』과 『맹자분류천설孟子分類淺說』을, 2년 뒤인 광해군 9년(1617)에 『심경증감절주부설心經增減節註附說』을, 다음 해인 광해군 10년(1618)에는 『대학곤득大學困得』을 펴냈다. 관직에서 물러난 이후의 공부만으로 이렇게 많은 책을 짧은 기간 안에 펴낼 수는 없다. 관직에 있는 동안에도 끊임없이 계속된 비판적 독서와 사유, 그리고 그 과정에서 축적된 내용이 이들 저작의 기반이 되었다. 그러는 사이에 조정에서는 대북파의 공세로 영창대군이 살해되고 인목대비가 폐위되었으며, 명망 있는 사람들이 귀양을 가는 등 광해군 정권은 파국을 향해 치달았다. 오성鰲城과 한음漢陰의 주인공 이항복과 이덕형도 이 정치적 소용돌이를 통과하지 못하고 죽었다. 관직에서 물러난 조익은 여기서 한 걸음 비켜 있었다.

이 시기에 조익은 공부에 전념했지만, 그렇다고 인간관계까지 단절했던 것은 아니다. 역설적으로 그의 인간관계는 오히려 넓어지고 깊어졌다. 조정에서도 그는 잊힌 사람이 아니었다. 광해군 8년(1616)과 9년에 연이어서 그에게 병조 좌랑 및 정랑과 홍문관 수찬의 벼슬이 내려졌다. 병조 좌랑과 정랑은 무신에 대한 인사권을 행사하는 자리이고, 홍문관 수찬은 그 나이의 관리라면 누구라도 탐내는 명예로운 청직淸職이었다. 하지만 그는 여기에 일체 응하지 않았다.

이 시기에 또한 권득기權得己(1570~1622), 박지계朴知誡(1573~1635) 같이 전국적으로 명망 있는 인물들이 그에게 학문적 자문을 구해왔다. 권득기의 아버지는 이조 판서를 지낸 권극례權克禮이고, 권득기도 광해군 2년(1610) 문과에서 장원을 한 인물이다. 뒷날 그의 아들인 권시權諰(1604~1672) 역시 당대의 대학자로 이름을 떨쳤다. 권득기 역시 영창대군이 살해되고 인목대비가 서궁에 갇히는 정치적 파행이 빚어지자 관직을 버렸다. 박지계는 인조반정 직후 김장생金長生, 장현광張顯光과 함께 세 명의 대표적인 산림으로 꼽혔던 사람이다. 김장생과 장현광이 박지

계보다 대략 스무 살이 많았다는 것을 고려하면, 박지계가 지닌 명망의 정도를 짐작할 수 있다. 조정을 떠나 은거하는 시기에 조익은 전국적인 인물로 성장하고 있었다. 예나 지금이나 정부가 공공성을 갖고 있지 않으면 재야에 공공성이 생기는 법이다. 조익은 그렇게 형성되기 시작한 재야의 공공성을 대표하는 인물로 부상하고 있었다.

광해군 10년(1618)에 조익은 가족을 충청도 신창현에 있는 처가로 보내고, 자신은 아버지의 집과 처가를 번갈아 오가며 거처했다. 이에 대해 『포저집』의 연보에는 "집안이 너무도 가난한 처지에 경기도에는 의탁할 수가 없었을 뿐만 아니라, 서울과 거리가 가까운 것을 싫어"했기 때문이라고 기록되어 있다. 물론 이것도 부분적으로 이유가 되기는 했겠지만, 좀 더 직접적인 이유는 다른 데 있었던 것 같다. 그해에 조익의 장모가 중풍으로 쓰러졌다. 장인은 광해군 2년(1610)에 이미 사망한 상황이었다. 그러니 외동딸만 둔 장모를 돌보고 처갓집도 관리할 사람이 필요했던 것이다. 하지만 가족의 거처를 옮긴다고 해도 외아들인 조익은 늙은 아버지를 오래 떠나 있을 수 없었다. 결국 본가와 처가를 번갈아 오가지 않을 수 없었다. 조익은 당시에도 효성이 지극하기로 유명했다.

신창으로 거처를 옮겼다고 해서 그의 생활이 경제적으로 여유로워지지는 않았다. 광해군 14년(1622), 그는 장모의 제문에서 "시골에 돌아온 뒤부터는 세상의 변고를 많이 당하여, 사람들 모두가 곤궁해진 가운데 집안일도 결딴났다. 끼니를 거를 정도로 가난에 허덕였으니, 맛있는 음식 하나라도 장만해 드리고 싶어도 그렇게 할 수가 있었겠는가. 부인은 평생토록 부유한 생활을 즐겼고 곤궁한 것을 알지 못했다. 그런데 늘어서 병든 뒤로는 혹 거친 밥이나 나물 반찬마저 충분히 들지 못한 채 세상을 떠나고 말았다"라며 안타까워했다.

광해군 12년(1620) 한준겸은 도원수로 임명된 뒤 조익을 자신의 종사관으로 지명했다. 도원수는 보통 문관이 맡는 임시 무관직으로, 특정 지역의 병권을 총괄했다. 종사관은 일종의 비서관직이다. 한준겸은 종사관 자리를 비워둔 채 3년 동안이나 조익에게 계속 글을 보내 자신의 지명을 수락해줄 것을 여러 차례 요청했다. 이때 조익이 한준겸에게 보낸 답장에서 이렇게 말했다. "제가 고향에 자리 잡은 지 이미 여러 해가 지나서, 세상도 저를 잊고 저도 세상을 잊어 논밭의 일개 농부가 되었습니다. (제가) 있어야 할 곳을 얻었다고 할 수는 있지만, 땅은 척박하고 세금은 많아서 생활하기에 무척 어려움이 심합니다. 하지만 곤궁하기가 습관이 된 지 이미 오래되어, 또한 연연하지 않게 되었습니다."

광해군 9년(1617)에 조익은 윤홍국尹弘國이라는 사람을 위해 제문을 짓는다. 그는 조익보다 한 해 앞서 문과에 갑과甲科 즉 3등 안에 드는 우수한 성적으로 합격했지만, 이이첨의 미움을 산 탓에 하급직을 떠돌던 사람으로, 일찍부터 조익의 술친구였다. 제문에는, 윤홍국이 중국에 사신으로 다녀온 뒤 한번 보기로 했지만, 조익이 농사일에 골몰하다가 그만 약속을 지키지 못했음을 크게 한스러워 하는 내용이 나온다. 조익이 손수 농사를 지었는지는 알 수 없지만, 적어도 농업 경영에 깊이 마음을 썼던 것은 사실이다. 이 시기에 농촌에 살면서 그는 세금의 실상과 농민들의 구체적 현실을 새롭게 이해하게 되었다.

인조반정과 조정 복귀

인조반정이라는 거사에 대해 조익이 미리 알았던 것 같지는 않다. 그런데 1623년 3월 12일 밤 인조반정이 일어나고 14일에, 그는 최명길과 함께 전격적으로 이조 좌랑에 발탁된다. 인조반정 지도부에는 조익과 오래전부터 가깝게 지낸 인물들이 많이 들어가 있었다. 아마도 그들이 반정 성공 뒤의 핵심 관직에 대한 인사 대상자를 미리 정해 놓았기 때문에 그렇게 전격 발탁이 가능했을 듯하다. 인조반정 성공 뒤 1, 2, 3등 정사공신靖社功臣에 총 53명이 정해졌다. 15명의 2등 공신 중에는 그와 절친한 이시백·장유가, 10명의 1등 공신 중에는 최명길이 들어가 있었다.

네 친구

당시 세간에서는 조익, 최명길(1586~1647), 이시백(1581~1660), 장유(1587~1638) 네 사람을 가리켜 '네 친구(四友)'라고 불렀다. 조익은 최명길보다 일곱 살, 이시백보다 두 살, 장유보다 여덟 살이 많았다. 이들 가운데 조익과 최명길의 만남이 가장 빨랐다. 두 사람 모두 문과급제 뒤에 승문원에서 재직했기 때문이다. 그 뒤 이시백과 장유가 차례로 합류했다. 장유가 죽자 조익은 그를 위해 지은 제문에서 당시의 모임을 다음과 같이 표현했다.

함께 서울에 거주하는 동안 오묘한 하늘의 이치로부터 은미한 뭇 언어에 이르기까지 항상 더불어 강론하고 연구하느라 저녁 늦게까지 종일 같이 보냈다. 다행히 서로 뜻이 맞아 깨달음을 얻으면 시원하게 여기면서 기뻐했고, 의견이 서로 달라 합치되지 않으면 해결될 때까지 토론을 멈추지 않았다. 이는 바로 옛날의 이른바 학문을 통한 모임이요(以文而會), 두 개의 연못이 이어진 유익함(麗澤之益) (※麗澤 : 두 못이 붙어 있으면 한쪽의 물이 다른 쪽으로도 흘러든다. 麗는 '짝'이라는 뜻이며 '이'라고 읽는다. 麗澤은 학우學友가 서로 도와서 학문과 덕을 닦는 것을 가리킨다)이라 할 것이니, 이 어찌 세상 사람들이 교제하면서 명리와 권세를 좇는 것과 같으리오. …… 서로 사모하며 아낀 것으로 말하면 옛날의 어떤 붕우도 우리보다는 못했으리.

이들이 처음 모인 것은 선조 39년(1606) 무렵으로 보이는데, 이 즈음은 조익과 최명길만 문과에 합격했을 때다. 나이나 문과에 붙은 순서로 볼 때 아마 조익이 좌장 역할을 했을 듯싶다. 이 모임은 그들 후손에까지 이어져, 뒷날 네 집안 자손들의 독서 계契가 계속되었다.

반정 전에 어떤 사람이 조익에게 반정에 대해 미리 알리려고 했다. 그러자 이시백은 "초연히 세상 밖에서 노니는 사람에게 위험한 일로 폐

사우(四友) 위 왼쪽에서부터 시계 방향으로 조익, 최명길, 장유, 이시백 : 20대 푸르른 시절에 만나 깊은 우정을 나누다 모두가 최고위 관직에 오르고, 그들의 자손 대까지 아름다운 인연을 이어간다는 것은 생각하기 어려운 인연이리라. 조익, 최명길, 이시백, 장유와 그들의 후손들이 그랬다. 더구나 이들은 권력을 얻기 위해서 서로 뒤를 봐주고 단합하던 사이도 아니었다. 장유는 이정구, 신흠, 이식과 더불어 조선 문학의 사대가(四大家)라는 칭호를 받을 정도로 뛰어난 문장 실력을 지녔다. 그의 딸이 효종 비 인선왕후로, 그는 곧 현종의 외할아버지다. 이시백은 이귀의 아들이고 이시방의 형이다. 인조가 봉림대군을 세자로 정하려 할 때, 그는 소현세자의 아들을 세자로 세울 것을 주장했다. 그럼에도 인조는 죽기 전 그를 불러서 세자가 된 봉림대군을 소개하며 뒤를 부탁할 정도로 깊은 신임을 받았다. 최명길은 두말할 필요 없이 인조 대를 대표하던 실무형 경세가였다. 이들의 인연을 당대 사람들은 '사우(四友)'라 이름 했다.

인조반정의 1, 2등 정사공신들

이름	등급	탈락	이름	등급	탈락
김류金瑬	1		이중로李重老	2	
이귀李貴	1		이시백李時白	2	
김자점金自點	1	역모	이시방李時昉	2	
심기원沈器遠	1	역모	장유張維	2	
신경진申景禛	1		원두표元斗杓	2	
이서李曙	1		이해李澥	2	
최명길崔鳴吉	1		신경유申景裕	2	
이홍립李興立	1		박효립朴孝立	2	
구굉具宏	1		장돈張暾	2	
심명세沈命世	1		구인후具仁厚	2	
이괄李适	2	반란	장신張紳	2	
김경징金慶徵	2		심기성沈器成	2	
신경인申景禋	2				

* 김류와 김경징은 부자간
* 이시백·이시방 형제는 이귀의 아들
* 심기원·심기성은 형제간
* 신경진·신경유·신경인 형제는 신립의 아들
* 장유·장신은 형제간, 이홍립은 장신의 장인

를 끼칠 수는 없다"라고 했다. 그는 쿠데타가 실패할 경우를 우려해서
조익을 보호하려 했던 것이다.

사실 인조반정은 쿠데타 직전까지도 성공하리라는 장담을 할 수 없
었다. 위의 표를 보면 이홍립이라는 사람이 10명의 1등 공신 중에 들어
가 있다. 그는 반정 당시에 훈련대장이었다. 훈련대장은 서울에 주둔한
5,000여 명의 병사로 이루어진 막강한 훈련도감의 수장이다. 훈련도감
은 조선의 유일한 상비군이었다. 만약 이홍립이 막으려고만 마음먹었

다면 쿠데타는 결코 성공할 수 없었다. 그는 광해군 말에 영의정 박승종朴承宗과 사돈을 맺은 덕분에 훈련대장에 임명되었다. 인조반정의 주모자들은 거사 날짜까지 잡았지만 그를 쿠데타에 끌어들이지 못하면 성공할 수 없다고 생각했다. 그런데 우연히도 장유의 동생 장신張紳이 이흥립의 사위였다. 마침내 장신을 통해 이흥립을 반정에 끌어들일 수 있었다. 이흥립이 가담한 뒤에야 반정의 참여 세력이 확대되었다. 사실상 이흥립이야말로 인조반정의 성공에 가장 큰 공을 세운 인물이라 할 수 있다.

본래 이시백은 조익을 생명의 은인으로 생각했다. 그의 말에 따르면 광해군 2년(1610)에 자신이 심한 병이 들어서 목숨이 위태로운 지경이었을 때, 조익이 거의 50일 동안 하루도 빠지지 않고 약을 사서 그를 병문안했다고 한다. 그는 자신이 살아 있는 것은 그때 조익이 베풀어준 은혜 덕분이라고 말했다. 나중에 이시백과 조익은 겹사돈 관계로 발전한다. 조익의 넷째 아들 내양來陽은 이시백의 사위가 되었고, 이시백의 장손 상수相曧는 조익의 사위가 되었다. 조익은 5남 1녀를 두었다.

이조 좌랑에 전격 발탁되다

반정한 다음 날 조익은 최명길과 함께 이조 좌랑에 임명되었다. 최명길이 정사공신 1등에 들었을 정도로 인조반정에 핵심적으로 기여한 인물이라는 점을 생각하면, 반정과 아무런 관련이 없던 조익이 같은 자리에 임명된 것은 파격이었다. 하지만 이에 대해 친구 잘 둔 덕에 횡재했다는 식으로 말할 수는 없다. 실록은 조익이 이조 좌랑에 임명된 사실을 기록하면서 그에 대해 다음과 같이 평했다. "충후하고 진실한 사람으로 어버이를 섬김에 지극히 효행이 있었고, 본래 학문을 좋아하여 경전經傳에 마음을 다했다. 일찍이 광해군 때 시골에 물러가 있음으로써 사림의 존경을 받았다." 여기서 주목할 내용은 그의 학문이 높고 광해군 대에 물러나 있으면서 사림에게 높은 평가를 받았다는 점이다.

인조반정 세력이 정국 운영의 원칙으로 삼은 것은 '산림山林을 존중한다'였다. 이 원칙은 그들의 중요한 반정 명분이었다. 광해군 시절에 정치적 공공성은 재야, 즉 사림에 있었다. 반정 세력을 사림과 연결하는 데 조익보다 더 적합한 사람을 찾기는 어려웠다. 그는 일견 반정 세력과 무관한, 객관적 입장을 견지하는 것으로 보였기 때문에 반정 세력에게는 더욱 매력적인 인물이었다. "광해군 때 시골에 물러가 있음으로써 사림의 존경을 받았다"라는 사관의 평가는 바로 이 점과 관련된 말이다. 더구나 조익은 반정 세력이 전폭적으로 믿을 수 있는 인물이었다. 반정 세력은 새 정부의 인사 문제를 그에게 맡겼다. 반정의 논공행상은 결국 '자리' 문제로 귀결되었다. 반정 다음 해(1624) 일어난 이괄의 난이 논공행상 문제가 공정하지 못해서 일어났음을 상기해본다면, 반정 직후 조정의 인사 문제는 그야말로 조심스럽게 다루어야 할 사항이었다. 그 해결사로 등장한 사람이 바로 조익이다.

인조반정으로 조정에 복귀했을 때 조익의 나이는 45세였다. 흥미로운 사실은, 이 책에서 다루고 있는 네 명의 인물 모두 이 나이 무렵에 삶의 중요한 분기점을 맞았다는 점이다. 이이는 45세 되는 해의 12월에 조정에 복귀한다. 그의 생애 마지막 3년이 시작되는 시점이었다. 이원익은 평안도 관찰사로 있다가 45세에 우의정으로 조정에 복귀하고, 1년 뒤에 임진왜란을 맞는다. 그리고 뒤에 살펴볼 김육은 44세의 나이로 비로소 처음 조정에 나오고, 다음 해 과거에 붙으면서 본격적으로 관료 생활을 시작한다. 그 나이 무렵에 이들의 처지는 천차만별이었다. 김육은 아직 과거조차 붙기 이전이고, 이원익은 정승이었다. 이이를 뺀 나머지 세 명은 장수했으며, 나중에 모두 정승이 되었다. 격변의 시대였기에 가능한 일이었다.

인조반정과 동시에 조정에 나온 조익에게, 이때부터 병자호란 직후 조정을 다시 떠날 때까지의 14년은 두 번째 재직 기간이라고 할 수 있다. 그 사이에 모친상 때문에 2년 남짓 조정을 떠나 있기도 했지만, 이 14년간이야말로 조익의 관직 생활에서 중심을 이루는 시기이다. 병자호란 뒤 그가 사망하는 효종 6년(1655)까지 약 20년 동안에 그의 명망과 관직은 비록 앞 시기보다 훨씬 높아졌지만, 그가 실제로 조정에 있었던 기간은 인조 26년(1648) 7월에서 효종 원년(1650) 말까지 2년 남짓에 불과했다. 이 시기에 그는 공물 변통과 관련해서 몇 차례 자신의 생각을 제시했지만, 그것은 이전의 주장을 요약하는 수준이었다.

이조 좌랑으로 시작해서 예조 판서로 끝나는 두 번째 재직 기간 동안, 조익은 서울에서 남의 집을 빌려 살았다. 그 집은 남부 훈도방 주자동에 있었다. 이곳에 활자를 만드는 정부 부서인 주자소鑄字所가 있어서 그렇게 불렸는데, 현재의 중구 필동이다. 광해군 5년(1613)에 관직을 그만두면서 집을 팔아버린 뒤, 서울에 다시 집을 마련하지 못했던 것이다. 이시백은 조익이 서울에 몇 칸짜리 초가집도 마련하지 못해서 집을 빌려 살았고 녹봉이 나와야만 밥을 먹을 수 있었다고 말했다. 또 병자호란 당시 피난하기 위해 도성을 나가던 날에도 집에 말 한 필이 없어서 그의 처와 딸은 걸어서 가야 했다고 말했다. 당시 그의 직책이 예조판서였으니, 요즘으로 말하면 장관 집에 차도 없었던 셈이다. 그러나 녹봉만으로 산다면, 이 상황이 그렇게 이상한 일도 아니다.

선혜청에 대해 논하는 상소

대동사목을 만들다

광해군 즉위년(1608)의 경기선혜법 때 그랬듯이, 인조 원년(1623)의 삼도대동법 실시 결정을 이끌어낸 사람도 이원익이었다. 그는 재생청裁省廳을 설립해서 대동법 실시와 관련된 제반 업무를 관장케 했다. 이원익은 조익을 재생청의 책임자로 뽑았다. 말하자면 삼도대동법을 시작한 사람은 이원익이지만, 이를 실무적으로 추진한 사람은 조익이다. 삼도대동법을 추진할 때 실무 작업의 핵심 내용은 사목事目, 즉 운영 규정을 만드는 일이었다.

관직 생활을 하기 전에도 그랬지만, 조익이 관직에서 물러난 광해군 5년(1613) 이래 10년간 살았던 곳은 경기도와 충청도였다. 이 시기에 그는 경제적으로 여유 있는 형편이 아니었기에 오히려 민생 현실에 대해서 소상히 파악하고 느낄 수 있었다. 사목은 인조 원년 4월에서 6월 사이에 만들어졌다. 실록에는 9월 말에 대동청 낭청 4명을 정했다고 기록되어 있다. 그렇다면 4월에서 6월 사이에 만들어진 대동사목은 조익이 거의 혼자 주관해서 만들었다는 말이 된다. 실제로 그는 대동법의 체계와 각각의 항목을 모두 자신이 계획을 세워 이원익에게 보고했다고 말했다.

조익은 어떻게 불과 3개월이라는 짧은 기간에 그 많은 분량의 대동사목을 마련할 수 있었을까? 예나 지금이나 법조문 혹은 행정 규정을 만드는 일은 까다롭기 그지없다. 그중에서도 가장 분란의 여지가 많은 것이 돈과 관련된 사항이다. 국가 수입에서 압도적 비중을 차지하는 공물의 개혁에 관련된 규정을 조익은 거의 혼자 힘으로 신속하게 정리해 냈다. 공납에 관련된 현실의 문제점들을 이미 그가 정확히 파악했기 때문에 가능했을 것이다. 대동사목을 완성한 뒤 그해 가을, 그는 대동법의 시행 상황을 살피기 위해 충청도와 전라도를 둘러보고는 "이번의 현지 답사가 기존의 내 생각을 더욱 확신하게 해주었다"라고 말했다. 송시열宋時烈도 조익이 오랫동안 시골에서 산 경험으로 현실의 폐단을 잘 알았기 때문에 그 기획이 시의時宜에 들어맞았다고 말했다. 개혁을 위해서는 행정 관행이나 절차에 대한 숙달도 중요하지만, 더 중요한 것은 현실 그 자체에 대한 정확한 이해였다.

상소의 힘

그러나 순조로운 듯하던 개혁은 얼마 가지 못했다. 몇 달 뒤 난관에 봉착했던 것이다. 긴 세월 동안 방납防納으로 막대한 이익을 얻었던 세력이 다양한 방식으로 반격에 나섰다. 그 세력은 음습하게 숨어 있는 익명의 무리가 아니었다. 그들은 왕실과 왕비가의 지체 높은 사람들,

고위 관료들과 그들의 집안사람들 중 일부였다. 방납은 애초에 권력 없이는 가능한 일이 아니었다. 송시열은 이를 다음과 같이 완곡하게 말했다. "방납이 오늘날의 큰 폐단이 되고 있습니다. 사대부들이 흔히 이 때문에 염치를 잃게 됩니다. 근래에는 또 듣건대, 대궐 안에서 공상供上 받을 종이를 방납한다고 합니다. 전해 들은 말이어서 반드시 다 믿을 수는 없습니다. 하지만 만약 그런 일이 정말로 있다면, 이 얼마나 성덕聖德에 누가 되겠습니까." 사대부가 염치를 잃고 임금 얼굴에 먹칠을 하는 것이 공물의 폐단이었다. 하지만 그들이 거둬들이던 이익은 그런 불명예쯤은 기꺼이 감수할 정도로 막대했다. 아무리 줄여 잡아도 그들이 그렇게 얻는 수입은 정부의 공식 예산 규모를 훨씬 넘어서는 수준이었다.

늘 그렇듯이 개혁에 따른 저항은 단순하지 않다. 보통 그런 저항에는 상당한 정도의 합리적 반대 이유가 포함되기 때문이다. 개혁에 대한 저항은 대체로 합리적인 이유를 내세워 불합리한 것을 방어하는 방식으로 이루어진다. 따라서 개혁 과정이란 개혁안에 대한 합리적 반대와 수구적 저항을 분리해 나가는 작업이라고 할 수 있다. 대동사목이 만들어지고 나서 대략 인조 원년(1623) 7~8월에는 이 두 가지가 구분 없이 분출되었다. 그 결과 반정과 동시에 힘차게 시작되었던 개혁은 어느덧 그 진로가 불투명해지고, 실제로 실시될 수 있을지 여부조차 가늠할 수 없는 지경이 되고 말았다. 이 과정은 이미 경기선혜법 때에도 똑같이 나타났던 현상이다. 경기선혜법도 처음에는 경기도에만 실시하려던 것이 아니었다. 개혁에 대한 저항과 타협하는 과정에서 공물 변통의 대상 지역이 경기도로 축소되었던 것이다.

바로 이 상황에서 인조 원년 9월 초, 조익은 장문의 상소 「논선혜청 小論宣惠廳疏」를 올린다. 말 그대로 선혜청에 대해 논하는 상소였다. 이 상소에는 조익의 진면목이 유감없이 나타나 있다. 그는 이 상소에서 실무에 대한 이해와 이론적 분석 능력을 결합하여 경세經世에 대한 사대부의 빛나는 이상을 표현했다. 이 상소는 한 사람이 관리와 지식인의 면모가 잘 결합되었을 때, 다시 말해서 진정한 사대부가 발휘할 수 있는 역량을 훌륭하게 보여준 예였다. 그의 상소는 인조와 고위 반정 인사들의 마음을 움직였다. 아직 반정의 명분과 이상이 사라지지 않았을 때였다. 조익의 상소를 통해서 삼도대동법은 일거에 새로운 추진력을 획득했다.

조익은 먼저 '인정仁政'의 중요성을 강조했다. 국가는 백성에게 너그러운 정치를 펼쳐야 한다는 말이다. 또한 인정이 법도를 통해서 관철되어야 한다고 말했다. 조선의 지식인들이 지닌 국가 운영의 제1공리는 인정을 소중히 여기는 왕의 마음가짐이다. 조익은 여기에 그치지 않고, 그것을 구현할 올바른 제도를 더불어 강조했다. 바로 이 점이야말로 이이가 천명한 뒤 정약용에 이르기까지 조선시대 경세가들이 공통으로 견지한 원칙이다. 이이의 「만언봉사萬言封事」, 유형원柳馨遠의 『반계수록磻溪隨錄』, 정약용丁若鏞의 『경세유표經世遺表』·『흠흠신서欽欽新書』는 바로 인정을 구현할 수 있는 제도에 대한 그들의 생각을 담은 책이다. 조익은 조선시대 경세론의 전통 속에 있었다.

구체적으로 인정을 구현하는 제도의 목적은 국가가 수취를 바르게 해서 백성이 '항산恒産'을 갖게 하는 것이었다. 백성이 '항산'을 갖게 하는 수취 제도란 다름 아닌 1/10세이며, 그것은 곧 정전법井田法의 정신을 계승한 것과 같았다. 조익은 당시 추진하는 대동법이야말로 1/10세라는 점을 논증했다.

정전법은 본래 중국 고대의 수취 제도이지만, 조선시대에 그 의미는 늘 당대의 현실적 요구 속에서 재해석되었다. 아주 오래된 개념이었지만, 조선에서는 늘 현실 개혁의 원칙으로 생명력을 잃지 않았던 것이다. 이런 현상은 역사 속에서 그리 낯설지 않다. '정전법' 대신 '민주주의'를, '중국 고대' 대신 '그리스'를 대체해보면 옛날이나 지금이나 별로 다르지 않음을 알 수 있다. 조익은 "선혜청의 이 법은 옛 법의 취지에 가깝습니다. 실로 맹자가 말한 성현의 정치와 은연중에 일치합니다"라고 말했다. 그는 제도가 좋지 않은데도 나라가 잘 다스려졌던 경우는 이제까지 없었다면서 바른 제도의 중요성을 강조했다.

선물인가, 세금인가

대동법의 성립 과정에서 조익이 기여한 가장 중요한 이론적 공헌은 진상進上의 개념을 새롭게 규정한 것이다. 이 내용을 이해하기 위해 조선의 공납 제도를 약간 짚고 넘어가자. 조선은 조租·용庸·조調의 수취 제도를 실시하고 있었다. 조租는 경작지에서 나오는 곡물을, 용庸은 백성들의 노동력을, 조調는 각 고을의 특산물을 거둬들이는 것이다. 조調는 다시 두 범주로 나뉜다. 하나는 공물貢物이고, 다른 하나는 진상이다. 공물은 대부분 중앙과 지방의 각 관서에서 그 수요를 충당했고, 진상은 왕실에서 수요를 충당했다. 공물과 진상은 겹치는 부분도 있지만, 크게 보면 공물은 정부 부문으로, 진상은 왕실로 들어갔다. 문제가 되는 것은 진상이었다. 공물은 정부 부문에 들어가기 때문에 세금의 범주로 인식되었지만, 진상의 경우는 그렇지 않았다. 진상에 대해 통상적으로 갖고 있는 관념은 지방의 각 고을 수령이 왕과 그 가족들에게 바치는 '선물'이었다. 이것이 조선시대에는 '예헌禮獻'이라는 개념으로 표현되었다. 예헌이란 아랫사람이 윗사람에게 존경과 복종의 의미로 바치는 물품을 뜻한다.

대동법 성립 과정에서 가장 문제가 되었던 것이 진상이었다. 진상이 문제라는 말은 애초 개혁을 시작할 때 진상이 공물보다 더 많이 부패했다는 사실적 측면을 뜻하지 않는다. 문제의 핵심은, 아무리 부패했어도 공물은 원칙적으로 세금으로 인식되는 데 비해, 진상은 그렇지 않았다는 데 있다. 개혁을 추진하는 과정에서, '원칙'은 그것이 갖는 고유의 힘이 있다. 평시에는 그런 것이 과연 있었는지 거의 인식조차 되지 않던 원칙도 어떤 중요한 순간에 이르면 강력한 힘을 발휘한다. 가장 큰 문제는 그런 원칙 자체가 없는 경우이다. 진상이 세금의 범주로 인식되지 않았던 것이야말로 진상에 대한 개혁을 막아서는 가장 커다란 장애물이었다.

현실에서 진상 문제의 해결을 어렵게 하는 요소는 두 가지로 요약될 수 있다. 하나는 진상이 공물보다 오히려 더 많다는 점이고, 다른 하나는 백성들 입장에서 공물과 진상이 전혀 구분되지 않는다는 점이다. 이 두 가지는 곧 진상이 빠진 대동법은 입법이 된다고 해도 무의미함을 뜻한다. 대동법의 핵심은 미리 정해 놓은 징수액에서 백성들에게 추가 징수를 하지 않는 것이다. 그런데 공물 명목의 액수를 정할 때 진상 명목에 대해서는 그런 규제를 두지 않는다면, 전체적으로는 규제가 없는 것이나 마찬가지가 된다. 공물을 걷기 어렵다면 진상으로 명목을 바꾸어 거둬들이면 되기 때문이다. 비유하자면 이것은 마치 그리스 신화에 나오는 괴물 히드라와 같다. 여러 개의 뱀 머리로 이루어진 히드라를 제거하려면 하나하나의 머리를 제거하는 것으로는 불가능하다. 머리 하나를 제거하면 그 자리에 다시 두 개의 머리가 나오기 때문이다. 따라서 유일한 방법은 머리 전체를 한번에 제거하는 것이다.

진상은 실제로는 과중한 세금이었지만 그 명목이 왕에게 바치는 '예헌'으로 규정되었다는 점에서 문제가 심각했다. 왕조 국가 조선에서 왕에 대한 예헌을 부정한다는 것은 대단히 부담스러운 일이다. 이를 언급하려면 큰 용기가 필요했다. 더구나 오랜 시간 사회적으로 깊이 통념화된 개념을 재규정하려면 정교하고 명쾌한 이론으로 설득을 해야 했다. 조익이 해낸 작업이 바로 그것이다. 이러한 이론적 작업을 감행한 뒤에, 그는 당시 대동법에 반대하는 주장을 5가지로 정리하여 차례로 논파해 나갔다.

다섯 가지 반론

대동법을 반대하는 사람들의 첫째 반론은 삼도대동법의 수취 방식에 대한 것이었다. 현행처럼 여러 번 거두어도 조금씩 거두면 백성들이 편히 여기지만, 대동법에서 계획하는 대로 한 번에 결당 8말을 거두면 백성들이 감당하지 못한다는 주장이었다. 개혁에 반대를 하거나 저

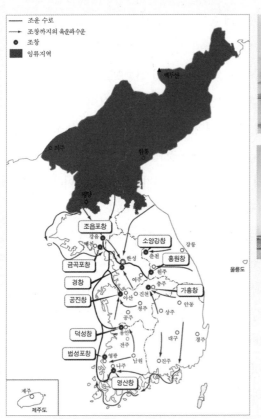

凡例
—— 조운 수로
→ 조창까지의 육운파수운
◉ 조창
■ 잉류지역

조읍포창
소양강창
금곡포창
홍원창
경창
가흥창
공진창
덕성창
법성포창
영산창

의주
함흥
평양
강릉
춘천
한성
원주
여주
충주
안동
진천
청주
상주
경주
공주
용안
대구
전주
남원
진주
나주
영암

물릉도

제주
제주도

조창과 조운로, 조운선

각 도에서 국가에 내는 전세와 대동미를 배로 서울까지 운반하던 것을 조운이라고 한다. 쌀과 곡물은 매우 무거워서 육로로 운반하는 것이 사실상 불가능했다. 이 때문에 백성들에게서 모은 것을 서울로 운반하기 위해 강과 바닷가에 창고를 설치했는데, 이를 조창이라 한다. 조창에 일정 기간 저장했다가 서울의 경창京倉으로 운송했다. 군자창軍資倉·풍저창豊儲倉·광흥창廣興倉 같은 것들이 바로 경창이다. 지도에 평안도와 함경도가 '잉류 지역'으로 표시되어 있는데, 이는 조세를 서울로 운반하지 않고 그 지역에 놔두고 사용하는 것을 뜻한다. 조운선은 크기에 따라 대·중·소로 나뉘었다. 최근 국립해양문화재연구소가 옛 자료에 따라 조운선을 복원했다. 복원된 조운선은 길이가 24m, 너비가 7.5m, 높이가 3.3m로 돛은 13m이며 돛대는 18m다.

항할 때면 예나 지금이나 백성 혹은 국민의 이름을 판다. 조익은 이 반론에 대해서, 여러 번 거두면 오히려 거둘 때마다 그에 따른 부대 비용 때문에 결과적으로 부담이 훨씬 더 늘어난다는 점을 지적했다. 정확한 사실이었다. 사실 이 첫 번째 반론은 요즘 말로 하면 소가 웃을 말이었다. 공물을 납부할 때는 반드시 두 가지 부대 비용이 들었다. 하나는 운반비이고, 다른 하나는 공물을 받는 기관에 공물과 함께 바치는 '인정人情'이다. 인정은 요즘 식으로 말하면 음성적 뒷거래에 따르는 불법 리베이트다. 운반비와 리베이트를 합치면 공식적으로 내야 하는 것보다 훨씬 커졌다. 배보다 배꼽이 더 큰 격이었다. 번거롭고 복잡한 행정 절차는 흔히 불법과 부패의 온상이 된다. 조익은 현물공납제에서 1년에 여러 번 거둘 때도 그때마다 내는 양이 결당 7, 8말에 이르는 경우가 많았음을 아울러 지적했다. 실제로 한 번에 결당 7, 8말을 내는 것은 백성들에게 전혀 새로운 일이 아니었다. 심지어 그보다 훨씬 많이 낸 적도 있었다.

둘째 반론은 부자들은 땅이 많아서 내야 할 쌀도 많기 때문에 한 번에 내기 어렵다는 주장이었다. 백성들이 쌀을 낸다는 말은, 그것을 생산지에서 조창漕倉까지 운반하여 납부한다는 뜻이다. 정부는 해안가에 위치한 조창에 모인 쌀을 조운선을 통해 서울까지 운반했다. 그런데 쌀을 조창까지 육로로 운반하는 일에는 상당한 수고가 따랐다. 두 번째 반론은 이 점을 지적한 것이다. 조익은 땅을 많이 갖고 있는 사람이면 자연히 일손도 많을 것이므로 문제되지 않는다고 비판했다. 나아가 가난하고 일손이 없는 사람들도 감당하는 일을, 곡식도 많고 일손도 많은 사람이 감당할 수 없다는 것은 말이 되지 않는다고 재반박했다. 실제로 17세기 전반까지도 노비는 주요한 경제적 자원이었다. 수십에서 많을 때는 100명이 훨씬 넘는 노비를 가진 집이 적지 않았다.

셋째 반론은 호세가豪勢家와 방납자防納者의 폐단은 오래되었는데, 이 것을 갑자기 꺾으려는 것은 무리라는 주장이었다. 첫째와 둘째 반론이 수취 과정의 기술적 어려움을 들어서 대동법에 우회적 방어적으로 반대했다면, 이 주장은 좀 더 공세적인 반대였다. 이 주장은 사회 개혁이 추진되는 곳에는 언제나 등장하는 '현실론'이다. 여기에 대해 조익은 그들이야말로 국가의 정당한 명령을 거부하고 백성들의 재산을 빼앗는 자들일 뿐이라고 비판했다. 잘못된 것이 오래되었다고 해서 옳은 것이 되지는 않는다는 말이다. 그는 다수의 불쌍한 소민小民들과 위기에 처한 국가재정을 위해 호세가와 방납자들의 사욕을 조금 제어하는 것은 당연하다고 말했다.

넷째 반론은 쌀을 한곳에 쌓아 놓으면 화재의 위험이 있다는 보관상의 문제에 대한 지적이었다. 조익은 이런 지적에 전혀 근거가 없다고 말했다. 오히려 진짜 걱정스러운 점은 그렇게 쌓으려야 쌀을 쌀이 없는 현실이라고 지적했다. 개혁에 대한 반론은 때로 얼토당토않을 때가 있다. 어찌 보면 개혁은 다이어트와 비슷한 면이 있다. 건강을 위해 운동을 하거나 음식을 절제해야 할 때, 우리는 말도 안 되는 엉뚱한 이유를 대서 스스로를 합리화하며 그날의 운동을 빼먹거나 맛있는 음식의 유혹에 굴복한다.

다섯째 반론은 앞의 반론들과는 달랐다. 호남에서 서울까지 쌀을 배로 운반할 때 일어날 수도 있는 침몰에 대한 우려였다. 조익도 이 점만은 깊이 공감했다. 사실 이것은 조선시대 내내 지적된 문제였고, 나중에 김육도 죽기 직전까지 고민하던 문제였다. 여기에 대해서 조익은 자신이 생각한 대안을 제시했다.

조익의 상소가 대동법에 반대했던 모든 사람을 설득할 수는 없었다. 사람들은 어떤 이야기가 합리적이라 판단되면 그 이야기를 받아들인다. 하지만 늘 그렇거나 다 그렇지는 않다. 그 이야기가 자신의 주관적 믿음이나 소망과 부합하기 때문에 받아들이기도 하고, 그 이야기를 전하는 사람을 개인적으로 신뢰하기 때문에 받아들이기도 한다. 특히 개인의 경험이나 직관적 판단 범위를 넘어서는 사회적 현상에 대해서는 그런 경향이 훨씬 자주, 그리고 강하게 나타난다.

경제적 계급적 이유가 아니더라도 대동법에 반대하는 사람은 적지 않았다. 대동법 같은 급진적 개혁이 과연 성공할 수 있겠느냐는 의구심 때문이었다. 지금도 그렇지만 희망에 움직이는 사람보다는 가능성에 움직이는 사람들이 훨씬 많은 법이다. 조익은 대동법이 충분히 현실에서 추진 가능한 법임을 요령 있게 설득함으로써, 인조와 조정 중신들의 마음에 있던 대동법 실시에 따른 불안감을 상당히 덜어주었다. 애초 대동법에 찬성하지 않던 이귀李貴 같은 사람도 조익의 상소를 본 뒤에는 이 법이 반드시 시행되어야 할 법이라고 말했다. 30년쯤 뒤의 일이지만, 이귀의 셋째 아들 이시방은 호조 판서로 호서대동법 입법 시 주역이었다.

상황 분석과 대안 제시

조익의 상소에 힘입어서 인조 원년(1623) 가을부터 강원, 충청, 전라도에 삼도대동법이 전격적으로 실시되었다. 그 핵심 내용은 봄과 가을에 결당 쌀 8말씩, 모두 16말을 걷는 것이었다. 말 그대로 봄에 걷는 것을 춘봉春捧, 가을에 걷는 것을 추봉秋捧이라고 했다. 그리고 각 고을 관청의 자체 수요를 위해서 16말 중 2말이 책정되었다. 전체적인 구도로 볼 때 삼도대동법의 초안은 명백히 경기선혜법의 연장선에 있었다. 봄과 가을에 8말씩 거두고 각 고을 몫으로 2말을 지급하는 것은 경기선혜법의 핵심 내용이었다. 이원익의 입장에서 보면, 삼도대동법은 15년 전 광해군 즉위년(1608)에 저항 세력으로 인해 좌절되었던 개혁의 재시도였다.

부실한 삼도대동법

삼도대동법은 실시되자마자 곧바로 많은 문제점을 드러냈다. 그것의 대부분은 법 실시 지역의 차이와 관련된 문제였다. 경기도에 비해 강원, 충청, 전라도는 서울에서 굉장히 멀뿐 아니라 지역적으로 넓었다. 앞에서 조익도 인정했던 미곡 운반과 관련된 문제점이 먼저 보고되었다. 그때까지만 해도 정부가 배로 운반하던 것은 결당 4말에 불과한 전세 정도였다. 그런데 삼도대동법이 실시되자 갑자기 그것의 네 배나 되는 미곡을 운반해야 했던 것이다. 당연히 문제가 발생했다. 또 각 고을에서 조창까지 미곡을 운반하는 것에 따른 문제도 전국적으로 보고되었다. 더구나 각 고을에서 조창까지 미곡을 운반하는 데 드는 비용은 대동미와는 별도로 각 고을이 추가로 부담해야 했다. 경기선혜법의 경우에는 운반 거리가 가까워서 이에 대한 고려를 하지 않아도 별로 문제되지 않았다. 나중의 일이지만 효종 대에 실시된 대동법에는 각 고을에서 조창까지의 운반비가 대동미로 지급되었다. 정책 개선은 대개 실패에 따른 반성의 결과로 이루어진다.

그런데 미곡 운반에 따른 문제점보다 훨씬 더 치명적인 세 가지 문제가 불거졌다. 첫째는 대동미·포의 부과 대상이 되는 토지에 대한 평가가 정확하지 못한 것이었다. 정확한 양안量案 즉 토지대장이 없다면 대동법은 아무리 취지가 좋아도 결코 의도한 결과를 얻을 수 없었다. 본래 대동법의 근본 목적은 담세 능력에 따른 공정한 세금 부과였다. 담세 능력의 잣대는 정확한 양안에서 나온다. 삼도대동법이 기준으로 삼은 양안은 광해군 10년(1618)에 만들어졌는데, 이것은 임진왜란 직후인 선조 36년(1603)의 계묘양안을 기초로 작성되었다. 임진왜란이 끝난 지 얼마 지나지 않은 상태에서 전결 파악이 제대로 될 리가 없었다. 계묘양안에서 삼남 지방의 총 전결 수는 약 30만 결 정도였다. 나중에 효종 때 성립된 대동법은 인조 12년(1634)에 만들어진 갑술양안을 기준으로 했는데, 이에 따르면 삼남의 총 결수는 54만여 결이었다. 계묘양안과 갑술양안은 총 결수에서 거의 두 배 차이가 났다. 이런 차이가 나는 근본적인 이유는 계묘양안을 작성할 때 토지 파악이 부실했기 때문이다. 결국 전결 파악의 부실함이 공정하지 못한 세금 부과의 원인이 되었다.

두 번째 문제는 아주 많은 진상 항목이 대동법에서 빠졌다는 점이었다. 이것은 백성들이 대동미를 내고 나서, 또다시 진상 명목의 추가 부담을 져야 한다는 것을 뜻했다. 중앙정부 입장에서는 어쨌든 공물 명목에 대해서만이라도 백성들의 부담을 덜어주었다고 생각할 수도 있다. 하지만 백성들 입장에서는 대동법으로 새로운 부담만 늘어났다고 느낄 가능성이 매우 높았고, 또 실제가 그랬다. 각 고을에서는 그전에 거두던 대로 똑같이 거두고, 이에 더하여 서울에 바칠 진상 명목을 추가로 거두었기 때문이다. 사실 백성들로서는 어떤 것이 공물 명목이고 어떤 것이 진상 명목인지도 알 수 없었다.

세 번째 문제는 행정적 혼란이었다. 대동법은 과거에 없던 세금이 새로 만들어진 것이 아니고, 이전까지 내던 세금을 다른 방식으로 바꾼 것이다. 중앙정부가 대동법을 실시하기로 결정한 시점은 이미 이전 방식으로 공물을 절반 넘게 거둔 뒤였다. 정상적으로 한다면 반년 혹은 1년 정도의 입법 예고를 한 뒤, 각 고을에서 준비를 할 수 있도록 했어야 했다. 하지만 삼도대동법은 이런 과정이 없었다. 이미 절반 이상 걷은 공물을 백성들에게 돌려주고 쌀이나 포로 새로 걷을 수도 없고, 아직 못 걷은 것만 가려서 걷을 수도 없었다. 이 상황에서 이미 걷은 것을 백성들에게 돌려주지 않은 채, 대동미를 다시 걷은 곳이 많았다. 이렇게 되니 백성들에게 원망이 생기지 않을 수 없었다.

부패가 문제인가, 불균등이 문제인가

공교롭게도 인조 원년(1623)에 심각한 흉년이 발생했다. 조정은 조선과 서해를 마주하는 중국 산둥반도에 위치한 등주登州(현 중국 산둥성 옌타이시 부근)에서 식량을 수입해야 했다. 이전에는 좀처럼 있지 않았던 일이다. 그런데 이 국면에서 조정은 막 시작된 대동법 시행과 관련해서 치명적인 실수를 한다. 그것은 1결에 8말을 걷기로 했던 대동미 중 서울로 4말만 올려보내고, 각 관의 자체 수요는 전처럼 현물공납제 방식으로 거두도록 한 것이다. 심한 흉년으로 쌀값이 오른 데다가 쌀의 운반에도 부담이 컸으므로, 조정으로서는 백성들의 형편을 고려하여 취한 조치였다.

이러한 조정의 조치는 그 의도와는 전혀 다른 결과를 낳았다. 백성들은 그전에 공물 명목으로 내던 것을 그대로 내면서, 서울로 올려보낼 결당 4말을 추가로 부담해야 했다. 이 때문에 중앙으로 보내는 4말은 백성들에게 더해진 첩징疊徵에 불과한 것으로 여겨졌다. 첩징은 거듭해서 징수한다는 뜻이다. 개혁에 대한 기대에 부풀어 있던 백성들로서는 대동법에 크게 실망하지 않을 수 없었다. 이때 나온 '반대동半大同', 즉 반쪽짜리 대동이라는 말에는 그런 실망감이 어려 있었다. 좋은 의도가 반드시 좋은 결과로 나타나지는 않는다.

인조 원년 가을에 대동법이 혼란스럽게 실시된 뒤, 다음 해 춘봉을 앞두고 중요한 정책 변화 한 가지가 결정되었다. 인조 원년 가을에 결당 4말만 거둔 것은 어디까지나 흉년에 따른 임시방편이었다. 그런데 이 임시방편이 향후 몇 년간 실시할 원칙으로 정해진 것이다. 이 결정은 물론 상황에 쫓겨 내려졌지만, 단순히 그 이유만은 아니었다. 이런 정책 결정이 취해졌던 원인은 그에 상응하는 정부 내의 정책적 관점이 있었기 때문이다.

이 당시 공납 문제에 대해 조정 내에는 두 개의 서로 다른 견해가 존재했다. 공납 문제의 핵심이 무엇인가를 놓고 의견이 갈렸던 것이다. 한편에서는 공납 문제의 핵심이 방납이라고 보았다. 이는 공납 문제를 단순히 공물 수취 과정의 부패나 폐단의 문제라고 보는 견해였다. 다른 한편에서는 공물 부담의 불균등이야말로 문제의 원인이라고 보았다. 현상적으로 볼 때 이 두 가지 모두 공납 폐해의 대표적 내용이었다. 하지만 무엇을 근본적인 것으로 보느냐에 따라 정책적 대응은 전혀 달라질 수밖에 없다. 정책 결정에서 이런 상황은 흔히 발생한다. 여러 가지 폐단이 동시에 발생할 때, 어떤 것이 근본적인 문제인가를 확정하는 일은 쉽지 않다. 예컨대 오늘날 한국 경제의 문제가 근본적으로 성장과 관련된 것인지, 아니면 분배 구조의 문제인지에 대해서 여전히 정책적 합의가 없는 상태다. 물론 현재의 한국 경제는 성장 부진의 문제와 양극화된 분배 구조의 문제를 동시에 갖고 있다. 하지만 어느 것을 좀 더 근본적인 문제로 설정하는가에 따라 그 대응 정책은 상당히 다른 내용을 갖게 될 것이다. 또한 당연히 그 내용에 따라 사람들 간에 받게 될 혜택은 크게 엇갈린다.

공납 문제를 방납의 문제로 보는 시각과 불균등의 문제로 보는 시각 중에서 압도적 다수는 전자였다. 전자는 쉽게 눈에 띄는 데 반해, 후자는 훨씬 심층적이고 사회구조적인 이해를 가져야만 도달할 수 있는 문제의식이다. 그런 까닭에 방납 문제는 모든 사람이 목소리를 높여 비판했지만, 불균등 문제는 극소수 전문가들만이 이해하고 문제를 느꼈다. 경대동京大同으로 공납 문제를 대부분 해결할 수 있다고 생각한 것은 앞쪽 시각에 따른 조치였다. 경대동이란 지방은 예전 방식대로 공물을 거두면서 서울 징수분에 대해서만 실시하는 대동법이라는 의미이다.

조익은 공납 문제를 다양한 사회적 관계 사이의 불균등 문제로 파악했다. 그는 소란스러운 현실의 배후에 자리한 문제의 원인을 정확히 이해하고 있었다. 그는 이제까지의 공납제가 방납인과 농민, 땅과 노비를 많이 가진 힘 있는 사람과 그렇지 못한 힘없는 백성, 큰 고을과 작은 고을, 서울에서 근무하는 관리와 지방에서 근무하는 관리 사이의 불균등을 초래했다고 말했다. 또한 방납하는 사람이나 농민 모두 똑같은 백성인데, 방납하는 사람은 아무 일도 하지 않은 채 앉아서 막대한 이익을 누리는 반면, 농민은 일 년 내내 뼛골 빠지게 고생하면서 공식 공물가의 몇 배를 억울하게 물고 있다고 말했다. 그리고 힘 있는 사람들은 자기들 몫의 공물 부담을 지지 않는 반면, 힘없는 백성들은 자기 부담에 더하여 힘 있는 사람들의 부담까지 대신 지고 있다고 비판했다. 당시의 공납 제도 아래서 힘 있는 사람들은 그렇게 할 수 있는 다양한 방법을 갖고 있었다. 마치 오늘날 부자들이 자신들의 부를 이용해 고소득층의 조세율을 중산층의 조세율보다 합법적으로 더 낮게 만들어낸 것과 근본적으로 다르지 않다. 2011년에 미국의 양심적인 부자로 유명한 워런 버핏Warren Edward Buffett은 자신의 투자소득세율(17%)이 그의 비서가 낸 근로소득세율(30% 이상)보다 낮다며 부자의 증세를 주장했다. 돈이 낸 수익보다 노동이 낸 수익에 세금을 더 많이 부과하는 것은 그 정권의 성격을 그대로 드러낸다. 한국은 어떤지 모르겠다. 늘 그렇듯이 부유한 사람들은 자신들의 사회경제적 조건을 개선할 다양한 방법과 수단을 갖고 있다. 부자는 친구가 많은 법이다.

조익은 계속해서 각 도마다 부담의 정도가 공평하지 않을 뿐더러 각 도 안에서도 큰 고을은 항상 부담이 가볍고 작은 고을은 무거운 사실을 지적했다. 공물은 고을의 담세 능력을 결정하는 보유 토지량에 따라 부과되어야 하는데, 고을마다 보유 토지량에 큰 차이가 있음에도 불구하고 비슷한 양의 공물가가 부과되었기 때문이다. 공납 문제는 관리들의 수입과도 직결되었다. 서울에서 근무하는 관리들, 즉 경관京官의 경우는 대신大臣이라도 녹봉이 많지 않은 반면에, 외관外官의 경우는 다양한 경로의 수입이 꽤 많았다. 물론 그 원천은 주로 공물이었다. 경관과 외관 사이의 불평등뿐만 아니라 외관들 가운데서도 그런 불평등은 존재했다. 경제적으로 어려운 고을의 경우 수령이 자기 처자도 먹여 살릴 수 없을 정도인 곳도 간혹 있었지만, 부유한 고을의 경우에는 수령이 자기 맘대로 1년에 쓰는 소비가 수천 석에 이르는 곳도 있었다. 중간 규모 농가의 1년 수확이 10여 석 정도였음을 감안하면 어마어마하게 큰 금액이었다. 조익은 이들 모두 똑같은 고을 수령인데 어떻게 이런 일이 있을 수 있냐고 반문했다.

공납 문제를 불균등이라는 측면에서 접근하면, 이 문제는 사회 전체 구조와 관련해서 파악되어야 한다. 이때 공납 문제는 경대동이라는, 수취 과정에 집중된 문제 해결 방식으로는 전혀 처리할 수 없는 문제가 된다. 예나 지금이나 사회의 많은 문제가 그렇다. 사회는 그 내부의 여러 요소가 서로 밀접하게 연결되고 상호작용하는 유기체와 비슷한 측면이 있다. 예를 들어 오늘날 한국의 대학 입시 문제가 결코 대학입시 과정 자체를 이리저리 조정해서 해결할 수 있는 문제가 아닌 것과 같다. 그런 식으로는 절대로 문제가 해결될 수 없다. 그렇게 해결될 문제였다면 수십 년째 이렇게 파행을 거듭하고 있겠는가.

삼도대동법의 내용이 급히 경대동으로 바뀐 직접적인 이유는 갑작스러운 흉년 때문이었다. 하지만 그 근본 원인을 따진다면, 거기에는 고위 재정 관료들조차 공납 문제에 대한 지식이 부족했기 때문이다. 다시 말해 재정 정책을 책임진 사람들 내부에서마저 공납 문제의 원인에 대한 깊은 이해가 없었다.

진화하는 개혁안

인조 2년(1624) 춘봉이 끝난 뒤, 지난 두 번의 삼도대동법에 대해 평가하고 정리해야만 하는 상황에 봉착했다. 법 시행에 따른 혼란과 경대동을 둘러싼 논란이 계속되었기 때문이다. 이해 여름에 조익은 또 한 번 상소를 올려서 전반적인 상황을 분석, 정리하고 필요한 대안을 제시했다. 「대동청계사大同廳啓辭」가 그것이다.

조익이 이 상소에서 요청한 내용 중 중요한 것은 두 가지였다. 하나는 기존의 결당 16말을 13말로 줄이자는 것이고, 다른 하나는 각 고을 몫으로 책정된 결당 2말을 5말로 대폭 확대하자는 것이다. 전자에 대해서 조익은 "1결에 16말은 무겁지 않지만, 사람들 중에 혹 많다고 하는 자들이 있습니다. 지금 13말로 하면 전과 비교해서 꽤 줄어듭니다. 사람들이 더욱 가볍다고 여길 것입니다"라고 말했다. 처음 사목에서 결당 16말을 거둔 것에 대해, 과다한 수취라는 비판이 적지 않았던 것이다.

전근대에는 지금처럼 '복지'를 통해서 국민에게 세금을 돌려준다는 개념이 없었다. 그래서 전근대 시기에는 가능하면 적게 거두는 것이 백성들에게 좋은 일이었다. 하지만 당시의 상황을 큰 틀에서 보면 결당 16말이 많다는 비판은 핵심을 벗어나 있었다. 조익은 "토질이 보통인 농지에 평년작을 기준으로 해서 계산할 경우, 1결에 (세금으로) 4말을 부과하는 것은 (소출량의) 1/40~1/50에 해당"한다고 파악했다. 이에 따르면, 결당 16말은 소출량의 1/10~1/12.5에 해당했다. 그런데 이 당시 현물공납제 아래서 백성이 실제로 부담하고 있는 공물가는 고을마다 다르기는 했지만 16말의 서너 배는 족히 되었다. 그러니 결당 16말에서 서너 말을 더 줄이느냐 마느냐보다는 대동법을 제대로 실시하는 것이 훨씬 중요했다.

조익이 요청한 두 번째 수정 사항은 각 관의 몫을 크게 늘리자는 것이었다. 그는 종전의 결당 2말을 5말로 늘려야 한다고 주장했다. 이것이야말로 첫 번째 수정 사항보다 훨씬 중요한 내용이다. 결당 5말의 각 관 몫이 갖는 핵심적 의미는 각 관의 공식적 지출 총액이 그 안에 들어온다는 점이다. 결당 2말로는 각 관의 지출 총액을 그 안으로 제한할수 없었다. 이 사실은 중요한 함의를 갖는다. 결당 2말로는 백성에 대한 각 관의 추가 징수를 막을 수 없지만, 결당 5말로는 막을 수 있었다.

각 관의 지출에는 줄이거나 아낄 수 없는 지출 항목들이 적지 않았다. 예를 들어서 군선軍船 수리비 같은 것도 공물가로 충당했다. 수령 개인의 소비야 절약하라고 말하면 되지만 군선 수리비는 그럴 수 없었다. 만약 결당 2말로 그 수리비를 충당할 수 없다면, 각 관이 백성에게 공물가 명목으로 추가 징수를 할 때 중앙정부는 이를 막을 수 없다. 상황이 이렇게 될 경우 각 관은 얼마든지 자의적으로 추가 징수를 할 수 있을 터다. 그 때문에 각 관의 필수적 지출을 수용할 수 있을 만큼의 몫을 각 관에 주는 것은, 중앙정부가 각 관의 추가 징수를 막을 수 있는 전제 조건이다. 그리고 바로 이것이 대동법의 성공과 실패를 결정하는 관건이었다. 백성이 평가하는 대동법의 성공 기준은 분명했다. 그것은 대동미·포를 한 번 거둔 뒤에 다시 거두지 않는 것이다.

「대동청계사大同廳啓辭」를 본 뒤, 인조는 대동사목 내용 중에서 타당하지 못한 것을 재검토하라고 지시했다. 그러자 삼도대동청은 두 가지를 요청했다. 그 요청이 조익의 요청이었음은 물론이다. 하나는 앞에서 말한 대로 각 관의 지출을 위해서 결당 5말을 책정하는 것이고, 다른 하나는 종전의 경대동을 폐지하고 각 관까지 모두 포함하는 대동법을 실시하자는 것이었다. 두 차례 실시된 삼도대동법을 통해, 경대동으로는 각 관에서 자행되는 첩징을 막을 수 없다는 사실이 분명해졌다. 실제로 이 두 가지야말로 대동법을 성공시키기 위한 필수 조건이었다.

구체적 현실에 밀착한 개혁안

삼도대동청이 불완전한 개혁안을 보완해 나가는 동안 삼도대동법에 대한 부정적 여론도 빠르게 퍼져갔다. 대동법을 싫어하는 사람들은 너무나 많았다. 조익이 말한 네 범주의 사람들, 즉 방납인, 지방 각 고을에서 땅과 노비를 가진 토호들, 큰 고을 백성들, 대부분 고을의 수령들이 모두 여기에 해당했다. 삼도대동법 추진이 실패하고 9년쯤 뒤, 박지계가 올린 장문의 상소에 이 문제와 관련된 내용이 들어 있다.

이토록 세금이 무거워진 이유로는 세 가지 폐단이 있습니다. 첫째는 (서울에 있는) 경각사京各司의 폐단이고, 둘째는 (지방에 있는) 수령의 폐단이고, 셋째는 (수령 아래 있는) 간악한 아전(奸吏)의 폐단입니다.

지방 각 고을의 공물을 경각사에 상납할 때, 공물을 수납하는 경각사의 말단 관리들은 인정가人情價라는 것을 받습니다. 그런데 이 인정가가 공물 자체에 비해서 반드시 열 배의 가격은 되어야 경각사에서 받아들입니다. …… (인정가를 받는) 오래된 폐단은 이미 관행이 되고 말았습니다. 비록 (지방 고을의) 수령이 청백리여도 (경각사와 같은 서울의) 상급 관청에 대해서는 어찌할 수 없습니다.

(수령은) 관례대로 이른바 인정가를 백성들에게서 거둡니다. …… 간혹 수령 중에 더럽고 탐욕스런 자가 있어서 이전보다 더 많이 거두어 횡령의 길이 한 번 열리면, 뒤이어 수령이 된 자는 옛 규칙을 고칠 수 없다고 생각하여 그 옳고 그름을 묻지 않고 똑같이 따라합니다. 혹 청백리로 자부하는 수령이 있어도 다만 (백성들로부터 함부로 걷어서 마련한) 관가의 재물을 자기 집에 가지고 돌아가지 않는다 뿐이지, 백성들에게 함부로 걷는 관례는 고치지 못합니다. 이것으로 재상과 명사名士와 옛 친구 그리고 친척에게 (자신의) 마음을 표시하고, 그들의 생계를 도와줍니다. (지방) 수령이 되었는데도 그렇게 하지 않으면 재상과 명사가 그와 친교를 두터이 하지 않으니, 단지 뒷날 좋은 자리를 얻지 못하는 정도가 아닙니다. 또 옛 친구와 친척이 화를 내는 정도가 아니라, 그 청백리를 자처하는 사람은 세상에서 스스로 설 수 없습니다. 아주 독립적으로 행동하고 벼슬을 가벼이 여길 수 있는 선비가 아니면 이것을 면하기 어렵습니다. 하물며 청백리로 자부하는 사람은 천 명이나 백 명 중 한두 사람일 뿐이고 나머지는 다 탐욕스런 사람입니다. ……

서울의 고위 관직자는 (직급이 높아도) 급료가 몹시 적어서 가난합니다. 부모를 모시고 자식들을 기르는 데 수령의 뇌물에 힘입어서 의복, 음식, 사치를 부리는 자료로 삼습니다. 그래서 누군가 그들에게 수령이 탐욕스럽게 백성을 학대하는 상황을 말하면, 말한 사람에게 화를 냅니다. 그러므로 사간원과 사헌부 관리들이 수령이 탐욕스럽게 백성을 학대하는 내용을 얻어들을 수가 없는 것입니다.

경각사京各司와 각 고을의 운영을 위해서는 당연히 인력과 경비가 필요하다. 전근대 사회치고 특이할 정도로 관료 제도가 발달했던 조선은 대단히 큰 관료 조직을 운영했다. 그런데 이 관료 조직의 상층부에 대해서만 박하게 재정적 지원이 이루어졌을 뿐, 그 기저를 이루는 기층 조직에 대해서는 별다른 반대급부가 지급되지 않았다. 공물로 인한 부패의 상당 부분은 서울과 지방의 하층 관료 조직을 유지하고 운영하는 일과 관련이 많았다. 그 때문에 어떤 면에서는 그것을 부정한 짓이라고 할 수 없었다. 문제는 반드시 필요한 관료 기구의 운영 비용이 정확히 책정되지 않았다는 점이다. 관료들은 이를 역으로 이용해 관료 기구를 자신들의 사적 치부를 위한 도구로 삼았다. 명확한 규정이 없었으므로 양자는 뒤섞여서 구분하기 어려웠다. 대동법은 반드시 필요한 중앙과 지방의 행정 비용에 대한 지급 규정을 마련했다. 이로써 관리들의 사적 탐욕을 억제할 수 있는 획기적 방법이 마련되었다. 대동법에 대한 찬반은 관념적인 탁상공론이 전혀 아니었다. 그것은 조선 관료 기구에 속한 사람들의 경제적 수입과 직결되는 문제였다.

대가와 거족이 불편하게 여기는 법

이 시기에 사람들은 경대동을 대동법으로 인식했다. 그런데 경대동이 혼돈 속에 빠져들자, 이제 많은 사람은 대동법이 방납의 폐단을 제거하리라는 정책적 전망에 의문을 품었다. 이런 의구심은 백성들뿐 아니라 고위직의 정책 관료들도 마찬가지로 갖고 있었다. 대동법을 실시하면 방납을 없앨 수 있다는 믿음은 대동법을 추진할 수 있는 정책적 전제였다. 따라서 그 믿음이 흔들릴 때, 대동법의 입법 추진력은 크게 약해질 수밖에 없다. 지금까지 경험한 대동법이 실은 경대동에 불과하며, 그것을 개선하여 제대로 실시하면 공물과 관련된 사회적 폐단을 고칠 수 있다는 주장은 거의 설득력을 얻지 못했다. 어떤 정책이든 본 궤도에 오르려면 시행착오가 있기 마련이다. 훌륭하게 작동하는 정책은 그 시행착오를 개선한 결과이다. 그런데 반대가 심한 정책의 경우 약간의 시행착오에도 무산될 때가 많다. 그 시행착오를 참고 견딜 마음을 갖고 있는 사람이 적기 때문이다.

인조 2년(1624) 12월 17일은 삼도대동법과 관련하여 운명의 날이다. 이날 이 법을 계속 실시할 것인지의 여부에 대한 결정이 내려졌기 때문이다. 이날 삼도대동청은 인조 2년의 추봉 공물가에 결당 5말을 덧붙여줄 것을 요청했다. 물론 이것은 각 관의 자체 수요를 위한 비용이었다. 이 요청의 핵심적 의미는 경대동을 본래 의도했던 대동법으로 되돌리자는 것이다. 하지만 놀랍게도, 다른 사람도 아닌 이원익이 이날 삼도대동법의 폐지를 요청했다. 이 법에 대한 부정적 여론이 크게 확산된 결과였다.

이원익은 당시 왕안석王安石에 견주어 비난받고 있었다. 이전까지 이원익의 명망은 왕조 국가에서 신하가 얻기 어려울 정도로 높았다. 그는 임진왜란 때 거의 나라를 잃을 뻔한 상황에서 전세를 회복시킨 사람으로 인식되고 있었다. 또 광해군 대에 정권에 반대했던 모든 사람의 심적 의지처였고, 불과 1년여 전에 일어난 반정에서는 반정 세력이 민심을 얻는 데 크게 기여한 인물이었다. 그런 신뢰와 명망에도 불구하고 대동법을 추진하면서 그는 심한 비난을 받았다. 이로 미뤄보면 대동법을 앞장서서 추진하는 것이 얼마나 큰 용기를 필요로 하는 일인지를 알 수 있다.

앞에서 이미 말했듯이, 대동법은 지방 각 관의 수요까지 포괄함으로써 백성에 대한 첩징과 가징을 없애야만 효과를 볼 수 있는 법이다. 각 관의 지출을 위한 결당 5말의 지급 없이, 즉 경대동만으로는 이 법이 작동할 수 없었다. 하지만 인조는 삼도대동청이 요청한 결당 5말 지급을 허락하지 않았다. 결국 이 결정에 따라 대동법의 계속적인 실시는 불가능해졌다. 이날 논의에서 특히 주목을 끄는 것은 우의정 신흠申欽(1566~1628)의 말이다.

대체로 (서울에서) 먼 지방은 경기와 달라 부자들의 전결이 매우 많습니다. (삼도대동법에 따르면) 10결을 소유한 자는 10석을 내야 하고 20결을 소유한 자는 20석을 내도록 되어 있습니다. 이런 식으로 될 경우 전결이 많으면 많을수록 (부자들이) 더욱 고통스럽게 여길 것은 당연합니다. 어떤 사람은 "소민小民은 (삼도대동법을) 편하게 여기는데, 달갑지 않게 여기는 쪽은 호족들이다"라고 합니다. 이 말이 이치에 가까운 듯합니다. 대가大家와 거족巨族이 불편하게 여기며 원망을 하는 법이라면, 이 또한 쇠퇴한 세상에서 우려스러운 일이라 할 것입니다.

신흠은 소유한 땅 면적에 비례해서 공물가를 부과하는 것이 대동법의 핵심임을 정확히 이해했다. 대가와 거족이 대동법을 불편하게 여기는 것이 우려스럽다는 그의 말은, 대동법이 불러온 첨예한 사회적 갈등의 핵심을 지적했다. 아직은 반정 직후라서 정권의 사회적 기반이 확고하지 못한 때였다. 다시 말해 중앙정부의 도덕적 행정적 권위와 힘이 지방에까지 확대되지 못한 상태였다. 개혁을 강하게 밀어붙이기에는 힘이 부족했다.

충청도와 전라도에서는 삼도대동법이 중단되었지만, 강원도에서는 달랐다. 강원도 민심은 대동법을 원했다. 조정이 이 법을 중단시키려 하자, 철원 유생들은 대동법을 폐지하지 말라고 집단적으로 상소를 올릴 정도였다. 강원도가 이렇게 대동법을 강력하게 원했던 데는 두 가지 분명한 이유가 있었다. 첫째, 강원도는 특히 공물로 인한 부담이 컸고 경작지는 작았다. 공물은 본래 평야 지대보다는 산에서 나오는 것들이 많았다. 강원도는 경작지가 적고 산이 많아서 백성들의 생활은 어렵고 바쳐야 할 공물은 많았다. 경작지가 적기 때문에, 경작면적을 부과기준으로 삼는 대동법이 실시된다면 크게 유리했다. 또 하나의 중요한 이유는 강원도에는 힘 있는 양반 지주층이 많지 않았다는 점이다. 본래 지주는 경작지가 많은 곳, 특히 논농사 지대에 많은 법이다. 강원도의 강력한 요청으로 그곳에서만 대동법이 유지되었다. 전국적으로 실시하려던 법은 다시 한 번 일부 지역에서만 실시되는 것으로 귀결되었다. 경기선혜법의 성립과 동일한 과정이 또다시 나타났다.

세 가지 민심

조정이 삼도대동법을 폐지하기로 결정한 뒤, 조익은 두 차례 더 상소를 올렸다. 늘 그랬듯이 여기서 그는 이 법의 시행 경위를 차분히 정리하고, 민심의 동향을 전하면서 법의 유지와 확대를 주장했다. 그는 성리학 텍스트를 대하는 방식과 국정을 대하는 방식이 다르지 않았다. 체계적이고, 현실을 담았으며, 자신의 생각을 제시했다.

조익은 상소에서 대동법에 대해 민심이 셋으로 나뉜다고 말했다. 이 법을 싫어하는 측, 좋아하는 측, 원칙적으로는 좋아하지만 제도의 미비점을 불편해 하는 측이다. 싫어하는 측은 토호들이었다. 그들은 이전에도 자신들이 당연히 부담해야 하는 갖가지 역役을 늘 회피해왔다. 그들이 삼도대동법을 거부했던 이유는 무슨 합당한 근거가 있어서가 아니었다. 그들은 물리적 차원의 불가항력이 아니라면, 어떤 합당한 사회적 조건과 명분에도 자신들의 부담을 순순히 받아들이지 않을 사람들이었다. 삼도대동법을 반기는 측은 소민, 즉 힘없는 백성이었다. 이들은 늘 과중한 공물과 요역 부담에 시달렸다. 이들도 이 법의 내용이 충분히 만족스럽다고 생각했던 것은 아니다. 하지만 새로운 법이 아직 불완전할지라도 자신들의 부담이 전보다 크게 줄어들기 때문에 대동법을 반겼다. 조익은 무엇보다 세 번째 입장에 있는 사람들을 중시했다. 그들은 대동법 자체가 아니라 그 불충분한 내용을 불편해 했다. 말하자면 그들은 대동법에 대해서 합리적 반대 이유를 가진 사람들이었다.

조익은 대동법을 싫어하는 사람들로 방납인, 탐관오리, 토호 세력을 지목했다. 그중에서도 핵심은 토호 세력이었다.

강원도의 경우, (이 법의 실시를) 기뻐하지 않는 자가 없습니다. 충청도와 전라도의 경우에는 기뻐하는 자도 있고 기뻐하지 않는 자도 있습니다. 이 것은 강원도에 토호가 없기 때문이고, 충청도와 전라도에 토호가 있기 때문입니다. 충청도와 전라도 중 전라도에 기뻐하지 않는 자가 더욱 많은 것은 그곳에 토호가 더욱 많기 때문입니다. 이것으로 보면, 오직 토호만이 기뻐하지 않고 소민은 모두 기뻐함을 알 수 있습니다. 전라도의 경우는 상세히 알 수 없지만, 충청도는 신이 오랫동안 살던 곳이어서 잘 알고 있습니다. 소민은 다 좋아하고, 비록 양반일지라도 기뻐하지 않는 자는 적고 기뻐하는 자가 많습니다.

조익은 강원·충청·전라도에서 대동법에 대한 찬반 여론은 그 지역에 뿌리박은 토호 세력의 강약에 좌우된다고 보았다. 그는 인조 3년 (1625) 1월 12일 「논대동불의혁파소論大同不宜革罷疏」를 올린다. 대동법을 혁파하지 말 것을 왕에게 간절히 요청한 상소였다. 이 상소를 읽은 이원익은 "우리 같은 사람은 조 승지의 죄인이다"라고 말했다.

삼도대동법의 중단 결정이 내려진 뒤, 조익은 그것의 철회를 요구하는 상소를 다시 올렸다. 사실 이 상소를 올리는 일은 관료라는 입장에서 본다면 무모한 행동이었다. 이미 정부가 공식적으로 결정한 내용에 대해 어떤 관료가 명백하고도 강력하게 반대한다는 일은 상식적으로 생각하기 어렵다. 이를테면 오늘날 한국 정부가 추진하는 FTA를 자신의 실명을 드러내며 강력하게 반대하는 고위 관료가 있을 수 있겠는가? 하지만 조익은 당시 조정의 결정을 정면으로 반박했다. 이는 관료로서 개인적 출세를 포기해야만 가능한 일이며, 지식인으로서 소명감이 있어야 가능한 일이었다. 한 가지 흥미로운 사실은, 조익이 이렇듯 자신의 주장을 강력히 견지했음에도 조정에서 쫓겨나지 않았다는 점이다.

조익의 강력한 주장에는 자신의 역사의식이 깊이 자리하고 있었다. 그는 이렇게 말했다. "옛날의 성현과 호걸들이 법을 만들 때도 처음에는 많은 사람이 의심하면서 그 법을 싫어했고, 그 법을 실행하는 과정에서 폐단이 없지 않았습니다. 하지만 성현과 호걸들은 그 때문에 뜻을 꺾지 않았고 오히려 그 법을 강력히 실시하여 효과를 극대화했습니다. 이는 그들이 그 법이 유익하고 편리해서 백성을 구제하고 나라를 일으킬 수 있다고 확신했기 때문입니다." 그의 말은 자신의 현실 인식과 대동법 정책에 대한 자신감의 표현이었다. 이 자신감은 한편으로는 향촌 생활을 했던 체험에서, 다른 한편으로는 관료로서의 경험에서 나왔다.

여기서 주목할 부분은 조익이 개혁을 둘러싼 갈등을 손쉽게 계층적 갈등으로 환원해버리지 않았다는 점이다. 그는 대동법이 양반층 전체의 이익에 반하거나 경각사의 정상적인 기능에 역행하리라고 생각지 않았다. 이것은 마치 오늘날 사회의 고소득층에 대한 세금 인상이 자본주의와 결코 모순되지 않는다고 주장하는 것과 거의 같다. 조익이 이런 양상을 분명하게 이해할 수 있었던 배경으로는, 먼저 그가 경기와 충청도에서 오랫동안 살았다는 점, 그리고 관료로서 대동사목의 작성을 주도하며 관료 기구에 대한 실제적 이해를 하고 있었다는 점을 들 수 있다. 그의 이론적 감각은 해소 불가능한 관념적인 찬반론에 빠지지 않았다. 그의 이론은 구체적 현실에 밀착해 있었다.

병자호란

청나라의 공격

병자호란이 일어날 때까지 조익은 중요한 관직을 차례로 역임하며 승진했다. 도승지, 홍문관 부제학, 대사간, 대사헌, 예조 판서 등이 그가 거친 관직이다. 인조반정부터 병자호란까지의 기간은 조익이 관료로 활동한 전성기였다.

인조 14년(1636) 12월에 병자호란이 일어났다. 병자호란 직후 조익은 피난하는 왕을 따르지 않았다는 이유로 사헌부로부터 탄핵을 당해 조정에서 물러났다. 조선시대에 국가 위기 상황에서 고위 관직자가 해야 할 일차적 임무는 왕을 따르는 일이었다. 그렇게 하지 않으면 왕을 배신한 것으로 간주되었다. 실제로 사헌부는 조익이 왕을 따르지 않은 것을 '망군부국忘君負國', 즉 '임금을 잊고 나라를 저버린' 죄로 규정했다. 이때 영의정이 최명길이고 병조 판서가 이시백이었는데, 두 사람은 조익을 적극 옹호했다. 최명길은 "그는 어려서부터 독서하여 학문과 행동에서 옛사람에게 부끄러울 것이 없습니다. 병자년에 (조익이) 급박하게 취한 행동은 당시의 불행한 상황에서 나온 것"이라고 말했다. 이시백은 조익을 변호하기 위해 따로 상소를 올리기까지 했다.

상황은 실제로 최명길이 말한 그대로였다. 병자호란으로 인조가 남한산성으로 피신한 것은 너무나 급박하게 전개된 상황의 결과였다. 서울에서 청나라의 군사 공격을 연락받은 것은 인조 14년 12월 13일이었다. 도원수 김자점金自點이 이미 안주까지 적병이 왔다는 보고를 해왔다. 보고를 받기는 했지만, 조정은 상황을 제대로 이해하지 못했다. 영의정 김류金瑬가 강화도 피신을 요청하자, 인조는 적이 반드시 깊이 들어오지 않을 수도 있으니 잠시 정확한 보고를 기다려보자고 말했을 정도였다. 아마도 이때 인조의 머리에 떠오른 기억은 10년 전에 일어난 정묘호란이었을 것이다. 그 당시 인조는 강화도로, 소현세자는 전주로 피신했다. 하지만 후금의 군대는 황해도 황주까지만 내려온 상태에서 조선과 강화조약을 맺고 돌아갔다. 이미 '이괄의 난'과 정묘호란으로 인해 서울을 두 번이나 떠난 적이 있던 인조였다. 가능하면 움직이고 싶지 않았을 것이다. 김류가 더욱 강력히 주장한 뒤에야, 비로소 인조도 강화도 파천播遷에 동의했다.

긴 하루

놀랍게도 다음 날인 14일에 개성 유수가 적병이 이미 송도를 지났다는 긴급 보고를 올렸다. 이제는 서로 얼굴을 안 보고 적당히 강화조약으로 끝낼 수 있는 상황이 아니었다. 하루 전날 인조가 강화도로 피신하기로 결정했지만, 언제 할 것인지는 정하지 않은 상태였다. 개성 유수의 연락을 받고서야, 당일로 부랴부랴 강화도로 피신할 것이 결정되었다. 동시에 승지를 시켜서 종묘사직의 신주神主를 먼저 강화도로 옮기게 했다. 이 일은 예조에서 주관했다. 병자호란이 발발하기 몇 달 전인 인조 14년(1636) 8월에 예조 판서에 임명된 조익이 이 일의 책임을 맡았다.

왕이 대궐 문을 나선 것은 12월 14일 늦은 오후였다. 이날은 눈보라가 치며 혹독하게 추운 날씨였다. 대가大駕(왕을 태운 가마)가 숭례문에 도착했을 때, 적군이 벌써 양철평良鐵坪에 도착했다는 소식이 날아들었다. 양철평은 지금의 서울시 은평구 녹번동 부근이다. 대가가 강화도 쪽으로 계속 가다가는 중간에 청나라 군사들에게 붙잡힐 가능성이 매우 높았다. 목적지를 바꿔야 했다. 대사헌 이경석李景奭의 건의로, 왕 일행은 가던 길을 반대로 틀어서 수구문水溝門을 지나 남한산성으로 향했다. 수구문은 지금 서울시 중구에 있는 광희문光熙門의 옛 이름이다. 실록에는 이날의 상황이 다음과 같이 기록되었다. "이때 변란이 창졸간에 일어났으므로 왕을 모시는 신하 중에는 간혹 (말을 못 타고) 걸어서 따르는 자도 있었다. 성안의 백성은 부자·형제·부부가 서로 흩어져 그들의 통곡 소리가 하늘을 뒤흔들었다. 초경이 지나서 대가가 남한산성에 도착했다." 초경은 저녁 7~9시 사이다. 어두운 산길을 걸어가 대략 9시가 넘어서 눈 덮인 남한산성에 도착했던 것이다. 하루 만에 왕의 피신 결정과 목적지 변경, 그리고 남한산성 도착이 이루어졌다.

이날 조익은 대신 및 비변사 고위 관리들과 함께 대가의 출발을 기다리고 있었다. 비록 외아들로 효성이 깊은 그였지만, 아버지를 모시지

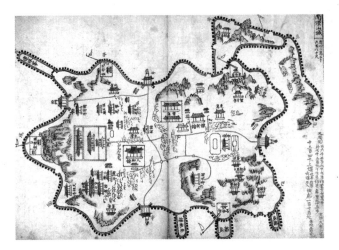

남한산성 남한산성은 인조 2년(1624)에 성을 쌓기 시작하여 인조 4년(1626) 7월에 끝마쳤다. 공
사가 끝나고 수어청이 새로 설치되어 방어를 맡았다. 수어사守禦使 이시백이 축성 뒤 처음으로 유
사시에 대비할 기동 훈련의 실시를 건의하여, 인조 14년(1636)에 1만 2,700명을 동원하여 훈련을
실시하기도 했다. 그러나 몇 달 뒤 막상 병자호란이 일어나자 제대로 대응할 수 없었다. 지도는 18
세기 후반에 제작된 『고지도첩』의 남한산성도이다.

못하고 왕을 따라가야 했다. 그는 둘째 아들 진양進陽으로 하여금 자기
대신 할아버지를 모시게 했다. 이때 그의 아버지 조영중은 79세의 고령
이었다. 원래 조익은 양천陽川 역참에서 가족과 만나 하루를 묵고, 대가
와 함께 강화도에 들어갈 계획이었다. 양천 역참은 남산역南山驛인데, 조
선시대에 만들어진 지도를 보면 지금의 서울시 양천구 목2~5동 지역에
있었던 것으로 짐작된다. 여기서 한강의 남안을 따라 김포, 통진을 거
쳐 문수산성 앞 바다를 건너 강화에 들어갈 예정이었을 것이다.

  한편 종묘사직의 신주 및 인조 비 인열왕후仁烈王后의 신주는 예조 참

판의 책임하에 옮기기로 되어 있었다. 인열왕후 한씨는 병자호란이 일어나기 1년 전에 사망했다. 그런데 예조 서리書吏 왕말종이라는 사람이 전하기를, 예조 참판이 인열왕후의 신주만 갖고 떠났고 종묘에는 신주들이 방치되어 있다고 보고해왔다. 영의정 김류는 크게 놀라 조익에게 가서 확인하라 했고, 이에 조익이 종묘에 가 보니 예조 관원들이 이미 신주를 모두 옮긴 뒤였다. 조익은 신주의 뒤를 쫓아가던 중 뜻밖에 길에서 진양을 만났는데, 아들에게서 피난 도중에 할아버지의 행방을 놓쳤다는 말을 듣는다. 조익이 계속해서 말을 달려 양천에 도착해서 보니, 아버지도 대가도 없고 단지 대가에 앞서 선발대가 가지고 떠났던 신주만 도착해 있었다. 신주를 가지고 미리 출발했던 선발대와 나중에 출발한 대가 일행이 잠깐 사이에 중간에서 길이 끊긴 채, 대가는 목적지를 바꿔 남한산성으로 들어가버렸던 것이다. 왕이 남한산성에 들어간 뒤에 곧 청나라 부대가 남한산성을 포위했다. 결국 조익은 왕을 따라 남한산성으로 들어가지 못했다.

문효공

인조 15년(1637) 1월 30일 인조는 남한산성을 나왔다. 인조는 청 태종에게 굴욕적인 3궤9고두三跪九叩頭를 해야 했다. 궤跪는 무릎을 꿇는 것이고, 고두叩頭는 머리를 땅에 대는 것이다. 인조는 궤 한 번에 세 차례씩 고두하여 3궤를 연이어 했다. 사실 청나라는 비단 조선뿐 아니라 모든 외국 사신에게 이것을 강요했다. 하지만, 그렇다고 해서 인조의 치욕이 줄어들지는 않는다. 인조가 서울로 돌아오자, 사헌부는 곧바로 왕을 따르지 않았던 관리들을 심문하라고 요청했다. 그에 따라 조익도 대질신문을 받았다. 대질신문 결과를 보고받은 인조는 조익을 파직하라고만 명했다. 조익은 곧바로 신창으로 돌아갔다.

조익이 조정을 떠난 뒤에도 탄핵은 그치지 않았다. 다음 해에 사헌부는 병자호란 당시 조익이 왕을 따르지 않았던 점을 다시 문제 삼아 탄핵했다. 이때 영의정 최명길과 병조 판서 이시백은 병자호란 당시 조익의 상황을 자세히 보고했다. 그러자 인조는 "이 사람은 독서인이 아니냐. 나는 본래 그가 현인賢人이라는 것을 알고 있다"라면서 조익에 대한 탄핵을 중지시켰다. 왕의 눈에도 조익은 관료라기보다 독서인으로 비쳤던 것이다. 물론 긍정적인 의미이다. 인조는 조익이 팔순의 노친을 둔 외아들이라는 점, 당시 상황이 어쩔 수 없었다는 점 등을 인정했

다. 조익의 효성은 널리 알려져 있었다. 고위 관료가 사망한 뒤에 국가에서 내리는 이름을 시호諡號라고 하는데, 보통 그의 평생 행적을 두 글자로 함축해서 짓는다. 조익의 시호는 문효文孝이다. 평생에 걸친 그의 학문 연구와 효도를 축약한 이름이다.

조익 묘비
'문효文孝'라는 조익의 시호를 확인할 수 있다.

고통스럽지만 담담하게

조익의 부인이 외동딸이었으므로, 장모가 사망하면서 그는 처갓집의 재산을 상속했을 것이다. 병자호란 뒤 조익은 아버지 조영중과 함께 신창에서 지냈다. 하지만 처갓집도 여유가 있었던 것 같지는 않다. 일가 사돈되는 이중생이라는 사람에 대해 조익이 지은 제문에는 병자호란 직후 신창으로 내려왔을 때의 상황이 간단히 기록되어 있다. 열 식구를 데리고 신창으로 내려왔을 때 얼마 안 되는 양식마저 바닥이 나서 굶어 죽을 날만 기다리고 있는데, 이중생이 곡식을 실어와 살려주었다는 내용이다.

신창으로 물러난 뒤 조익은 늘 그랬듯이 쉼 없이 독서하며 여러 권의 책을 차례로 펴냈다. 인조도 인정했듯이 그는 관료 이전에 독서인이었다. 시골로 돌아온 지 얼마 지나지 않은 인조 15년(1637) 단오 이튿날 조익은 다음과 같은 기록을 남겼다. "내년이면 예순이니 여생이 얼마나 남았겠는가. 하물며 난세를 만나 생사를 알 수 없게 되었음에랴. 오직 죽기 전에 이 글의 교훈을 지킴으로써 '살아서는 천리를 따르고 죽음 앞에서 담담'(生順死安)할 계획으로 거실의 이름을 독론재讀論齋라 지어 기술한다." '생순사안生順死安'은 『논어』 잡주에 나오는 주자의 말이다. 아침에 도를 들으면 저녁에 죽어도 좋다는 공자의 말에 대한 주자의 해설에 등장한다. 조익은 다시 『논어』를 공부하기 시작했다.

조선, 가시밭길을 걷다

이 시기는 조익의 일생에서 가장 고통스러운 기간이었다. 이유야 어떻든 병자호란 때 왕을 따르지 못했다는 이유로 오해와 비난을 받았고, 경제적으로도 어려운 처지에 있었다. 하지만 어떤 측면에서 조익은 오히려 운이 좋은 편이었는지도 모른다. 병자호란 이후 조선 조정 앞에는 그야말로 험난한 가시밭길이 놓여 있었다. 그리고 이 길을 헤쳐 나가는 과정에서 '사우四友' 중 장유와 최명길이 사망했다. 병자호란에서 청나라가 북경을 점령하는—이를 입관入關이라고 한다. 관關은 산해관山海關을 뜻하는데, 북방 유목 민족들로부터 북경을 지키는 최후의 군사적 방어 기지였다—인조 22년(1644)까지 조선은 무려 네 번이나 청나라의 파병 요구에 응해야 했다.

청은 병자호란 뒤 조선에서 철군하면서 명나라 장수 모문룡毛文龍이 점령하고 있던 가도假島를 공격했다. 가도는 평안도 철산 앞바다에 있는 섬으로, 압록강 입구 동쪽에 위치했다. 이때 청은 황해도에서 조선 병선兵船 100척과 수군 3,000명을 징발했다. 이후에도 청은 조선에 네 차례나 병력과 식량을 요구해왔다. 첫 번째 요구는 최명길의 교섭으로 파병 없이 넘어갔지만, 두 번째인 인조 16년(1638) 3월에는 포수와 궁수를 합해서 5천 병력이 동원되었다. 세 번째인 인조 17년(1639) 10월에는 조선에서 전선 120척, 병력 6천, 군량 1만 포(包)가 동원되었고 실제 전투에도 참여했다. 마지막으로 청나라의 입관을 앞둔 인조 19년(1641) 3월에는 포수 1천, 기병 500, 마부 500, 도합 2천 명의 조선 병사가 파병되었다. 패전국 조선은 청의 요구에 응하는 것 외에는 다른 선택의 여지가 없었다.

입관 뒤에도 청나라의 요구는 그치지 않았다. 그들의 요구로 조선 정부는 인조 22년(1644)에 53,872석의 양식을 102척의 배에 실어 청나라에 보냈다. 인조 23년 1월 청은 다시 20만 석의 쌀을 요구해왔다. 전대미문의 요구였다. 이것은 나중에 절반으로 줄기는 했지만, 운반비까지 포함해서 조선에 막대한 재정 부담을 주었다. 10만 석이라는 양도 막대했지만, 그 운반 비용만도 쌀 5만 석이나 들었다. 이 당시 조선은 호조의 1년 경비가 대략 12만 석 정도였고, 서울에 주둔하는 훈련도감 6천 군사의 1년 유지비가 8만 석 정도였다. 서울에 머무는 6천 명의 병사를 먹이고 훈련시키는 데 호조 재정의 2/3가 들어가는 현실이었다. 또 운반비 5만 석은 조선의 1년 조운에 들어가는 비용 총액과 비슷한 규모였다. 당시 조선 조정이 청에게서 받는 재정 압박이 어느 정도였는지를 대략이나마 짐작할 수 있다.

병자호란 이후 청나라는 조선에 대한 감시를 늦추지 않았다. 그것은 끊임없이 계속되는 사신 파견으로 나타났다. 청나라 사신은 조선에 커다란 정치적 부담이었을 뿐만 아니라 경제적 부담이기도 했다. 병자호란 이후 효종 7년(1656)까지 20년간 청나라 사신은 연평균 2.3회 꼴로 조선에 행차했으며, 회당 평균 조선 체류 기간은 40여 일에 이르렀다. 이것은 이 시기에 조선 조정이 청나라 사신들을 접대하는 데 매년 석 달 넘는 시간을 보내야 했음을 뜻한다. 사신 개인의 청렴과 탐욕 여하에 따라 호조에서 지출하는 은자銀子의 양은 적게는 4만 냥에서 많게는 13만 냥을 오르내렸다. 인조 대에는 조사詔使 접대를 위해 10만 냥의 은을 마련하는 경우가 흔했다. 이 비용은 호조의 1년 재정에 맞먹는 규모로, 대부분 공물의 형태로 백성들에게서 걷어 충당했다.

국내적으로도 어려운 상황이 이어졌다. 인조 21~22년(1643~1644)에 조선에는 심각한 전염병이 광범위하게 돌았다. 인조 21년에 전라도에서 사망했다고 보고된 사람만 1만여 명에 달했다. 각처에서 올라온 보고에 따르면, 인조 21년 봄부터 인조 22년 4월까지 전염병으로 사망한 사람만 공식적으로 40,200명이었다.

게다가 인조 23년 4월에는 청나라에 인질로 있다가 8년 만에 돌아온 왕세자가 귀국한 지 두 달 남짓 만에 34세의 나이로 죽고 말았다. 잘 알려져 있듯이 소현세자昭顯世子의 죽음에는 보기에 따라서 미심쩍은 구석이 없지 않았다. 조정 안팎으로 커다란 정치적 긴장이 조성되었다.

이어지는 죽음들

조익은 탄핵을 받고 관직에서 물러나 신창에 있었지만, 병자호란 이후 그에게도 좋은 일보다는 불행하고 가슴 아픈 일들이 많았다. 무엇보다 친구와 가족의 죽음이 이어졌다. 먼저, 병자호란이 끝나고 얼마 안

지나서 조익보다 여덟 살이나 적은 장유가 죽었다. 장유는 병자호란 당시 공조 판서로서 남한산성에서 최명길과 함께 청과의 강화講和를 주장했다. 산성 내에서 청과의 강화를 주장한 고위직 인사는 별로 없었다. 청과 강화하자는 주장은 명분보다 현실을 선택하는 행위였다. 어떤 면에서 그것은 자신의 개인적인 명예까지 나라를 위해 바치는 일이었다. 그는 다음 해에 우의정에 임명되지만 모친상을 당하여 사퇴했고, 장례 직후인 인조 16년(1638) 3월 병을 얻어 끝내 사망했다. 불과 52세였다.

인조 21년(1643) 11월에는 조익의 다섯 아들 중 막내 현양顯陽이 28세의 나이로 죽었다. 그는 한 해 전에 치른 생원 시험에서 1등을 했을 정도로 총명했다. 또한 현양이 죽기 두 달 전인 9월에는 사위 이상주가 24세의 나이로 사망했다. 앞에서 말했듯이 이상주는 이시백의 장손인데, 16세에 조익의 막내 외동딸과 결혼했다. 그 역시 당시 풍습에 따라 결혼 뒤 내내 조익과 함께 살았다. 그가 죽은 직후, 조익의 막내딸은 유복자를 낳았다. 하지만 다음 해 9월에는 딸마저 사망하고, 딸이 사망하고 한 달 뒤에 아기도 죽고 말았다. 한 가족이 모두 사망한 것이다.

인조 24년(1646)은 특히 비극적인 한 해였다. 4월에 조익의 부인이 사망했고, 두 달 만인 6월에 부친 조영중이 89세로 사망했으며, 12월에는 장남 몽양夢陽까지 사망했다. 당시 조익은 "내가 신명神明에게 죄를 짓지 않았다면 어떻게 이렇게까지 될 수 있는가"라는 말로 참혹한 심정을 토로했다. 죽음은 계속되었다.

다음 해 인조 25년(1647)에는 '사우' 중에서도 조익 스스로 "평생의 벗으로서 소년 시절부터 서로 아끼며 우정을 나누었으니, 골육인 형제

최명길 묘와 신도비

충청북도 청원군 북이면 대율리 253-3에 위치한다. 3기의 봉분 중 가운데가 최명길의 묘이며, 좌
우의 묘는 그의 부인들 묘로 이런 형태의 무덤을 품品자형 무덤이라 한다. 최명길의 신도비는 약
천藥泉 남구만南九萬과 서계西溪 박세당朴世堂이 지었다. 두 사람은 처남 매부 사이기도 한다. 전篆
은 손자 최석정崔錫鼎이, 본문은 북관대첩비를 지은 증손 최창대崔昌大가 지었다. 위치한 곳은 볼
품 없어도 신도비에 참여한 인물들의 이름만으로 충분히 보상이 될 듯하다.

장유 묘와 신도비

경기도 시흥시 조남동산 1-5에 위치한다. 문장에 뛰어나 이정구, 신흠, 이식과 더불어 조선 문학
의 사대가四大家라는 칭호를 받았다. 신도비는 그의 사망 뒤 숙종 14년(1688)에 세워졌는데, 우리
나라의 현존 신도비 중 가장 규모가 크다고 한다. 그의 묘가 이렇게 크고 화려해진 이유는 그의
딸이 바로 효종 비인 인선왕후이기 때문일 것이다. 말하자면 장유는 현종의 외할아버지다.

와 같다"고 말한 최명길이 사망했다. 그리고 그 다음 해인 인조 26년 (1648)에는 넷째 아들이자 이시백의 사위인 내양來陽이 35세로 사망했다. 조내양은 20세에 진사가 되었지만, 병자호란 이후 과거에 대한 뜻을 접고 말았다. 글재주가 뛰어나 문단을 이끌 인재로 기대되던 인물이었다. 내양이 죽은 뒤 그의 아내도 식음을 끊고 두 달 만에 사망했다. 내양은 1남 2녀를 두었는데, 이들 자녀는 그 뒤 이시백의 집에서 성장했다.

조익의 학문

『효종실록』에 있는 조익의 졸기卒記는 그에 대해 비교적 후한 평가를 한 뒤, 마지막을 다음 말로 끝낸다. "그는 자신의 책인 『서경천설書經淺說』·『용학곤득庸學困得』 등에서 주자장구朱子章句를 제법 고쳤는데, 사람들이 이 때문에 흠잡는다." 조선시대에는 고위 관료가 죽으면 『조선왕조실록』에 그의 일생에 대한 간단한 평을 기록했다. 이를 졸기라고 한다. 사관史官들이 적는 졸기는 그 평이 박하기로 유명하다. 그럼에도 조익에 대한 평가는 후한 편에 속한다. 유일하게 미흡한 점으로 지적했던 내용은 그의 경전 해석 일부가 주자장구, 즉 성리학 텍스트에 대한 주희의 해석과 다르다는 점이었다.

조익의 경전 해석 일부가 주자장구와 다르다는 점을 들어서 그가 주희와 생각이 달랐다고 판단하는 것은 조익의 뜻과 다르다. 조익은 결코 주희를 반대하지 않았으며, 그리고 싶어 하지도 않았다. 조선시대에 조익의 경전 해석이 주희와 완전히 일치하지 않는다는 비난은 한편으로는 성리학 텍스트에 대한 낮은 이해에 따른 오해이거나, 다른 한편으로는 일부 인사들의 사상적 경직성에 기인한 것으로 보인다. 아무리 존경하는 선학先學이라도 시대와 환경이 달라지면 그 생각을 완전히 같이 할 수 없는 것이 당연한 일이다. 시대와 환경이 다른데도 선학의 모든 생각에 동의하는 태도는 학문적인 것 이외의 다른 어떤 것이 있지 않고서는 불가능하다. 조익도 그렇게 생각했다. 그는 자신의 책 『가례향의家禮鄕宜』 서문에서 이렇게 말했다.

> 우리나라는 언어, 음식, 물건의 제도가 중국과 크게 다르다. 만약 중국의 제도를 똑같이 따른다면 (우리나라의) 풍속이 혼란해질 것이다. 또 그것을 '행할 수 없다' 하여 행하지 않으면, '행할 수 있는 것'까지 아울러 폐기하게 된다. 이것이 변통하지 않을 수 없는 이유이다. …… 우리나라의 풍속은 중국과 크게 다르고, 또 『주자가례』가 있은 지 500년이 되었으니, 그 제도를 어떻게 모두 따를 수 있겠는가.

조익이 주자장구와 다른 해석을 한 것 때문에 당대에도 논란이 있었다. 하지만 조익이 가장 존경한 인물이야말로 주희였다. 그는 "세상 사람들 중에 나처럼 마음을 다해 주자를 공경하고 심복하는 자도 어쩌면 많지 않을 것이다"라고 말할 정도였다. 그가 편찬한 책 중에 『주서요류朱書要類』가 있다. 주희의 서간문 중에서 학문하는 데 필요한 글을 뽑아 엮은 책이다. 이 책 서문에 조익은 "성현의 학문이 끊어졌다가 주자가 그것을 집대성하였으니, 후학들이 배우려면 주자를 본받아야 한다. 하지만 양이 너무 많아서 퇴계 선생이 그중 가려 뽑아 『주자절요朱

子節要』를 만들었는데, 내가 보기에는 그것도 너무 많다. 그래서 그중에서 더욱 중요한 것을 가려 뽑았다"라고 썼다. 당대의 적잖은 사람들이 조익이 주자와 다른 경전 해석을 했다고 생각했으며, 그가 서인인 탓에 남인의 반대를 무릅쓰고 이이와 성혼의 문묘종사를 청원했다고 생각하기도 했다. 하지만 실제 조익의 생각은 그런 세간의 풍문과는 크게 달랐다.

지금은 잘 안 쓰는 표현이지만 옛날에 연세가 있는 분들은 대학생이나 대학을 졸업한 사람이 경우에 어긋나는 행동을 하면, "배운 사람이 왜 그래?"라는 말을 했다. 그런데 이 말은 따져보면 좀 이상하다. 예를 들어 경영학이나 재료공학을 공부했다고 해서 윤리적으로나 사회 통념상 더 바르게 행동하리라고 기대하는 것은 합리적이지 않기 때문이다. 실상 이 말은 조선시대 성리학의 유습이다. 성리학의 궁극적 목적은 많은 지식을 축적하는 데 있지 않다. 그 목적은 개인적으로는 좋은 사람이 되는 것이고, 사회적으로는 좋은 관리가 되어 백성들을 잘 다스리는 것이다. 『대학大學』은 사대부가 어떻게 공부하고 무엇을 위해서 살아야 하는가를 일목요연하게 정리한 책이다. 우리가 잘 알고 있는 '수신제가치국평천가修身齊家治國平天下'가 바로 그 대답이다.

조익은 평생을 두고 『대학』을 읽고 또 읽었다. 그의 책 『대학곤득大學困得』은 그 결과이다. 말 그대로 『대학』에서 고생해 알아낸 것을 모은 책이다. 조익은 제가치국齊家治國의 뜻을 친친인민親親仁民으로 풀어냈다. 그는 가족 관계에서는 '친친親親'을, 국가 차원에서는 '인민仁民'을 목표로 삼았다. 『대학곤득』의 마지막 장에서 그는 치인의 방법으로 '균평均平'보

『포저유서』

『포저유서浦渚遺書』는 조익이 지은 경전 연구 11권 10책의 주석서이다. 『대학곤득大學困得』, 『중용곤득中庸困得』, 『논어천설論語淺說』, 『맹자천설孟子淺說』 등을 모아 간행했다. 조익은 『중용곤득』 「후설」 상에서 "『중용』을 25년간이나 즐겨 읽었다"라고 언급하고 있어, 『중용』에 대한 그의 관심을 엿볼 수 있다.

다 중요한 것은 없다고 강조했다. 그리고 균평이 인민仁民의 방법이라고 생각했다. 그런 그가 공납 문제를 불균등의 문제로 이해한 것은 우연이 아니다. 그가 대동법을 추진하는 과정에서 보여준 모습은, 자신이 공부해서 찾아낸 내용을 현실에서 구체화한 것이었다.

아버지와 아들

사회적으로 성공한 아버지의 대부분은 그의 아들에게 비슷한 소망을 지니고 있다. 그것은 자신이 '사회'라는 경기장에서 평생을 바쳐 이루어낸 성과를 그 아들이 유지하거나 더 크게 키우는 것이다. 이런 소망은 생물학적으로 자연스러운 일로 보인다. 여기서 어머니나 딸을 언급하지 않아도 크게 문제 될 것 같지는 않다. 인류 역사의 대부분 시기 동안, 심지어 극히 최근까지도 사회 영역에서의 경쟁은 주로 남자들의 몫이었기 때문이다.

다행인지 불행인지는 모르겠지만, 그런 아버지들의 소망은 잘 이루어지지 않는 경우가 많다. 아버지의 바람에 부응하는 자식이 그렇지 못한 자식보다 적다는 사실을 우리는 경험적으로 잘 안다. 결국은 아버지가 자신의 소망을 낮추게 마련이다. 우리의 시야를 한 사회의 최고위 지배 계층으로 제한해보자. 부와 권력을 가진 아버지들은 자신의 소망을 얼마나 이룰 수 있을까? 거시적으로 본다면, 아마도 그런 소망의 달성 여부는 아들의 개인적 능력보다는 해당 사회의 성격에 따라 결정될 가능성이 높다.

사회 최상층을 대상으로 할 때, 과거의 조선 사회와 현재의 한국 사회 중 어느 쪽에서 아버지의 소망이 더 잘 이루어질 수 있을까? 조선은 신분제 사회이고 현재의 한국은 그렇지 않기에, 상식적으로 그 답은 조선시대라고 생각할 수 있을 듯하다. 정말 그럴까? 물론 속단할 수는 없지만, 그렇지 않을 가능성이 꽤 높다. 이런 측면에서 지금의 한국은 조선시대보다 아버지의 부와 권력을 아들에게 더 잘 상속할 수 있는 사회가 되었다.

조선시대나 지금이나 부와 권력은 지배층이 갖추어야 할 필수적 요소이다. 단지 조선시대와 지금의 차이는 부와 권력 중 어느 쪽이 더 우선하는가에 있다. 아주 거칠게 말하면 다른 대부분의 전근대 사회처럼 조선은 정치권력이 부를 낳았고, 많은 자본주의 국가가 그렇듯이 지금의 대한민국은 어느덧 부가 권력을 낳는 사회로 되어가는 듯이 보인다. 조선시대에 권력은 관직으로 표현되었다. 대개 높은 관직일수록 더 많은 권력을 의미했다. 그리고 그 권력의 핵심부에 들어가기 위한 입장권은 문과 합격증이었다. 그 때문에 중앙의 주류 양반 가문으로 성장하기 위해서 반드시 필요한 것은 대를 이은 문과 합격이었다. 조선이 망할 때쯤에는 그렇지 않았지만, 조선시대 대부분의 기간 동안에 관직은 양반 사회에서 사회 공공재公共財였다.

문과는 최소 20년 가까이, 대개는 25~30년쯤 전력을 다해서 공부한 사람들끼리 맞붙는 승부였다. 조선시대 전체를 통틀어서 문과 합격자

수는 대략 15,000명이다. 조선시대를 500년으로 잡으면, 대략 1년에 30여 명씩 합격자를 낸 셈이다. 아무리 아버지와 할아버지가 정승이나 판서이고 형과 동생이 문과에 합격해도, 자신이 그렇지 못하면 자기 당대부터는 아니어도 그 아들 대부터는 최고위 지배층에서 신속하게 도태되기 시작했다. 물론 특별한 예외도 있었다. 문과에 합격하지 않았어도 학문이나 글재주가 한 시대를 풍미할 정도로 탁월하면 상관없다. 하지만 그것은 문과에 합격하는 것보다 오히려 훨씬 힘든 일이다. 문과 합격은 할아버지나 삼촌이 나서서 도와줄 수도 없었다. 음서의 혜택을 볼수는 있지만, 그것은 낮은 관직에서나 통했다. 한국인이라면 이황을 모르는 사람이 없지만, 그의 아들이 누구인지 아는 사람은 매우 드물다. 물론 그의 아들과 손자의 사회적 신분이 바뀌지는 않았다. 그들은 아버지와 할아버지의 명예를 소중히 지키면서 지역사회의 존경을 받으며 살았다. 하지만 그들은 아버지와 할아버지가 누렸던 국가적 수준에서의 영향력과 명예를 결코 다시 누리지는 못했다.

그에 비하면 자본주의 사회인 현재의 한국은 최고위 지배층에서 아버지가 자식에게 부와 권력을 전해주기에 훨씬 용이하다. 자본주의 사회의 속성상 부가 권력을 낳는 경향이 강한데, 그 부가 원칙적으로 사적 소유이기 때문이다. 원리적으로 보면 지금의 한국이 옛날의 조선보다 사회적 자원 배분이 양극화되는 속도가 훨씬 빠를 수밖에 없다. 지금은 최고의 사회적 자원이 사적 재산이고 이를 합법적으로 대물림하는 것에 반해, 조선은 최고의 사회적 자원인 문과 합격과 고위 관직이 그렇지 않았기 때문이다.

아버지를 대신해서

조익의 집안은 조익 이전까지는 명문가라고 하기 어려웠다. 하지만 조익이 좌의정을 지내고 또 학문적으로 명성을 얻으면서 집안을 일으켜 세웠다. 하지만 좀 더 엄격하게 말하면 조익 집안 차원의 명성은 그의 아들과 손자에 의해 보완되면서 더 크게 높아졌다. 조선시대에는 뛰어난 인물이 등장해도 그의 아들이나 손자가 문과에 못 붙어서 벼슬을 이어가지 못하는 경우가 많았다. 한 집안이 완전히 일어서기 위해서는 대를 이어 문과급제자가 나와야 했다. 그런 면에서 조익의 셋째 아들 조복양趙復陽(1609~1671)과 복양의 셋째 아들 조지겸趙持謙(1639~1685)의 계속적인 문과 합격은 집안의 명성을 굳건히 했다.

조복양은 뒷날 홍문관 대제학과 이조 판서를 지냈다. 홍문관 대제학은 조선의 사대부들이 정승 자리만큼이나 명예롭게 생각하는 자리고, 이조 판서는 6조 판서 중 수석에 해당한다. 조지겸도 홍문관 부제학을 지냈지만, 40대 중반의 나이로 사망했다. 조복양은 인조 16년(1638) 문과에 합격해 관직 생활을 시작했다. 조익이 조정에서 물러난 지 얼마 안 되었을 때 조복양이 아버지에 이어서 관직 생활을 시작한 셈이다.

인조 23년(1645)은 조선이 견뎌낼 수 있는 어떤 물리적 한계를 넘어 파열점을 향해 치닫고 있다는 느낌을 주는 해였다. 이시방李時昉은 이시백의 동생으로, 그 역시 정사공신 2등에 책봉된 사람이다. 그는 당시 핵심 재정 관료 중 한 사람으로, 조정의 재정 상황에 정통했다. 그는 이해 9월에 다음과 같이 기록했다. "충청도와 전라도에 기근이 심하게 들었다. 나라가 이전에 일찍이 경험해보지 못한 미곡 운반 일을 겨우 넘기

포저선생문집 및 송곡문집판각

조선 시대에 1급 양반 집단에 들어가기 위해서는 높은 관직을 지낸 것만으로는 부족했다. 글이 되어야 했다. 이를 증명하는 것이 바로 자신의 문집을 갖는 것이다. 문집은 대개 자기 자신이 아닌 아들이나 손자가 냈지만, 본인의 글이 수준에 미치지 못하면 번듯한 문집을 내기 어려웠다. 부자父子가 대를 이어 제대로 된 문집을 갖는다는 것은 생각처럼 녹록한 일이 아니다. '포저선생문집 및 송곡문집판각'은 포저浦渚 조익과 그의 아들 송곡松谷 조복양의 문집인 포저·송곡문집을 간행하기 위해 만든 것이다. 현존 판목은 『포저집』 378매, 『송곡집』 257매가 전해오고 있다.

고 나니, 뜻밖에도 불행한 일을 당했다. 계속해서 중국의 사신이 연달아 나온다. 여기에 드는 온갖 비용이 모두 세금 바깥에서 나온다. 공사公私의 재물이 모두 다하고, 백성들의 목숨이 거의 끊어지려 했다.'' '이전에 일찍이 경험해보지 못한 일'은 청의 요구에 따른 10만 석의 식량 운반을 뜻하고, '뜻밖의 불행한 일'은 소현세자의 죽음을 가리킨다. '세금 바깥에서 나온다'는 말은 백성들이 세금 이외에 추가로 부담한다는 것을 뜻한다. 국가적인 차원에서 어떤 돌파구가 절실한 상황이었다.

이 당시 사간원 헌납이던 조복양은 국정 전반에 걸쳐 문제점을 지적하는 상소를 올렸다. 이 상소가 계기가 되어 재생청裁省廳이 만들어졌다. 이 재생청은 효종 2년(1651)에 대동법이 성립되는 데 큰 역할을 했다. 그런데 여기서 하나 생각할 점이 있다. 사간원 헌납이 중요한 자리이기는 하지만, 당상관도 아닌 정5품 관원의 요청으로 과연 중앙정부에 기구 하나가 만들어질 수 있을까 하는 점이다. 추측건대, 당시 조정에 있던 사람들은 조복양의 주장을 조익의 의견으로 받아들였던 것 같다.

조복양은 임시방편이 아닌, 근본적인 제도 개혁을 거듭 주장했다. 그 핵심은 공물 변통이었다. 백성한테서는 많이 거두는데 정작 국가재정으로 들어오는 양은 적다는 것, 모든 고을에서 사대동私大同(각 고을에서 쌀로 공물을 거두던 관행)이 실시되는데도 정부가 정한 통일된 규칙이 없는 탓에 고을마다 거두는 액수가 다른 점 등이 그가 고쳐야 한다고 지적한 것들이다. 그가 주장한 공물 변통의 내용은 그 자신도 말했듯이 대동법 자체는 아니었다. 하지만 대동법으로 이어질 수 있는 일종의 '파일럿 프로젝트pilot project'의 성격을 지녔다.

재생청은 이원익이 삼도대동법 추진에 앞서 요청하여 만들어진 이래, 대동법을 추진할 때마다 이를 주관하기 위해서 설치되었던 기구이다. 우의정 이경석李景奭(1595~1671)의 책임 아래, 재생청을 이끌 실무 책임자로 호조 참판 이시방과 부제학 조석윤趙錫胤(1605~1654)이 함께 임명되었다. '재생'은, 쓸데없는 항목이거나 필요하기는 하지만 과도하게 많이 거두는 항목의 공물가를 삭감한다는 뜻이다. 이때 재생의 기준이 된 항목과 공물가는 조익이 22년 전 인조 초에 실시한 삼도대동법 때 마련한 것이었다. 다시 말해서, 재생청 활동은 기본적으로 삼도대동법의 내용에 없거나 초과하는 것을 삭제하는 방식으로 진행되었다.

조익의 편지

인조 25년(1647)에 또다시 극심한 흉년이 들었다. 이경석에 따르면 한강에 발 벗고 건널 수 있는 곳이 생겼고, 곳곳의 나루터에서는 모두 배를 쓰지 않을 정도라고 했다. 조정은 공물을 삭감하는 문제에 대해서 논의하지 않을 수 없었다. 이를 위해서 조정의 최정에 재정 관료 세 사람이 뽑혔다. 병조 판서 이시방(1594~1660), 완남군完南君 이후원李厚源(1598~1660), 호조 판서 원두표元斗杓(1593~1664)가 그들이다. 참고로, 조선시대에 병조는 호조와 밀접한 관련이 있었다. 군사 문제의 태반이 결국 돈 문제인 것은 예나 지금이나 다르지 않다. 조선시대에는 그런 측면이 더욱 강했다. 군사비는 방대했고, 그것은 군량과 군포의 형태로 비축되었다. 따라서 군사비는 정부 재정 전체에서 일종의 예비비 구실을 했다. 이 때문에 군사비에 대한 운용은 호조의 재정 운영과 자주 겹쳤다.

이것이 고위 재정 관료들이 호조와 병조를 오간 이유이다.

백성들의 공물 부담을 줄이는 문제에 대한 논의가 시작되자, 의견은 곧 둘로 나뉘었다. 원두표와 이후원이 한편이고, 이시방이 다른 한편이었다. 원두표와 이후원은 국가재정을 좀 더 중시했고, 이시방은 민생에 더 초점을 두었다.

이 당시 조정이 공물을 줄이려 나선 이유는 분명했다. 백성들의 부담과 고통이 너무 심각했기 때문이다. 병자호란 이후 계속해서 백성에 대한 부담이 가중되었고, 그에 더하여 인조 23년(1645)과 25년(1647)에 큰 흉년이 이어졌다. 그런데 흉년은 공물과 전세에 대해서 서로 다른 영향을 미쳤다. 전세 수취량은 흉년이 들면 자동적으로 줄어들지만, 공물은 그렇지 않았다. 법적으로 전세는 실결實結에서 거두며, 그중 재결災結에 대해서는 전세가 면제되었다. 재결이란 당년에 농사를 망쳐 과세 대상에서 벗어나는 땅이다. 흉년이 들면 재결이 늘어나므로 전세는 자동적으로 줄어들었다. 그런데 공물은 법적인 부과 기준이 전결이 아니라 고을이었다. 현실적으로는 공물 납부자의 담세 능력도 전세와 마찬가지로 전결에 있지만, 법적으로 공물의 부과 대상은 고을이었으므로 흉년에도 공물가는 줄지 않았다. 따라서 농사를 망친 재결이라도 공물가는 피할 수 없었다. 이런 이유로 나중에 대동법을 통해 공물가의 부과 대상이 고을에서 전결로 바뀌는 것 자체가 백성에게는 큰 혜택이었다. 정부도 이런 상황을 잘 알았기 때문에 흉년이 심하게 든 상황에서 공물가 삭감에 나서지 않을 수 없었다.

공물가를 줄이는 문제와 관련해서 세 가지 의견이 제시되었다. 첫째는 이시방의 의견이었다. 지방 각 고을의 실결에서만 정부가 직접 공물가를 거두고, 예년의 수취량보다 모자라는 부분은 정부 재정으로 보충해주자는 것이었다. 중앙정부가 지방 각 고을의 공물가를 직접 거두자고 주장한 이시방의 의견은 공물가 납부에 따른 막대한 뒷돈을 차단하기 위해서였다. 종전대로 공물 납부를 각 고을에 맡겨두면, 그에 따르는 뒷돈은 결국 백성들이 부담해야 했다. 두 번째는 인조의 견해였다. 인조는 예전대로 하되, 각 고을의 재결이 부담해야 할 공물가만 중앙정부가 부담하는 것이 좋겠다고 말했다. 셋째는 이후원의 견해였다. 그는 공물가는 그대로 놔두고 전세를 줄여주자고 말했다.

이후원은 이시방의 의견에 반대하면서 인조가 제시한 의견에도 문제를 제기했다. 인조의 방식은 행정적으로 몹시 번거로운 문제를 초래한다는 것이 그 이유였다. 그는 행정적 번거로움을 피하기 위해서 공물가 대신 차라리 전세를 줄여주자는 의견을 제시했는데, 공물과 달리 전세는 명확한 수취 체계가 서 있으므로 깎아주기도 편했기 때문이다.

이후원의 주장에 전혀 근거가 없지는 않았다. 하지만 그의 의견에 따르면 정부가 줄여주는 세금이 너무 적다는 것이 문제였다. 왜냐하면 백성들이 주로 내는 공물가가 이중 구조로 되어 있었기 때문이다. 각 고을이 경각사에 내야 하는 공물가는 공식적으로 많지 않았지만, 그에 따른 부대 비용이 엄청나게 많았다. 이 부대 비용의 대부분이 뒷돈이었다. 흥미롭게도 조선시대에도 뒷돈을 '後錢'으로 표현했다. 공식적 공물가와 부대 비용을 합한, 즉 백성들이 실제로 부담하는 비용은 전세의 10배 이상이었다. 그의 주장을 따른다면 백성들이 받을 수 있는 혜택은 크게 줄어들 수밖에 없었다. 정부가 깎아주는 부분은 공식적인 전세의 일부일 뿐이기 때문이다.

이렇게 원두표·이후원과 이시방의 견해가 나뉜 논의 구도에서는, 결국 앞쪽 두 사람의 생각에 인조의 의견이 가미된 상태로 결론이 날 가능성이 높았다. 이즈음인 인조 25년(1647) 9월에 조익은 원두표와 이후원, 이시방에게 각각 동일한 내용의 편지를 보낸다. 조익 스스로 말한 것처럼 "평소에 친하게 지내는 사이라서 (자신의) 생각을 이야기할 수" 있는 인물들이기에 가능한 일이었다. 이런 시기에 조익이 세 사람에게 편지를 보낸 것을 보면, 조정을 떠난 지 10년이 넘었어도 그가 조정 논의의 현안을 놓치지 않고 있었음을 알 수 있다.

조익은 먼저 자신이 편지를 보내는 이유를 설명했다. 부친상 중에 있으므로 이런 내용의 편지를 보내는 것이 적절하지 않지만, 죽음의 위기에 직면한 백성들의 참상에 그지없이 우려되는 마음을 금할 수 없다고 토로했다. 또한 조정이 공물을 줄여주는 일에 매우 소극적인 것을 보고 깊은 우려를 표했다. 조익은 각 지방의 상황이 얼마나 심각한지를 조정이 잘 모르는 것에서 일단 그 원인을 찾았다. 그는 자신이 목격한 상황을 자세히 전하며, 각 지방 상황의 위태로움을 전했다.

조익은 상황을 전체적으로 조망했다. 국가에서 공물가를 줄여주면 정부 수입이 줄어들겠지만, 공물가를 줄여주지 않아도 역시 정부의 수입은 줄어들 뿐만 아니라 오히려 공물가를 줄여줄 때보다 훨씬 나쁜 결과에 이를 것이라고 단언했다. 공물가를 부담할 수 없으면 백성들은 결국 살던 곳을 떠나 떠돌 것이 뻔한데, 그렇게 되면 그들에게서 어떻게 공물가를 받아낼 수 있겠느냐고 물었다. 또 공물가를 면제받으면 혹 떠나지 않을 사람일 텐데도 공물가 부담 때문에 떠날 수 있으며, 그 숫자 또한 적지 않을 것이라고 지적했다. 그가 보기에 생활이 아주 어려운 사람은 어차피 살던 곳을 떠날 수밖에 없다. 그래도 공물가를 줄여주면, 적어도 국가가 자신을 보살피기 위해서 노력했다는 사실을 알고 떠나게 될 것이라고 말했다. 만일 그렇지 않고 살던 곳을 떠나면, 국가에 대해서 깊은 원한을 가지게 될 것이라고 지적했다.

조익은 비록 국가재정이 어렵기는 하지만 아직은 여유가 있다고 주장했다. 국가의 큰 창고인 군자창軍資倉과 광흥창廣興倉에 18만 석의 쌀이 비축되어 있고, 전라도와 경상도에 수십만 석의 통영곡이 있음을 지적했다. 통영곡은 군사용 비축미다. 그는 국가가 백성을 구해야 할 의무가 있는데 백성을 구해주지 않고 죽도록 놔둔다면, 이것이 어찌 윗사람 된 도리겠냐고 물었다. 그가 『대학곤득』에서 치국治國의 기본 목표를 '인민仁民'이라고 말한 것은 상투적이거나 단순히 관념적인 것이 아니었다. 또한 그는, 여러 해 동안 모은 곡식을 어떻게 백성들의 부담을 보충하는 데 쓸 수 있느냐는 예상 반론에 대해 "백성은 나라의 근본이고, 곡식은 (결국) 백성이 생산한 것"이라고 말했다. 요컨대 나라는 누구를 위한 나라이며, 곡식은 누가 만든 것이냐는 말이다. 백성이 나라의 근본이라거나 국가에 백성을 구해줘야 할 의무가 있다는 믿음은 조선시대 경세가들의 기본 원칙이자 믿음이었다. 이러한 조익의 주장이 받아들여진 걸까? 인조 25년(1647)에 정부는 백성에게서 거두는 공물가를 상당한 폭으로 삭감했고, 삭감된 만큼을 정부 비축미로 경각사에 지급했다.

마지막 출사

조익은 인조 26년(1648) 7월에 부친의 삼년상을 마치자, 일흔의 나이에도 불구하고 의정부 좌참찬左參贊에 임명되었다. 좌참찬은 의정부에 소속된 정2품 관직이다. 상복을 벗자마자 조익에게 벼슬이 내려진 것은 조정에서도 그가 그동안 고령의 부친을 모셔야 해서 관직에 나오기 어려웠음을 알았기 때문일 것이다. 그가 몇 차례 사양 끝에 마침내 관직을 받아들인 것도 같은 이유인 듯하다. 다음 해 5월에는 인조가 사망하고, 효종이 즉위했다. 그는 우의정에 임명되었고, 이어서 좌의정으로 승진했다. 이 시기에 그가 어떤 직책에 있었던가는 그리 중요하지 않다. 그는 이미 조정의 최고 원로 중 한 사람이었다.

이 시기 조정에서 조익의 위치는 약간 독특했다. 효종 즉위 뒤 조정은 정책적 측면에서 대동법을 추진하려는 쪽과 반대하는 쪽으로 양분되어 있었다. 찬성하는 쪽은 김육, 이시방, 이시백 등이고, 반대하는 쪽은 김집金集, 원두표, 김상헌金尙憲, 조석윤 등이었다. 이경석 같은 사람은 조건부 찬성의 입장에 서 있었다. 양쪽의 좌장은 김육과 김집이었다. 두 사람은 대동법 추진을 놓고 대립하다가, 효종 원년(1650) 1월에 조정에서 모두 물러나기까지 했다. 조익은 정책과 관련해서는 당연히 자신의 평생 지론인 대동법 실시에 찬성했지만, 인간적인 유대 측면에서는 대동법 찬성론자들은 물론 반대론자들과도 매우 밀접한 관계를 유지하고 있었다.

김상헌은 병자호란 이후 조정에서 물러나 있었다. 인조가 죽자 그가 도성에 들어와서 곡을 하고 돌아가는 즈음에 조익은 효종에게 김상헌을 불러들이라고 요청했다. 김상헌이 조정에 다시 나올 수 있는 계기를 조익이 만들어주었던 것이다. 조석윤도 조익이 보호해준 일이 있다. 어떤 일이 계기가 되어 조석윤에게 효종의 파직 명령이 내려졌는데, 이때 조익은 조석윤이 선량하고 문학적 재능까지 겸비한 인재라고 말하며 그를 적극 보호했다. 결국 효종은 조석윤의 파직 명령을 취소했다.

흥미로운 사실은 정작 효종 초에는 조익이 대동법 추진을 위해 적극적인 행동을 하지 않았다는 점이다. 아마도 이것은 일종의 역할 위임일 듯싶다. 김육이 대동법 추진을 위해서 전력투구하고 있었기 때문이다. 조익은 효종 원년 11월에 조정에서 물러나 광주 구포의 집으로 돌아왔다. 그 뒤 효종 6년(1655) 3월에 77세로 사망할 때까지 이 집에서 만년을 보냈다.

붕당을 바라보는 관점

'붕당' 문제에 대해서 조익은 효종과 생각이 달랐다. 효종은 조정 내

붕당에 대해 민감하게 반응했다. 자신이 즉위하게 된 직접적인 계기는 말할 필요도 없이 형 소현세자의 죽음이었다. 소현세자의 죽음을 포함하여 그의 부인 강씨와 두 아들의 죽음도 붕당 대립과 연관이 있었다. 그 때문에 즉위 초 효종은 어느 당파에도 치우치지 않고 중립을 유지하려고 애썼다. 반면에 조익은 정치적 당파에 대해서 크게 의식하지 않았다. 그는 "천하의 사리에는 원래 옳고 그른 구별이 있고, 사람의 본심에는 옳고 그름을 구별하는 정대함이 있습니다"라고 말했다. 그는 당파적 사고를 넘어서는, 인간이 가진 이성적 윤리적 능력을 믿었다.

조익이 조정을 떠나야 했던 직접적인 원인은 이이와 성혼의 문묘종사 문제 때문이었다. 광해군 2년(1610) 이황을 포함한 다섯 사람이 문묘에 배향될 때, 이이와 성혼은 거기에 들지 못했다. 그 때문에 인조 13년(1635) 성균관 유생 270명과 그들의 대표 송시영宋時瑩이 중심이 되어 이이와 성혼의 문묘종사를 청원하는 상소를 올렸다. 송시영은 송시열의 사촌 형이다. 당시 조익은 성균관을 책임 맡은 동지성균관사同知成均館事로 있었다. 격렬한 논생이 오갔지만, 결국 일은 성사되지 못했다.

이이와 성혼을 문묘에 배향하자는 성균관 유생들의 상소가 효종 원년(1650)에 다시 제출되었다. 그러자 영남의 진사 유직柳稷을 대표로 한 900여 명이 집단으로 여기에 반대하는 상소를 올렸다. 상소에는, 이이와 성혼이 한두 가지 장점이 없는 것은 아니지만 도덕과 학문으로 볼 때 문묘에 종사되는 것은 전혀 타당하지 못하다는 매우 강경한 주장이 담겨 있었다. 이에 성균관 유생들이 유직을 격렬하게 비난하는 상소를 다시 올렸다. 사태가 이렇게 전개된 이유는 주로 정치적인 데서 기인했다. 인조 정권은 본래 서인이 주류를 형성하고 남인이 참여한 연합 정권이었다. 하지만 시간이 지나면서 서인 세력이 더 강해지고, 남인 세력은 점차 약화되는 양상을 띠었다. 그리고 이 과정을 거치면서 정치적으로 이황은 남인으로, 이이와 성혼은 서인으로 자리매김되었다.

효종은 유직에 대한 성균관의 반박 상소를 꾸짖고 물리쳤다. 그러자 성균관 유생들은 권당捲堂, 즉 항의의 뜻으로 성균관을 비우는 것으로 맞섰다. 권당은 성균관 유생들의 전통적 항의 방식이었다. 효종이 조익에게 성균관 유생들이 다시 들어오도록 타이르라고 말하자, 오히려 그는 동료 재상들과 연명으로 글을 올려서 이이와 성혼 두 사람을 문묘에 배향해야 한다고 주장했다. 조익은 상소에서 자신은 본래 소속된 당이 없지만, 그것이 옳고 그름을 분별하지 않는다는 뜻은 아니라고 말했다. 그는 효종처럼 분별하지 않고 그저 양쪽 다 포용하려고만 한다면 그것이 도리어 잘못이라고 비판했다. 이 일로 효종과 조익의 관계는 틀어지고 말았다. 조익은 스스로 당파적이지 않다고 생각했지만, 효종은 조익이 서인 편에 치우쳤다고 생각했다.

붕당 문제, 좀 더 크게 보아 '정치적인 것'과 관련해서 조익은 이이와 비슷한 면이 있다. 이들은 둘 다 실체적으로 존재하는 조정의 당파적 구도와 그 영향력을 과소평가했다. 그들은 개인이 가진 이성과 선량함을 신뢰했다. 조익은 다음과 같이 말했다.

조정의 신하들이 붕당으로 나뉘는 것은 임금 입장에서는 물론 매우 싫은 일이겠습니다만, 사람들이 서로 (무리 지어) 어울리는 것은 그들의 기질이 같기 때문입니다. 그들이 어울리고 어울리지 않는 것은 역시 이치로 보나 형세로 보나 자연스러운 현상입니다. 따라서 임금이 신하를 부리는 도리는 그들이 붕당을 짓는다고 미워할 것이 아니라, 그들이 선한지 악한지를 살펴서 임용하거나 물러나게 하는 것입니다. 신은 예전부터 항상 소속된 당이 없다고 말했습니다. 그러나 신에게 당이 없다고 말한 것은 이편저편 따지지 않고 오직 선한 쪽을 편들겠다는 뜻이지, 선악을 따지지 않겠다는 뜻은 아닙니다.

위 조익의 말에서 '기질'을 '식견識見'으로 바꾸면, 이이가 붕당에 대해서 한 말과 그다지 다르지 않다. 말하자면 이이도 동인들이 식견이 없어서, 즉 뭘 몰라서 그렇지, 일부러 당파적 사고를 하지는 않는다고 생각했다.

조익은 스스로 정치적이지 않다고 생각했고, 실제로 그렇게 볼 수 있는 여지도 많다. 이러한 조익의 독립적 측면이야말로 그의 비판적 독서를 가능케 한 토대였고, 기성의 사회관계에 따른 구속을 넘어 개혁적 요구를 밀고 나갔던 힘이었다. 하지만 바로 이 점이 그로 하여금 정치적 측면에서 충분히 현실적이지 못하게 만들었던 원인이 되기도 했다. 윤선거는 조익의 묘지명에서 "안목 있는 자들(議者)이 말하기를, 율곡 이후로 왕도王道에 대해서 다른 것이 조금도 뒤섞임 없이 순수하게 논한 사람은 오직 선생 한 사람뿐이었다고 했다"라고 기록했다. 윤선거는 물론 긍정적으로 한 말이다. 그의 말에서 '다른 것'을 '정치적인 것'으로 치환해 생각해도 크게 어긋나지는 않을 것이다.

비판적 독서의 힘

　조익은 별다른 가문적 배경 없이도 24세에 문과에 붙었다. 아마도 그는 총명했던 것 같다. 하지만 그의 학문적 수준이나 성격을 결정한 바탕은 젊은 시절의 총명함이 아니다. 그는 스무 살 때 성리학 연구에 헌신하기로 결심한 뒤, 죽을 때까지 치열하게 독서하고 저술했다. 바로 그 집요하고 치열한 독서 행위가 조익의 학문 수준은 물론 관리로서의 자세와 능력까지 결정했다. 그의 삶에서 가장 중요한 행위는 독서였다.

　그가 살았던 시대는 조선시대 전 시기 중에서도 매우 혼란스러운 시대였다. 국가정책 측면에서도 그랬다. 그의 학자적 면모는 17세기 전 반이라는 이 혼란한 시대에 상황을 분석하여 문제의 원인을 찾고, 그것을 국가 운영의 원칙 위에서 풀어낼 수 있게 했다. 그는 현실에서 상황이 새롭게 전개될 때마다 상소를 올려 상황을 분석·정리하고, 그에 따른 정책 대안을 제시했다. 이런 그의 모습은 성리학 경전에 대해서 비판적으로 분석하고 그 분석을 모아서 정리해내는 저술 활동과 기본적으로 다르지 않다. 그에게 책과 현실은 다르지 않았다. 『대학곤득』에서 서술한 내용은 실제로 대동법 추진 과정에서 그가 보여주었던 모습과 그대로 일치한다. 그는 늘 공부하고 저술하면서, 기회가 닿는 대로 관료로도 활동했다.

조익은 대동법의 기본 뼈대를 완성했다. 이 일이 가능했던 것은, 그가 특별히 행정 실무에 숙달했다거나 국가재정 문제에 해박했기 때문은 아니었다. 조익보다 행정에 숙달하고 재정 문제에 해박한 사람은 적지 않았다. 조익이 대동법에 관한 종합적 설계도를 완성할 수 있었던 것은 세 가지 정도의 요소에 힘입은 바가 크다고 생각한다. 첫째, 현실에서 무엇이 문제인가를 직접 경험할 수 있었던 점. 둘째, 언제나 비판적인 관점에서 독서하고 나름의 대안을 마련하려 했던 점. 그리고 간과하기 쉽지만, 마지막으로 조선의 체계적 행정 시스템이 이미 존재하고 있었다는 점이다. 중앙의 재정 부서에서 재직한 경험이 전혀 없던 사람이 인조반정 뒤 불과 석 달 만에 대동법의 설계도를 만들어낼 수 있었던 힘은 다른 식으로는 설명하기 어렵다. 현실에 대한 축적되고 정리된 자료가 있었기 때문에 가능했다고밖에 설명할 수 없을 것이다.

언제나 민생을
염려하노니

잠곡 김육, 안민을 실현한 정치가

잠곡 김육,
안민을 실현한 정치가

경기도 남양주시 삼패동 산 42-2번지로 알려진 김육의 묘소는 쉬 찾아지지 않는다. 그 흔한 유적 표지조차 없다. 대동법과 관련해서 교과서에까지 오른 인물치고는 유적이 너무나 처량하다. 삼패 사거리에서 덕소삼패 IC로 가는 동쪽 국도(아래)를 따라가다 보면, 왼쪽 야트막한 언덕 위에 언뜻 묘소가 보인다. 국도 밑으로 난 토끼굴로 들어가면 묘가 나온다. 1659년에 세워진 묘역을 최근에 새로 둥근 담(곡장)으로 중수했다는 기념비가 보인다.

위는 정경부인 윤씨와 합장된 김육 묘이고, 아래는 그 묘비다. 원래는 나지막한 담으로 둘렀던 것을 돌담으로
고쳐서 정비했다. 남양주 향토유적 제2호치고는 주변이 너무 황량하다. 조선 최고의 개혁인 대동법을 완성
했건만, 뜬세상의 헛헛함이 가이없다.

김육 묘의 문인석, 그리고 그 옆에 6번 국도가 보인다. 아들 김좌명의 묘는 저 국도를 건너가야 볼 수 있다. 아버지와 아들의 묘가 신세계의 신작로로 가로막혀 있다는 사실이 찾은 이의 애장을 끊는 듯하다. 이 근처 일대가 청풍 김씨 묘역인데, 김육 외에 김식, 김좌명, 그리고 손자 김석주의 무덤도 있다.

김육의 큰아들 김좌명의 묘와 묘비다. 아버지의 묘와 약 80m 거리에 있다. 왼쪽 사진에 보이는 국도 터널 위를 가로질러 가야 한다. 김좌명은 훗날 병조 판서와 호조 판서를 지냈는데, 부친 김육의 사망 뒤에 호남대동법을 마무리 짓는 데 크게 기여했다.

어떤 정치가가 좋은 정치가인가?

우리는 이제까지 대동법이 성립되는 과정에서 이이, 이원익, 조익의 역할을 각각 실천적 지식인, 유능하고 헌신적인 관리, 분석적이고 비판적인 학자로 이해했다. 마지막으로 살펴볼 김육金堉(1580~1658)은 정치가로 상정하고자 한다. 얼핏 생각하면 실천적 지식인, 관리, 학자, 정치가는 선명하게 구분하기 쉽지 않다. 하지만 일부 겹치기는 해도 각각은 그 본질적 특성과 역할에서 차이가 있다. 그리고 개혁에는 이들의 역할이 모두 필요하다. 그러면 앞의 세 유형과 정치가를 구분하는 특성은 무엇일까? 최소한 하나는 분명하다. 바로 '단순하지 않음'이다.

정치가는 일차적으로 현실 그 자체를 중시한다. 이 점에서 정치가는 당위적 요구에 민감한 실천적 지식인과 구분된다. 또한 정책이 지향하는 방향과 목표를 고민한다는 점에서는 이미 규정된 절차나 관행에 집중하는 관리와도 다르다. 그리고 현실이 내포하는 복잡성과 그것들이 만들어내는 무수한 변주에 대응해야 한다는 점에서 개념적 논리적 측면에 집중하는 학자와도 다르다. 개혁을 이루어내는 과정에서 정치가의 특성은 여기에만 그치지 않는다. 훌륭한 정치가가 앞의 세 유형과 다른 결정적인 요소는, 그가 이 세 유형과 구분됨에도 불구하고 동시에 각각의 본질적 측면을 충분히 이해하고 최대한 포괄한다는 점이다.

공물 제도를 개혁해야 한다는 주장은 이미 임진왜란 이전부터 제기 되었고, 임진왜란이 끝난 뒤에는 조정에서 이 문제가 비중 있게 다루어 지기 시작했다. 그런데 최초의 대동법인 충청도에서의 대동법, 즉 호서 대동법을 실시하기로 한 조정의 결정은 효종 2년(1651)에야 내려졌다. 대동법 성립에 두 세대 이상의 시간이 걸린 셈이다. 왜 이렇게 시간이 오래 걸렸을까? 그 이유는 개혁을 추진할 수 있는 역량의 축적이 필요 했기 때문이다. 대동법은 어쩌다 얼떨결에 이루어진 일이 아니다.

제도 개혁을 성공시키기 위해서는 다양한 역량이 필요하다. 현실의 폐단을 인식했다고 해도, 그 폐단이 해결해야 할 문제 자체가 아닌 경 우는 많다. 수돗물에 녹물이 섞여 나온다고 수도꼭지만 갈면 되는 것은 아니다. 예를 들어 오늘날 한국 사회에서 벌어지고 있는 수많은 경제 문제들을 해결하기 위해서는 어떤 문제를 해결해야 하는가? 재벌은 개 혁의 대상인가, 혹은 그렇지 않은가? 만약 개혁 대상이라면 재벌의 무 엇을 어떻게 개혁해야 하는가? 이런 문제들에 대해서 여전히 논란이 분 분하다. 더 나아가 경제 전체에 대한 개혁 방향을 어떻게 잡아야 하는 가? '성장'의 관점에서 접근해야 하는가, 아니면 '분배'의 관점에서 접근 해야 하는가? 두 가지를 동시에 추구하는 것이 실제로 가능한가? 한국 사회는 이러한 문제에 대해 아직 사회적 합의에 도달하지 못한 상태다.

설령 해결해야 할 문제와 개혁 방향에 합의했더라도 이것은 단지 개혁의 1단계에 지나지 않는다. 개혁의 청사진을 완성하는 데도 시간이 걸린다. 게다가 많은 경우에 이 청사진대로 실시한다 해도 개혁이 달성되지는 않는다. 최초의 청사진은 허술하기 마련이다. 개혁의 실제 과정에서 포괄해야 할 구체적인 현실을 놓치는 경우가 많기 때문이다. 즉 개혁 청사진의 업그레이드가 필요하다. 그런데 이것이 이루어지는 과정에서 또 시간이 걸린다. 개혁의 실패에 따른 반대파의 비난을 극복하고 다시 개혁을 추진하는 데는 시간만 필요한 것이 아니다. 실패에 따른 후유증을 극복하고 개혁을 재추진하려면 개혁에 대한 새로운 의욕도 필요하다.

김육이 대동법 성립에서 수행한 역할은 어쩌다 보니 떠맡게 된 것이 아니었다. 그는 개혁 추진 과정에서 반대파의 파상적 공격의 표적이 되었다. 그가 받은 공격의 강도야말로 개혁에 대한 그의 신념이 얼마나 견고했는지를 입증한다. 그의 생각과 신념은 평생에 걸친, 그리고 때로는 가혹했던 경험의 소산이었다. 그 경험은 당대의 역사적 조건과 김육 개인의 삶에서 우러난 것이었다.

정치가는 언제나 존재한다. 그리고 좋은 정치가는 언제나 필요하다. 국가가 존재하고 그 속에 사는 한, 우리는 더 나은 정치가를 혹은 그렇지 못한 정치가를 선택할 수밖에 없다. 조선시대와 지금을 단순히 비교할 수는 없다. 하지만 어떤 정치가가 좋은 정치가인지를 알아보는 문제나 그를 어떻게 뽑아야 하는가에 관한 고민은 다르지 않다. 조선시대는 좋은 정치가를 '군자'라고 불렀고, 그를 뽑는 주체는 임금이었다. 세자를 공부시키기 위해 세자시강원이 있었고, 왕을 공부시키기 위해 홍문관을 비롯한 삼사가 있었다. 이들 기관은 수많은 정부 기관 중에서도 규모가 컸고, 또한 최고의 인재들로 채워졌다. 왕과 세자가 열심히 공부했던 것은 국정을 하나하나 직접 관장하기 위해서가 아니었다. 그들이 해야 할 단 하나의 일이 있다면, 그것은 '군자'를 뽑는 일이었다. 오늘날 우리는 조선시대에 왕이 했던 일을 주기적으로 하고 있다. 조선시대에 김육은 분명히 좋은 정치가였다. 그를 통해서 지금 우리에게 어떤 정치가가 필요한지 생각해볼 수 있을 것이다.

김육
100년간에 걸친 조선 최고의 개혁,
대동법을 완성한 정치가이다.

어린 시절의 고난

기묘사화에 연루된 가계

김육은 선조 13년(1580) 7월 14일에 한성 서부의 마포리에 있는 외할아버지 조희맹趙希孟의 집에서 태어났다. 아버지는 기묘팔현己卯八賢 중한 사람인 김식金湜(1482~1520)의 증손자 김흥우金興宇이고, 어머니는 기묘사화己卯士禍의 중심인물인 조광조趙光祖(1482~1519)의 동생 조숭조趙崇祖의 손녀다. 말하자면 김육은 김식의 현손玄孫이자 조광조 동생의 증손자다. 이렇듯 김육은 기묘사화와 깊은 연관을 갖고 태어났다. 차차 서술되겠지만, 이러한 가계家系는 그의 삶에 깊은 영향을 주었다.

김육의 어린 시절을 이야기하려면 어쩔 수 없이 먼저 기묘사화로 거슬러 올라가야 한다. 기묘사화는 16세기 후반에 조선의 정치적 주도 세력이 되었던 사림士林의 정치적 등장과 그들의 집단적 정체성에 결정적인 영향을 미쳤는데, 김육의 집안도 그 속에 포함되기 때문이다.

기묘사화는 훈구파勳舊派가 중종 14년(1519)에 조광조 등 신진 사류 다수를 죽이고 귀양 보낸 사건이다. 조선 건국부터 선조 이전까지, 크게 보면 조선에는 두 개의 정치 세력이 존재했다. 우선 한 세력은 조선을 건국한 세력과 그들의 후손인 훈구파이다. 다른 한 세력인 사림파는 성종 때부터 조금씩 조정에 진출하기 시작했다. 사림파는 조선 건국에 동의하지 않았던 고려 말의 개혁파인 정몽주鄭夢周, 길재吉再 같은 인물을 자신들의 학문적 이념적 뿌리로 삼았다. 15세기가 온전히 훈구파의 세기라면, 16세기는 훈구파가 쥔 기득권에 사림파가 도전했던 세기이다. 두 정치 세력 사이에는 심각한 물리적 갈등이 있었다. 여러 차례의 사화士禍가 바로 그것이다. 칼자루를 쥔 쪽이 훈구파였으므로 피해를 입은 쪽은 주로 사림파였다.

여러 차례 일어난 사화들 중에도 기묘사화는 특별했다. 기묘사화야말로 사림파의 정치적 이상을 가장 선명하게 드러낸 사건이기 때문이다. 이 사림파의 중심인물이 바로 조광조, 김식, 김정金淨(1486~1521), 기준奇遵(1492~1521) 등이다. 이때 목숨을 잃은 사람들 외에도 많은 신진 사류가 정치적인 박해를 받았다. 이들은 뒷날 기묘명현己卯名賢으로 불린다. 그들 중에서도 특별히 8명을 기묘팔현己卯八賢이라고 했다. 김육은 나중에 『기묘팔현전己卯八賢傳』이라는 책을 펴냈다. 그는 자신과 자기 집안의 정체성을 분명하게 인식하고 있었던 것이다.

기묘사화로 인해 정치적으로 파문당한 사람들이 복권된 것은 선조 원년(1568)이다. 선조 즉위 뒤 신진 사림이 조정에서 주도권을 잡자 가장 먼저 한 일은 바로 기묘명현의 정치적 복권이었다. 따져보면 기묘년에 죽거나 정치적인 고초를 당한 사람들은 거의 50년 동안 정치적으로 억압 상태에 있었다. 이것은 그들을 조상으로 둔 후손들이 기묘사화 뒤

50여 년이 지나서야 현실적으로 벼슬길에 나갈 자격을 얻게 되었음을 뜻한다.

김식이 기묘사화로 목숨을 잃은 뒤, 그의 아들 김덕수金德秀는 처사로 일생을 마쳤다. 책을 읽고 공부는 했지만, 과거에 응시조차 하지 못한 채 평생을 보냈다는 말이다. 양반이 지닌 일체의 법적 권리도 갖지 못한 채, 경제적으로 궁핍하게 일생을 마쳤던 것이다. 김덕수의 아들, 즉 김육의 할아버지 김비金棐 역시 과거에 합격했다는 기록이 없다. 하지만 김비는 세 고을의 수령을 지냈고 마지막에는 군자감軍資監 판관判官을 지냈다. 군자감은 군수 물자를 관리하는 호조 소속의 관서이고, 판관은 종5품 관직이다. 아마도 선조 1년(1568)에 기묘사림들이 정치적으로 복권되었기 때문에 이나마 가능했을 것이다.

아버지의 유언

김육의 아버지 김흥우는 22세 되던 선조 18년(1585)에 생원·진사과에 모두 합격했다. 길고 깊은 침체에 있던 김육 집안에 비로소 가문을 다시 일으킬 희망이 생겼다. 하지만 그 희망은 이후 찾아오는 연속된 고난으로 결실을 맺지 못한다.

김육이 11세 되던 1590년에 평안도 강동江東이라는 작은 고을의 수령으로 재직하던 할아버지가 사망한다. 당시 김흥우는 문과 합격 이전이라 본격적인 벼슬길에 나서지 못한 상태였다. 할아버지의 사망은 집안 어른을 잃은 것에 그치지 않고 경제적으로도 궁핍해지는 것을 뜻했다. 2년 뒤에는 임진왜란이 일어났다. 아직 할아버지의 상도 마치지 못한 때였다. 김육의 가족은 고향 평구平丘(현재의 경기 남양주시 삼패동)를 떠나 피난길에 올랐다. 이들은 강원도의 안협安峽(현재의 철원 지역), 평안도의 삼등三登과 강동, 황해도의 안악安岳·송화松禾·해주海州를 차례로 떠돌았다. 이 와중에 김흥우가 해주 미륵촌에서 31세의 젊은 나이로 사망한다. 김육은 감수성 예민한 15세의 나이에 장남으로서 할머니, 어머니, 남동생 하나, 여동생 둘을 이끄는 가장이 되었다.

　김흥우는 사망하면서 어린 김육에게 "네가 능히 우리 가문을 일으켜 세우면 지하에서도 나는 오히려 기뻐할 것이다"라고 말했다. 그는 오랜 세월 침체되었던 가문을 되살리는 임무를 장남에게 부탁했다. 1594년 4월에 아버지가 사망한 뒤, 8월에 김육은 가족을 이끌고 청주에 있는 이모부 집으로 가서 의탁한다. 아버지의 상을 마칠 형편이 전혀 아니었다. 그러나 청주에서도 오래 머물지 못하고, 떠돌이 피난 생활은 계속되었다. 청주에서 인천으로, 다시 해주, 연안, 안악으로 떠돌았다. 그러다가 김육이 19세 되던 1598년 8월에 할머니가 사망한다. 아버지가 이미 사망한 상황이었으므로 김육은 다시 상주 역할을 해야 했다. 그리고 다시 일 년 반쯤 뒤인 1600년 1월에 피난처인 황해도 연안延安에서 어머니마저 사망한다. 그즈음에 7년 동안 지속된 전쟁이 끝났다.

　김육은 어머니의 무덤을 만들면서 아버지의 무덤도 옮겨 왔다. 임진왜란 중 해주에 임시로 만들었던 아버지의 무덤을 옮겨 와서 고향 평구에 합장했다. 당시 그는 누구의 도움도 받을 수 없는 처지였다. 직접 흙을 져 날라 아버지와 어머니의 무덤을 만들었다. 당시만 해도 노비

없는 양반은 상상하기 어려웠다. 양반에게 경제생활은 물론 일상생활을 가능하게 했던 것이 바로 노비였기 때문이다. 당시 많은 양반이 노비를 앞세우지 않으면 외출도 하지 않던 것이 상례였는데, 김육은 잔디와 흙을 손수 날라다가 부모의 무덤을 만들었다. 당시 그의 집안에 노비가 없었기 때문일 것이다. 김육은 이 일을 마치고는, 동생과 함께 서울로 가서 고모에게 의지했다. 연보를 보면 김육이 고모부의 집에 있으면서도 항상 새벽녘에 부모의 묘까지 걸어가서 곡하고 돌아왔다고 한다. 아마도 시묘侍墓 삼아 그렇게 했을 것이다. 당시에는 사대문 안쪽까지만 서울이었다. 동대문부터 계산한다고 해도 묘가 있는 평구까지는 대단히 먼 거리다.

김육의 10대에서 20대 초반에 이르는 10여 년간은 참으로 혹독한 시기였다. 그는 15세에 아버지를 여의고 어머니의 상을 마친 23세까지 전쟁 중에 상을 치러내야 했다. 더구나 장남으로서 동생과 두 누이들까지 보살펴야만 했다. 그로부터 50여 년이 지난 뒤에, 김육은 이 시기를 회고하면서 부친의 사망에서 시작해 8년 동안 상을 치르느라 거의 죽을 뻔했다고 말했다. 그가 비교적 늦은 나이인 26세나 되어서야 사마시司馬試에 합격할 수 있었던 것은 이런 이유 때문이다.

잠곡으로 은거하다

김육은 모친상을 마친 다음 해인 선조 36년(1603) 26세의 나이로 사마시에 응시했다. 그리고 1604년 진사 윤급尹汲(1561~1591)의 딸 파평 윤씨와 결혼했다. 그녀 역시 임진왜란 중에 부친을 잃었다. 김육은 결혼하던 해 사마시 초시에 합격한 데 이어 다음 해 3월에 2차 시험인 회시에도 합격하여 생원이 되었다.

회퇴변척소 사건

선조 즉위 뒤 사림은 새로운 집권 세력이 되었다. 이들은 자신들의 정치적 학문적 정통성을 확립하기 위해 '오현종사五賢從祀'를 주장했다. 오현종사란 사림파가 자신들의 학문적 스승이라고 생각한 5명을 문묘에 들여서 배향할 것을 주장한 일이다. 이 다섯 사람은 김굉필金宏弼, 정여창鄭汝昌, 조광조趙光祖, 이언적李彦迪, 이황李滉이다. 누군가를 기린다는 것은 그가 가진 사회적 상징성 혹은 가치를 존중한다는 뜻이다. 그 때문에 '기림'이란 본질적으로 정치적인 행위다. 이것은 인천국제공항을

'이승만공항'이나 '김구공항'으로 부른다고 할 때 어떤 일이 벌어질까를 생각하면 쉽게 짐작할 수 있다. 오현종사는 오현의 막내 격에 해당하는 이황이 사망한 뒤인 선조 6년(1573)부터 주장되기 시작하여 선조 대(1567~1608) 내내 이어졌다. 그리고 마침내 광해군 2년(1610) 7월에 받아들여졌다.

이 당시 김육은 성균관에 있었다. 그 역시 성균관을 대표해 오현종사를 주장하는 상소를 올렸다. 오현종사에 대한 요구는 신진 사림 전체의 정체성과 관련되었지만, 특히 김육에게는 집안 차원에서도 커다란 의미가 있었다. 오현종사를 요구하며 올린 그의 글을 보면, 이 시기까지만 해도 김육이 성리학의 원칙에 충실한, 전형적인 신진 사림의 한 사람이었음을 알 수 있다.

오현종사가 받아들여진 다음 해인 광해군 3년(1611) 3월, 정인홍鄭仁弘의 상소가 올라왔다. 그 유명한 '회퇴변척소晦退辨斥疏'이다. 정인홍은 조식曺植의 수제자였다. '회퇴'는 회재晦齋 이언적의 '회'와 퇴계退溪 이황의 '퇴'를 딴 것이고, '변척'이란 밝혀서 드러낸다는 뜻이다. 상소에서 주장하는 요지는, 이언적과 이황이 아닌 성운成運(1497~1579)과 조식이 문묘에 들어야 한다는 것이다. 이언적과 성운이 함께 언급되기는 했지만, 정인홍 상소의 핵심은 이황과 조식이었다. 정인홍은 문묘에 조식이 빠진 가운데 이황만 배향되는 것에 동의하지 못했다. 어떤 면에서 보면 이 상소는 이황과 조식이 살아 있을 때부터 두 사람 사이에 존재한 긴장의 연속선상에 있었다. 이황은 주자朱子의 학설을 정교하게 설명했고, 조식은 '행동에 옮길 수 없는 그런 논리'의 개발이 무익하다고 보았다.

신진 사림에게 더 큰 공감을 얻은 사람은 이황이었다.

그런데 임진왜란을 거치면서 반전이 일어났다. 누구보다도 실천을 강조한 조식의 제자들 중에서 전체 의병장의 절반 가까이가 나왔던 것이다. 곽재우郭再祐, 정인홍 같은 인물이 대표적이다. 이런 상황은 임진왜란이 뒤 조식의 제자 그룹인 북인이 현실 정치에서 더 큰 발언권을 얻는 계기가 되었다. 그 결과 광해군 정권의 실질적 기반은 북인들로 채워졌다. 이 영향으로 당시 정인홍의 상소에는 힘이 실릴 수 있었다.

하지만 정인홍의 상소는 유생들의 즉각적인 반발을 불러일으켰다. 성균관 유생들은 정인홍을 비판하는 상소를 올렸고, 급기야 그를 유적儒籍에서 삭제해버렸다. 그러자 광해군은 크게 노해서 가장 먼저 삭적의론을 낸 자를 조사해서 금고禁錮시키라고 명령했다. 금고란 과거 응시자격을 박탈하는 것이다. 성균관 유생으로서 금고형에 처해지는 것은 가장 높은 수준의 처벌이었다. 광해군의 이 명령에 대해서 성균관 유생들은 오히려 권당捲堂으로 저항했다. 이 당시 김육은 성균관의 재인齋任이었다. 지금으로 말하면 학생회장 역할이다. 김육이 스스로 상소문을 써서 자신의 소행임을 밝히려 할 즈음, 이덕형李德馨과 이항복李恒福이 강력하게 주장하여 김육은 가까스로 금고를 면했다.

가치관에 따른 결정, 그의 결기

이덕형과 이항복의 도움으로 금고형을 면했지만, 약 2년 뒤인 광해군 5년(1613)에 김육은 결국 성균관을 나왔다. 그는 온 가족을 이끌고 경기도 가평의 잠곡潛谷으로 내려갔다. 김육의 호 잠곡은 이 지명에서 딴 것이다. 광해군 5년은 광해군 정권에 중요한 변곡점이 되는 해다. 이해에 계축옥사癸丑獄事가 일어났다. 계축옥사는 광해군 정권의 기반인 대북파大北派가 영창대군永昌大君 및 반대파를 제거하기 위해서 조작한 사건이었다. 이 사건으로 인해 인목대비와 영창대군을 잘 보살펴달라는 선조의 마지막 부탁을 받은 신흠申欽·한준겸韓浚謙 등 7명의 대신과 이정구李廷龜·김상용金尙容 등 수십 명이 정치적으로 구금되었다. 영창대군은 평민으로 강등되어 강화도에 유배되었고, 인목대비에 대한 폐비 논의가 나왔다.

이 시기에 조정에서 자발적으로 물러난 사람도 많았다. 비록 관직에 있지는 않았지만 김육도 그들 중 하나였다. 김육의 행동은 개인적으로 쉽지 않은 결정이었겠지만, 그 당시 분위기에서는 그다지 남다른 행동은 아니었다. 하지만 그의 자발적 은거는 적어도 두 가지 면에서 평가받을 만하다.

하나는 그가 아직은 어떤 정치적 책임도 질 필요가 없는 성균관 유생 신분이었다는 점이다. 이 사건에 그가 모른 척하며 성균관에 머물면서 과거를 본다고 한들 누구도 그를 드러내놓고 비난하지는 않았을 것이다. 그가 잠곡으로 은거한 것은 책임에 따른 행동이 아니었다. 그것은 본질적으로 그가 지닌 가치관에 따른 결정이었다. 그 결정으로 말미암아 현실적 어려움이 예상되는 상황이지만, 세상사에 대한 자신의 판단에 따라 정직하게 한 행동이었다.

다른 하나는 그가 부모나 처가의 땅과 노비가 갖춰진 시골 농장으로 물러나지 않았다는 점이다. 잠곡에는 그와 그의 가족의 경제적 삶을 뒷받침할 만한 어떤 연고나 기반도 없었다. 조선시대에 조정에 있다가 시골로 물러난 관리의 경우, 녹봉을 받지 못한다고 해서 생계에 금방 직접적인 위협을 받지는 않았다. 경제적으로 넉넉하든 그렇지 못하든, 그들은 대부분 지주였다. 하지만 김육은 지주가 아니었다. 그의 결정에는 그에 상응하는 책임과 대가가 뒤따랐다. 이 말은 김육이 자신의 신념을 지키기 위해 스스로 노동해서 가족을 부양하는 길을 선택했음을 의미한다. 쉽게 보기 어려운 결기라고 할 수 있다. 한양을 떠날 때 그의 나이는 34세였다. 딸린 식구가 있고, 게다가 벼슬길에 오를 가능성을 영원히 포기하게 될지도 모를 위험을 무릅쓴 결정이었다.

김육의 이런 면은 뒷날 그가 대동법을 추진하는 과정에서 중요하게 작용했다. 그를 비판했던 사람들은 사림 내에서 김육보다 영향력이 훨씬 컸다. 그런데 그들은 김육이 추진하는 대동법을 정책 차원에서 비판할지언정, 그의 사상적 측면을 비판하지는 못했다. 심지어 어떤 사람은 김육을 비판하기 전에, 그의 "청명고절淸明苦節이 한 시대에 탁월했다"라고 말했다. '고매한 절개(高節)'가 아닌 '고된 절개(苦節)'가 가리키는 것은 다름 아닌 김육의 잠곡 시절이다. 정치적 흠집을 내기 위한 목적으로 김육을 공격하는 것이 아니라면, 누구도 그의 원칙적 측면을 비판할 수 없었던 것이다. 김육이 나중에 대동법을 밀어붙일 때 사상적인 문제를 피할 수 있었던 데는 잠곡 은거라는 결기 있는 행동에 힘입은 바 크다.

잠곡으로 가는 길에 김육은 무엇을 생각했을까? 잠곡 시절이 그의 정치 역정에 여러 가지로 도움이 되었다는 것은 결과론일 뿐이다. 잠곡으로 내려가면서 조금이라도 그렇게 될 가능성을 생각할 수는 없었을 것이다. 그에게 성균관 입관入館은 어렵게 도달한 일이었다. 아마도 그의 마음에는 아버지의 마지막 당부의 목소리가 떠나지 않았을 듯싶다.

농사지으며 백성으로 살다

잠곡 생활 중 김육의 내면에 흘렀던 한 가지 확실한 정서는 분노였다. 광해군 11년(1619)에 지은 시 「이강羸羌」은 이를 잘 보여준다. '이羸'는 파리하다는 뜻이고, '강羌'은 오랑캐라는 뜻이다.

옥황상제 곁에 작은 귀신 있으니
그 이름을 말하면 이강이라네.
비쩍 말라 날카롭긴 바늘과 같고
형체는 가늘면서 길쭉하다오.
……
해와 달빛 없는 걸 좋아하면서
인간 세상 이곳저곳 쏘다니는데
어느 곳 아무 데나 모두 간다오.
구중 대궐 대문도 밀어젖히니
몇 길 높이 담장쯤이야 쉽사리 넘네.
부호들 집일랑은 건너뛰고는
가난한 이 사는 마을 두루 돈다네.
……
조화의 권세 부림 맘대로 하고

삶과 죽음 그물망을 잡은 셈이네.

……

어찌하면 의천검을 내 손에 얻어

구름 뚫고 그 놈 내장을 도려내리.

계축옥사를 겪고 나서 이원익이나 조익이 보여준 감정의 결은 김육과는 확실히 달랐다. 계축옥사는 이원익에게 '당혹스러움' 또는 '깊은 우려' 같은 감정을 불러일으켰고, 조익에게는 '실망스러움'의 감정을 불러일으켰다. 김육이 '분노'를 느꼈던 것과는 차이가 있었다. 이러한 차이는 아마도 각자의 나이나 조정에서의 직급 같은 것에서 비롯되었을 듯하다. 하지만 또 하나 간과할 수 없는 것이 있다. 즉 각자가 가진 기질도 그런 감정을 일으키는 하나의 원인이었음을 부정하기 어렵다. 이원익이나 조익에 비해서 김육은 확실히 강경하고 격정적이었다.

어쨌든, 김육이 처음 잠곡에 내려왔을 때 닥친 문제는 생활 문제를 해결해야 한다는 것이었다. 잠곡에는 그가 농사지을 땅은 말할 것도 없고 거처할 집조차 없었다. 그는 2년 뒤에야 집을 마련했다. 회정당晦靜堂이라고 멋있게 이름을 짓기는 했지만, "대충 짓고 대충 갖춘" 세 칸의 초가였다. 이 집을 짓기 전에는 굴을 파고 서까래를 엮어서 만든 집에서 살았다. 그리고는 산에서 나무하여 숯을 굽고, 몸소 그것을 지고 가 서울에 내다 팔아 생활했다. 전하는 말로는, 새벽에 파루를 치면 동대문에 제일 먼저 들어온 숯장수가 김육이었다고 한다. 가평에서 서울까지 밤새 나뭇짐을 지고 온 것이다. 그는 잠곡에서의 생활을 다음과 같이 읊었다.

> 약초 캐러 구름 뚫고 산 올라갔고
> 낚시한 뒤 달빛 안고 돌아왔었지.
> 나무하는 늙은이나 농사꾼들과
> 세월이 오래됨에 사귐 깊었고
> 가을 서리 내리면 추수 서둘고
> 봄비가 내릴 적엔 밭을 갈았지.

시 구절은 얼핏 낭만적인 분위기를 띤다. 하지만 잘 보면 위의 시 구절은 잠곡에서 보낸 김육의 일상적 노동이 잘 나타나 있다. 나무하는 늙은이는 김육에게 관찰 대상이 아닌 함께 산으로 나무하러 가던 사람 이었을 것이다. 봄비 내릴 때 갈았던 밭 역시도 남에게서 빌렸을 것이 다. 초가집조차 마련할 수 없던 처지에 자기 땅을 마련할 수는 없었을 테니 말이다.

효종 즉위년(1649)에 우의정에 임명된 김육은 "토호와 부자들이 백 성들을 함부로 대하고 땅을 겸병兼倂하는 데서 백성들이 곤궁해졌"음을 지적했다. 이 말은 잠곡 시절 그가 겪은 실존적 경험이 뒷받침된 말이 었다. 이미 30여 년이 지난 잠곡 시절임에도 그때의 경험은 여전히 그 의 의식 속에 뚜렷이 각인되어 있었다. 이 당시 고위 관료 중에 겸병兼 倂(소작제)에 대해서 말하는 사람은 드물었다. 겸병은 국가에서 금지했으 므로 드러내 말하기도 어려웠지만, 자기 몸으로 생활 속에서 직접 겪지 못했기에 그 부당함을 절실히 느낄 수 없었기 때문일 것이다. 고통과 억울함은 직접 겪어봐야 아는 법이다.

잠곡에서 그는 백성들의 삶을 철저하게 경험했다. 사회경제적, 문화적으로 자신이 속하지 않은 집단 혹은 계층의 삶을 이해하기란 쉽지 않다. 설령 그 삶을 일시적으로 살았다고 해도 본래의 자신의 삶과 관련성이 끊어지지 않는 한, 그 경험은 표면적일 수밖에 없다. 마음으로 그 삶을 자신의 것으로 받아들일 수 없기 때문이다. 당시에 그는 백성의 관찰자가 아닌, 그냥 백성 중 하나였다. 백성의 삶은 머리가 아닌 그의 몸과 생활에 젖어들었다. 스스로 여러 차례 말했듯이 김육은 자신의 삶이 잠곡에서 그렇게 끝나리라고 예상했다. 현실적으로 다른 정치적 상황이 전개되리라고는 생각하기 어려웠다. 벌써 그의 나이는 마흔을 넘어서고 있었다. 지금처럼 30세 넘어 결혼하고 70~80세까지 보통으로 사는 시대가 아니었다.

한 가지 덧붙이면, 김육은 잠곡에 있는 동안 아들 좌명左明과 우명佑明을 얻는다. 큰아들 김좌명은 뒷날 병조 및 호조 판서를 지냈으며, 부친이 사망 뒤 현종 대에 호남대동법을 마무지 짓는 데도 크게 기여했다. 한편 김우명의 딸이 효종의 외아들인 현종의 부인이 되는 명성왕후明聖王后 김씨다. 김육의 잠곡 생활은 10년 만에 인조반정(1623)으로 갑자기 끝이 났다. 인조반정은 김육의 생애에 분기점을 이루는 일대 사건이었다.

먼 길을 돌아서 오른 벼슬길

학행이 있는 유생으로 선발

일단 권력을 획득한 반정 세력이 가장 먼저 추진할 일은 반정을 지지하고 정권을 운영할 인물들을 확보하는 것이었다. 광해군 재위 15년 동안에 실로 많은 사람이 희생되었다. 이덕형, 이항복 등을 포함해 적지 않은 사람이 목숨을 잃었고, 그보다 더 많은 사람이 이원익이 그랬던 것처럼 유배를 갔다. 또한 그보다 훨씬 많은 사람이 조정에서 축출되거나 자발적으로 조정을 떠났다.

인조반정 뒤 아직 한 달이 채 지나지 않은 4월 8일자 실록 기사에는 다음과 같은 내용이 실려 있다. "계축년 이후로 뜻있는 인사 중에 시사時事에 분개한 나머지, 반대하는 글을 올리고 있는 힘을 다해 투쟁하다가 멀리 귀양 간 사람도 있고, (광해군의 조정에서) 벼슬하기를 좋아하지 않고 시골에 물러가 살고 있는 사람도 적지 않습니다. 이 사람들은 그 지조와 절개가 가상하니, …… (이들을) 찾아내어 …… 6품직에 서용하고, 자리가 나는 대로 임명하는 것이 좋겠습니다 하니, 임금이 따랐다."

이에 따라 20여 명이 6품직에 임명되었다. 이 가운데 '학행學行이 있는 유생'의 명목으로 김육이 선발되었다. 이 당시 김육과 함께 선발된 사람 중에, 뒷날 대동법 실시를 놓고 충돌하는 김장생金長生의 아들 김집金集(1574~1656)이 포함되어 있었다. 김육은 종5품인 의금부 도사에 임명되었다.

인조 원년(1623) 겨울에 김육은 문과 초시에 응시하여 장원을 한다. 다음 해 9월에는 2차 시험인 회시會試에 3등으로 합격하고, 마지막 전시殿試에서 또다시 장원을 차지한다. 물론 어느 정도 운이 따랐겠지만, 잠곡에서 10년간의 고된 노동 중에도 손에서 책을 놓지 않은 결과였다. 단지 과거 합격만이 목적이었다면 아마도 그렇게 책을 읽지는 않았을 것이다. 그는 천성적으로 책을 매우 좋아해서 다양한 분야의 책을 섭렵했다. 그는 읽지 않은 책이 없다고 소문이 났을 정도로 다독을 한 사람이었다. 어쨌든 조선 후기에 조정의 요직에 등용되고 고위 관직으로 승진하기 위한 전제 조건이 문과 합격인데, 그는 그 관문을 통과했다.

첫 번째 민생 보고서

인조반정 다음 해 1월 '이괄의 난'이 일어났다. 반정 뒤 논공행상 과정에서 반정에 참여한 사람들 사이에 불만이 불거진 결과였다. '이괄의 난'은 조선시대에 내란으로 인해 수도가 점령당한 유일한 경우다. 이때 인조는 충청도 공주로 난을 피했다. 김육은 몽진하는 인조를 수행했고, 이 과정에서 충청도 음성 현감에 임명되었다. 2월 말 음성에 부임하여, 4월에 고을 내 여러 가지 무리한 부세 수취와 관련된 폐단들에 대해 자세한 상소를 올렸다. 이 상소는 당시 현실 문제, 특히 공납 문제에 대한 김육의 생각을 잘 보여준다.

상소에 따르면, 행정단위로서 음성현은 단지 두 고을만을 포괄하는 작은 곳이었다. 충주가 40개가 넘는 고을을 포괄하는 것과는 크게 대비되었다. 그럼에도 불구하고 음성현이 바쳐야 했던 여러 가지 세금은 너무나 무거웠다. 그 큰 부분을 차지하는 것은 역시 다양한 명목의 공물이었다. 주목할 점은 음성현의 공납 문제에 대해 김육이 제시한 해결책이다. 그는 행정구역의 조정을 주장했다. 음성현과 이웃하는 큰 고을인 청안현淸安縣과 합하든지, 아니면 반대로 음성현과 경계를 접하는 충주에 소속된 몇 개 고을을 떼어내 음성현에 포함시켜달라고 요청했다. 즉 고을들의 크기를 조정하여 고을별 부세 부담의 극심한 불균등을 완화하려 했던 것이다. 고을의 크기는 대개 경작면적에 비례하고, 경작면적은 담세 능력을 결정했기 때문이다.

김육이 이 상소를 작성했던 시점을 눈여겨보자. 그 시점인 인조 2년(1624) 2월과 3월은 인조 원년 9월부터 시작된 삼도대동법이 충청도에서도 실시되던 때였다. 다시 말해 김육이 상소를 올리던 당시에 그 자신이 음성현에서 삼도대동법을 집행하고 있었다. 그런데 그는 음성현의 심각한 공납 폐단에 대해서 행정구역 조정이라는 방법을 제시했다. 이 사실은 그가 이때까지만 하더라도 공납 제도의 폐단에 대해서는 분명하게 인식했지만, 그것을 개혁하는 일과 관련된 논의에 참여했거나 관련 지식을 축적하고 있었다고 보기는 어렵다는 것을 뜻한다.

한편 '안민安民'에 대한 김육의 자세는 뒷날 그가 끊임없이 주장했던 것과 조금도 다르지 않다. 당시에 '안민'은 정책 논의에 참여한 관료와 지식인들이 한목소리로 주장했던 원칙이다. 안민은 김육 역시 평생 주장해온 정책 목표였다. 그 구체적 내용은 민생을 돌보는 일이었다. 김육은 자신의 제안이 단순히 한 고을이 아니라 온 나라에 확대 실시할 것을 전제로 했음을 분명히 했다. 말하자면 그의 상소는 음성현에 대한 보고이면서, 동시에 안민을 위한 방법론 제시였다.

너무나 흡사한 김육과 이이의 상소

위 상소보다 좀 더 의미심장한 것은 이보다 몇 달 전에 올렸던 「진시사소陳時事疏」이다. 제목 그대로 여러 현실 문제에 대한 김육 자신의 생각을 담은 상소였다. 여기서 그는 경세에 대한 자신의 원칙과 생각을 제시했다. 그것은 잠곡에서 보낸 10년 세월이 빚어낸 내용이었다. 인조반정 뒤 조정 상황과 현실에 대한 그의 진단은 다음과 같다.

전하께서는 천 년 만에 한 번 나올 만한 거룩한 임금이고, 삼공三公은 한때의 이름난 어진 신하들입니다. 육경六卿의 책임을 맡은 사람들과 각 지방의 책임을 맡은 사람들의 경우에도 당대의 뛰어난 인재가 아닌 사람이 없습니다. 그런데도 기강을 떨치지 못하고 정치의 교화가 이루어지지 않고 있습니다. 사私로써 공公을 멸함이 옛날과 같고, 모든 관료가 직무를 태만히 함이 지난날과 같습니다. 또 옥사獄事가 공평하지 않음이 지난날과 같고, 부역이 무거운 것이 지난날과 같습니다. 이 때문에 사치스러운 습속과 탐욕스럽고 더러운 풍조가 끊어지지 않은 채 날로 더해가고 있습니다.

김육의 이 상소를 보면, 이이가 선조 7년(1574)에 올린 유명한 「만언봉사萬言封事」의 일부가 떠오른다. 그것은 다음과 같다.

삼가 생각건대, 전하께서는 총명하고 영특하시며 선비를 좋아하고 백성을 사랑하시어, 안으로는 음악과 주색酒色을 즐기는 일이 없고 밖으로는 말달리고 사냥을 좋아하는 일이 없으시니, 옛날 군주들이 자신의 마음과 덕을 해쳤던 것들에 대해서 전하께서는 좋아하시지 않는다 하겠습니다. 이와는 반대로 노성老成한 신하를 믿어 의지하고 인망人望이 있는 자를 뽑아 쓰며, 뛰어나고 어진 이를 특별히 불러 쓰시어 벼슬길이 차츰 밝아지며, 곧은 말을 너그럽게 용납하여 공론公論이 잘 시행되므로, 조정과 재야 모두 부푼 가슴을 안고 지극한 정치(至治)를 기대하고 있으니 기강이 엄숙해지고 민생이 생업을 즐겨야 당연할 것입니다. 그런데도 그 기강으로 말하면 사정私情을 따르고 공도公道를 무시하는 것이 예전과 같습니다. 호령이 행해지지 않는 것이 예전과 같고, 백관이 직무를 태만히 하는 것이 예전과 같습니다. 민생으로 말하면 집에 항산恒産이 없는 것이 예전 그대로이고, 안주할 곳을 잃고 떠돌아다니는 것이 예전 그대로이고, 궤도를 벗어나 사악한 짓을 하는 것이 예전 그대로입니다.

두 상소가 작성된 시점은 49년의 차이가 난다. 나이로 보면 이이가 사망했을 때 김육이 다섯 살이었으므로, 두 사람은 만날 가능성도 없는 사이다. 그런데도 두 사람의 현실 인식은 놀라울 정도로 닮았다. 그것은 임금이 훌륭하고 뛰어난 사람들을 신하로 모아 놓았다고 해서 민생 문제가 저절로 해결되지 않는다는 것이다.

공물 문제 해결의 구체적 방법에 대해서는 김육이 관직에 나온 직후와 뒷날의 생각이 다르다. 알고 있는 구체적인 정보의 양과 질이 달랐으니 당연한 일이다. 하지만 현실 인식과 국사國事 처리에 대한 원칙에서는 거의 차이가 없었다. 김육은 나중에 호서대동법이 성립된 뒤에 「호서대동사목」의 서문을 작성했다. 여기에서 그는 "내가 원하는 것은 다만 마음을 바르게 갖고 실제적인 것으로 일을 삼는 것"이라고 말했다. 그리고 그 '실제적인 것'의 예로 "국가재정을 절약해서 쓰는 것"과 "요역을 가볍게 하는 것"을 들었다. 그가 평생 자신의 정치적 목표로 삼았던 것은 '안민'이었다. 그에게 정치의 핵심은 누가 권력을 갖는가가 아니고, 어떻게 안민을 구현해낼 수 있는가였다. 즉 김육은 정치의 핵심을 권력의 효용에서 찾았다. 바로 이것이야말로 이이가 역설한 조선시대 경세의 원칙이다.

이이는 「만언봉사」에서 그의 정치 원칙을 천명했다. 그는 이 긴 상소를 "정사는 시의時宜를 아는 것이 귀하고, 일은 실공實功에 힘쓰는 것이 중요합니다. 정사를 하면서 시의를 모르고 일을 당하여 실공에 힘쓰지 않으면, 비록 성군聖君과 현신賢臣이 서로 만난다 하더라도 치적이 이루어지지 않을 것입니다"라는 말로 시작했다. 시의는 한 시대가 해결을 요구받는 총체적인 시대 과제이고, 실공이란 추상적이고 관념적인 것이 아닌 현실적이고 구체적인 사업을 말한다. 시의가 총론이라면, 실공은 각론인 셈이다.

개혁의 두 원칙, 안민과 국가재정

조선이 명나라에 보낸 마지막 사신

김육은 44세라는 꽤 늦은 나이에 관직에 나왔지만, 승진은 순조로웠다. 인조반정 직후 문과에 합격하기 이전에 이미 '학행이 있는 유생'으로 특별히 천거되어 종5품직에 임명되고, 이어서 문과 장원까지 차지했기 때문이다. 더구나 조정에서 사림에 대한 예우가 크게 높아진 상황이었다. 이러한 때 김육의 가계家系가 지닌 무게는 가볍지 않았다. 그는 청요직淸要職으로 불리는 사헌부, 사간원, 홍문관을 비롯해 성균관, 이조, 승정원 등에서 근무했다.

인조반정(1623)에서 병자호란(1636)이 발발하기 전까지의 조정은 그 이후 시기에 비하면 평온한 편이었다. 물론 절대적인 기준에서 평온했다는 의미는 아니다. 그 시기에 '이괄의 난'(1624)과 정묘호란(1627)이 있었지만, 이런 사건들조차 병자호란부터 시작되는 곤경에는 비할 바가 아니다. 인조반정부터 병자호란 시기까지 김육은 조정에서 그렇게 두각을 나타내지 못했다. 이 시기에 활발한 활동을 했던 사람은 조익이다. 조익은 김육보다 단지 한 살 많았지만, 조정에서 차지하는 위상 차이는 컸다. 김육이 뒤늦게 문과에 합격한 반면, 조익은 그보다 20여 년이나 일찍 합격한 데다 그 친구들이 반정의 성공에 크게 기여한 인물들이었기 때문이다. 인조 12년(1634)까지는 이원익도 살아 있었다.

인조 11년(1633) 말부터 인조 14년(1636) 초까지 김육은 평안도 안변安邊에서 도호부사로 근무했다. 문과급제 이후 처음으로 맡은 외직이었다. 2년 남짓의 근무를 마친 뒤 예조 참의로 임명되었다가 인조 14년 3월에는 동지성절천추진하사冬至聖節千秋使進賀使에 임명되었다. 참의는 판서, 참판 다음의 관직이다. 성절사는 중국 황제와 황후의 생일을, 천추사는 황태자의 생일을 축하하기 위한 사신이다. 동지사는 음력 동지 무렵에 중국에 보내는 사신이고, '진하'란 축하한다는 의미이다. 즉 동지성절천추진하사는 '동지 무렵에 황제와 황후 및 황태자의 생일을 축하하기 위해 보내는 사신'이라는 뜻이다. 김육으로서는 처음으로 가는 중국 사신 길이있다. 가고 오고 북경에 미무는 시간이 있으므로 사행은 보통 반년 가까이 걸렸다. 동지사, 성절사, 천추사의 임무를 한꺼번에 띠고 간 김육은 인조 14년 음력 11월 말부터 다음 해 음력 2월 초의 황태자 생일까지 북경에서 계속 머물렀다. 그러고도 체류가 더 길어져 4월 말 무렵에야 북경을 출발해 귀로에 올랐다.

김육이 병자호란의 참화를 구체적으로 알게 된 것은 전쟁이 이미 끝나고 3개월 정도 지나서였다. 해가 바뀌기 전 12월 25일에 황제의 생일을 축하하기 위해서 모였을 때, 청나라가 조선에 쳐들어갔다는 소식을 들었다. 하지만 그때만 해도 자세한 전황이나 결과에 대해서는 알

송하한유도

송하한유도는 김육이 인조 14년(1637) 명나라에 동지사로
갔을 때 중국인 화가 호병胡炳이 그려준 그림이다. 소나무
아래 서 있는 김육을 그렸는데, 그 그림에서 김육 모습만
따온 것이다.(그림 전체 모습은 권두 부록의 '비로소 처음
만나는 그들'의 화보 참조)

수 없었다. 자세한 내용은 4월 말에 명나라 관리를 통해 알게 되었다.
소식을 듣고도 참으로 믿을 수 없었다. 하지만 일단 소식을 들었으니,
귀로를 서둘러야 했다. 사신 일행은 오는 길을 서둘러서 5월 14일에 평
양에 도착했다. 한 해 전 6월 중순에 출발해서 거의 11개월 만의 귀국
이었다. 김육은 조선이 명나라에 보낸 마지막 사신이었다.

굶주린 백성을 구제하는 방법

해가 바뀌어 인조 16년(1638) 6월, 김육은 충청도 관찰사에 임명되
었다. 1년간의 충청도 관찰사 재직은 그에게도 조선에게도 커다란 의
미를 갖는다. 이때 김육은 비로소 대동법을 제대로 만난다. 동시에 조

선은 대동법 개혁을 추진할 지휘자를 얻게 된다. 그런데 김육이 충청도 관찰사가 되어 대동법 실시를 건의한 것은 우연만이 아니다. 그는 중국에 사신으로 갔다가 돌아온 뒤, 조정의 현실을 보고 시 하나를 지었다.

> 남한산성 아래에서 맺은 맹약 참혹도 하네.
> ……
> 나라가 망해서도 경계로 삼지 않고
> 쉬지 않고 남은 백성을 괴롭히는구나.
> 위태롭고 망할 일이 아침저녁으로 박두했지만
> 누가 다시 힘써 다투겠는가.
> ……
> 다시 한 번 말할 마음 진실로 있지만
> 화망에 걸려들까 두려운 마음에
> 문 닫은 채 혼자서 길게 탄식하니
> 황천은 나의 충심 밝게 알리라.

당대의 뜻있는 관리와 지식인 중에 병자호란으로 충격을 받지 않은 이는 아마 한 사람도 없었을 것이다. 이 충격은 개인 차원에서 그치지 않았다. 인조가 청나라 태종과 '남한산성 아래에서 맺은 맹약'은 인조 정권의 근본적 자기부정이 아닐 수 없었다. 인조반정의 가장 중요한 명분 하나는 광해군이 명나라와 청나라 사이에서 어정쩡한 태도를 취했다는 것이었다. 말하자면 '반청反淸'은 인조 정권의 '국시國是'나 다름없었다. 그런데 이제 인조 정권은 어정쩡한 정도가 아니라, 명을 배척하고 청을 부모의 나라로 섬겨야 하는 처지가 된 것이다. 유형원은 『반계수록磻溪隨錄』 말미에, 병자호란에 충격을 받고 조선의 개혁을 염원하면서 이 책을 지었다고 저술 동기를 밝혔다. 이 당시 김육은 개혁에 대해서 말할 마음은 있지만 정치적으로 화망禍網에 걸려들까 두려워하고 있었다. 뭔가 근본적인 개혁이 있어야 한다고 생각하면서도 그것이 무엇인지는 아직 분명하지 않은 상태였는데, 이때 충청도 관찰사에 임명된 것이다.

김육은 인조 16년(1638) 7월 중순에 전임 감사 정태화鄭太和로부터 도장을 넘겨받으며 관찰사 임무를 시작했다. 9월 27일자 실록에는 김육이 충청도 감사로서 올린 상소가 등장한다. 김육은 이 상소에서 "지금 굶주린 백성을 구제하는 방법에는 대동법보다 좋은 것이 없습니다"라고 말했다. 그가 이렇게 말하게 된 계기는 상소에서도 밝혔듯이 전임 충청도 감사 권반權盼이 인조 4년(1626)에 만들어 놓은 '대동법' 관련 문서를 검토했기 때문이다. 조선은 문서의 나라였다.

대동법이 성립되기 이전에도 상당수 관료와 지식인들은 대동법의 이상적 취지에는 공감하면서도 실현 가능성에 대해서는 낮게 보았다. 가뜩이나 어려운 국가재정 상황에서 대동법을 실시하기 어렵다고 생각한 것이다. 세금 인하와 국가재정 충실화라는 상충되는 문제에 대해서, 대동법이 결코 재정을 악화시키지 않을 것이라고 생각한 최초의 사람들은 재정 관료들이었다. 그들이야말로 국가재정 상황을 정확히 알 수 있는 사람들이었다. 이 문제를 확실하게 검토하고 지적해서 인조와 조정 관료들의 우려를 상당히 덜어주었던 사람이 바로 조익이다. 그리고 그의 주장에 힘입어 인조 원년에 삼도대동법이 성립될 수 있었다. 권반은 인조 원년 삼도대동법 실시를 결정하던 자리에 호조 참판으로 이원익과 함께 참석했었다.

의욕적으로 시작된 삼도대동법이 최종적으로 실패한 것은 인조 3년 (1625) 초였다. 권반은 인조 4년에 충청도 관찰사에 임명된 뒤, 비록 중앙에서는 전국적인 대동법 시행에 실패했지만 충청도에서만이라도 이 법을 실시하려고 했다. 김육이 발견하여 읽은 문서는 바로 권반이 충청도에서 대동법을 실시하기 위해 만들었던 것이다. 충청도에 대동법을 실시하려는 시도는 권반에 그치지 않았다. 그 뒤 관찰사로 온 이경여李敬輿(1585~1657) 또한 이 일을 시도했다. 그리고 이제 다시 김육이 대동법의 실시를 강력하게 주장했다.

부임하는 관찰사마다 충청도에서 대동법을 실시하려던 데는 그만한 이유가 있었다. 임진왜란을 서치면서 세금 부담이 지역에 따라 지나치게 불균등해졌기 때문이다. 충청도, 특히 내포內浦 지역의 경우는 심각했다. 18세기 중반 이중환이 지은 『택리지』에 따르면 내포는 가야산 앞뒤의 10여 개 고을을 말한다. 가야산 북쪽의 태안·서산·면천·당진, 가야산 동쪽의 홍주·덕산·예산·신창, 가야산 서쪽의 보령·결성·해미가 여기 포함된다. 현재의 행정구역으로는 태안·서산·당진·홍성·예산·보령, 아산의 일부 지역이다. 내포 지역은 임진왜란과 병자호란의 두 차례 전쟁에서도 외적의 침입을 받지 않았다. 더구나 이 지역은 땅이 넓고 기름졌으며, 해상을 통한 조운漕運도 편리했다. 이런 이유로 임진왜란 당시 정

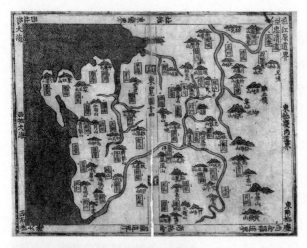

내포 지역

내포는 조선시대에 충청도 서북 지역을 가리키는 용어였다. 일제시대 이후 내포는 점차 잘 쓰이지 않는 용어가 되어 지리교과서나 국어사전에도 금강 유역이나 금강 중·상류 지역에 위치한 대전·논산·강경 유역의 넓은 들을 가리키는 것으로 오해되기도 했다. 이 책에 등장하는 인물 중에서 이산해, 박지계, 조익, 김홍욱 등이 내포 출신이다.(임선빈, 「내포 지역의 지리적 특징과 역사·문화적 성격」, 『문화역사지리』 제15권, 제2호, 2003에서 인용)

위의 지도는 16세기 후반의 동람도東覽圖에서 충청도 부분이고, 아래 왼쪽은 대동여전도의 내포 부근, 아래 오른쪽은 현재의 충청남도 행정구역 지도이다.

부의 집중적인 수취 대상이 되었다. 전쟁 중에야 어쩔 수 없었다고 해도, 전쟁 뒤에도 이런 불합리한 상황이 개선되지 않았다. 임진왜란 이후 제대로 된 최초의 양전量田, 즉 토지조사는 인조 12년(1634)에 실시된 갑술양전甲戌量田이다. 그런데 갑술양전에서도 내포 지역의 부세 불균형은 바로잡히지 않았다. 그 결과 대동법이 실시되기 직전까지 충청도는 다른 도에 비해서 지나치게 높은 세금을 내고 있었다. 경상도는 말할 것도 없고 전라도에 비해서도 충청도는 같은 면적에서 거의 네 배 가까이 많은 공물을 냈다.

상소에서 김육은 "신이 도내 경작면적을 모두 계산해보니, 1결에 면포 1필과 쌀 2말씩만 거두면 모든 세금을 그 속에 다 포함해도 오히려 남는 것이 수만입니다. …… 이것 외에는 (백성들에게서) 다시 징수하는 것이 없을 것입니다. 지금 굶주린 백성을 구제하는 방법에 이보다 좋은 것이 없습니다"라고 주장했다.

안민과 국가재정 사이에서

김육의 말은 사실이었을까? 그의 말대로 결당 면포 1필과 쌀 2말만 내면, 정부 재정도 충분했을까? 나중에 드러난 일을 보면, 그의 주장은 정확한 것은 아니었다. 효종 2년(1651)에 성립된 호서대동법에서 충청도가 내는 양은 결당 쌀 10말로, 면포로 계산하면 2필이었다. 김육이 말했던 것에 비해 쌀로 3말이 더 많다. 이로부터 20년쯤 뒤인 현종 15년(1674)에는 결당 2말이 더해져서 12말로 늘어났다. 결당 10말씩만 거두자 매해 적자액이 누적되었기 때문이다. 요컨대 정부가 재정에 문제를 일으키지 않고 백성에게서 거둘 수 있는 액수는 김육이 말한 결당 7말이 아닌 12말이었다.

이 사실은 김육이 상소를 올린 직후에 이미 지적되었다. 인조는 김육의 주장이 믿기 어려웠다. 그러자 옆에 있던 승지 이명웅李命雄은 김육이 말한 액수로는 기존의 정부 재정을 모두 포괄할 수 없다고 말했다. 김육 역시 두 번째 올린 상소에서 이 점을 인정했다. 김육은, 자신이 말한 것은 백성을 구제하는 급선무를 중심에 둔 주장이고 이명웅의 주장은 국가재정을 고려한 계책이라고 말했다. 그러고는 이 두 가지를 참작하여 실시하면 흠이 없을 것이라고 말했다. 김육 스스로 자신의 처음 주장이 재정적 차원에 대한 고려가 다소 미흡했음을 인정했다.

김육은 관직에 들어올 때부터 안민을 최고 원칙으로 갖고 있었다. 그것은 이이가 확립한 조선시대 경세의 원칙이었으며, 또한 잠곡에서의 10년 세월이 김육에게 각인시킨 것이기도 했다. 그런데 문제는 원칙이 아니었다. 더 중요한 것은 원칙을 현실에서 실현시킬 수 있는 구체적인 방법이었다. 인조 16년(1638)까지만 해도 김육은 민생 문제를 어떻게 풀어가야 할 것인지의 구체적인 방법에 대해서는 미흡한 구석이 없지 않았던 것이다. 실제로 그가 안민과 국가재정을 아우르는 관점을 획득하게 된 때는 인조 말년에서 효종 초년에 걸친 시기였던 것으로 보인다.

만약 김육이 안민과 국가재정을 아우르는 생각을 못했으면 어땠을까를 상상해보는 것도 흥미롭다. 결론부터 말한다면, 그랬을 경우 그의 대동법 추진 노력이 성공하지 못했을 가능성이 크다. 만약 '안민'에 치중하여 너무 낮은 결당 공물가를 거두었다면 인조 초 삼도대동법의 실패가 반복되었을 가능성이 크다. 중앙과 지방의 관서에서 꼭 써야 할 비용조차 부족하면, 결국 백성들에게서 추가로 더 거둘 수밖에 없기 때문이다. 그리고 이것을 명분으로 관료나 아전들의 개인적 착복이 이루어질 것이 뻔했다. 이 상황에서는 정부로서도 이를 막을 수 있는 명분이 없다. 백성에 대한 추가적인 수취를 철저히 금지하려면, 관청에서 꼭 필요한 액수는 지급해야만 했다.

반대로 너무 높은 결당 액수를 거두었다면 아마도 '안민'을 중시하는 사림의 비판을 이겨낼 수 없었을 것이다. '안민'은 중앙정부에 대한 지방 사림의 전통적인 주장이었다. 당시 조선의 지식인들은 민생과 관계없이 국가재정을 확대하려는 것에 대단히 부정적이었다. 정치가 김육이 개혁을 추진하기 위해서는 두 원칙이 겹쳐지면서 만들어진 좁은 길을 벗어나면 안 되었다.

국가 전체의 상황을 돌아보다

병자호란(1636) 이후 공물 수취 제도를 개혁해야 한다는 여론이 조정 안팎에서 본격적으로 확산되었다. 이런 분위기가 형성된 데는 그럴 만한 이유가 있었다. 정묘호란(1627) 이후 조선은 청나라에 매년 상당한 규모의 조공을 바쳤는데, 이는 국가재정에 만만찮은 부담을 안기고 있었다. 그런데 병자호란이 끝난 뒤로 감당했던 부담은 이전과는 비교할 수도 없는 수준이었다. 명목상으로는 조공이지만, 명나라와 이루어지던 조공과는 차원이 달랐다. 사실상의 전쟁배상금이었다. 여기에 더해 청은 계속해서 병력과 물자를 요구했다. 병자호란 직후부터 청나라가 명을 쓰러뜨리는 1644년까지 7년 동안, 조선은 청의 요구로 무려 네 차례나 군사와 물자를 보내야 했다.

경제적 부담 측면으로만 따져도 파병에 따른 지출은 정부 재정 규모를 몇 배나 넘어섰다. 정부로서는 백성에게 그 부담을 전가하고, 백성을 쥐어짜는 것 외에는 다른 방법이 없었다. 이 같은 상황은 지속적으로 민생을 도탄에 빠뜨렸다. 백성들에게 부담을 전가한다는 것은, 곧 백성들에게서 그 물자를 공물로 걷는 것을 뜻한다. 이 상황에서 정부가 할 수 있는 대책이라고는 공물의 부담을 최대한 공평하게 나누는 정도였다. 그 방법은 공물을 전결에 고르게 부담시키는 것인데, 이것이야말로 대동법의 핵심 내용이다.

청나라의 요구는 1644년 이후에도 계속되었다. 더 이상의 파병 요구는 없었지만, 이번에는 엄청난 양의 식량을 요구했다. 청나라는 안정적으로 쌀을 자급할 능력을 갖고 있지 못했다. 기후 요인 때문에 만주에서는 벼농사를 지을 수 없을 뿐더러 만주족이 벼농사를 짓던 사람들도 아니었다. 청나라가 비록 명나라를 군사적으로 제압하기는 했지만, 곧바로 중국에서 물자를 조달할 수는 없었다. 그 때문에 청나라의 거의 유일한 쌀 공급처는 조선일 수밖에 없었다. 조선은 인조 22년(1644)에 102척의 배에 53,872석의 쌀을 실어다 제공했다. 다음 해 1월 청은 조선에 또다시 20만 석의 쌀을 요구했다. 이것은 최명길崔鳴吉의 필사적 교섭을 통해 절반으로 줄었지만, 10만 석의 운반 비용만도 쌀 5만 석에 이르렀다. 이 당시 정부 재정의 주무 부처인 호조의 1년 경비가 대략 쌀 10만 석 남짓이었다. 인조 21년(1643) 이후로 조선은 전염병과 흉년으로 큰 고통을 겪었다. 인조 21년 봄부터 인조 22년 4월까지의 사망자 수는 정부가 공식적으로 파악한 인원만 40,200명에 달했다. 인조 23년에는 심한 가뭄이 들어 대규모의 진휼을 베풀지 않을 수 없었다. 청에 대한 조선의 병력과 물자 제공은 이런 가혹한 상황에서 이루어졌다.

단정적으로 말하긴 어렵지만, 역사적으로 볼 때 한국과 중국에 존재했던 나라들 사이에는 반복되는 현상이 나타났다. 그중 하나는 건국과 패망의 시기가 엇비슷했다는 점이다. 중국에서 수·당의 등장과 한반도에서 삼국 사이의 항쟁 및 신라의 통일, 중국에서 원·명의 교체와 한반도에서 고려·조선의 교체가 그것이다. 명나라에서 청나라로의 교체 시기에 조선왕조가 교체되지는 않았지만, 임진왜란과 병자호란으로 이어지는 17세기 초·중반 조선의 정치사회적 격변은 거의 왕조 교체에 맞먹었다. 또 하나의 현상은 건국 초기에는 서로 긴장이 높다가 시간이 지나면서 점차 완화된다는 점이다. 서로 적응하고 안정적인 관계를 확립하는 데 시간이 걸렸던 것이다. 인조 대 후반과 효종 대가 바로 긴장이 높던 시기였다. 이 현상을 잘 보여주는 것이 청나라가 조선에 빈번히 파견한 사신이다.

청나라의 잦은 사신 파견은 조선으로서는 정치적으로 크게 부담스러운 일이었고, 또한 경제적 부담이기도 했다. 병자호란 이후 효종 7년(1656)까지 20년간 청나라 사신의 방문 횟수는 연평균 2.3회에 이른다. 그리고 이들의 회당 조선 체류 기간은 평균 40여 일에 이르렀다. 특히 효종 원년(1650)에는 9회, 효종 2년(1651)에는 7회나 청나라 사신이 왔다. 이 시기 동안 조선은 매년 평균 석 달 가까이 청나라 사신들을 접대하는 데 시간과 물자를 써야 했다. 그동안 조선의 국정 운영은 정상적일 수 없었다. 또, 사신 개인의 청렴함과 탐욕 여하에 따라 호조에서 지출하는 은자銀子의 양은 4만 냥에서 13만 냥을 오르내렸다. 인조 대에는 사신 접대를 위해 10만 냥의 은을 마련하는 경우가 흔했다. 이것은 호조의 1년 재정과 거의 비슷한 규모였으며, 대부분 전결에 부과되어 백성들으로부터 공물을 걷는 방식으로 마련되었다.

인조의 높은 신뢰가 기반이 된 직책

충청도 관찰사 임기를 마친 뒤 김육은 승지에 임명되었다. 인조 17
년(1639) 이후 인조 20년(1642)까지 잠깐씩 병조 참지, 홍문관 부제학, 한
성부 우윤 등을 맡기는 했지만 주로 승지직에 있었다. 승지직을 포함해
병조, 홍문관, 한성부 등은 모두 국가 전체의 상황이 어떻게 돌아가는
지 파악하고 대책을 세우는 일과 밀접하게 관련된 기관들이다. 인조 21
년(1643)에는 원손보양관, 세자시강원 우부빈객으로 임명되었다. 원손
元孫은 세자의 큰아들이다. 그리고 이해 12월부터 다음 해인 인조 22년
(1644) 7월까지 원손을 받들고 심양에 체류했다. 청은 소현세자가 조선
에 잠시 나가 있는 동안에 원손이 대신 와 있어야 한다고 요구했던 것
이다. 김육은 심양에 머물던 1644년 5월에 북경이 청나라에 함락되었
다는 소식을 들었다.

청나라는 북경을 함락한 뒤 소현세자 일행의 귀국을 허용했다. 인
조 22년 12월 김육은 세자를 맞는 임무를 띠고 한양을 떠났다. 이때 세
자 일행을 인도하는 청나라 사신 중에 정명수鄭命壽라는 인물이 있었다.
그는 본래 평안도 은산殷山의 천인 출신 조선인으로, 광해군 10년(1618)
광해군이 강홍립姜弘立 부대를 파병할 때 따라갔다. 그리고 다음 해 명나
라 부대에 속했던 강홍립 부대가 심하전투深河戰鬪에서 후금에 패할 때
포로가 되었다. 하지만 이듬해 조선 포로들이 석방될 때 그는 자발적
으로 청나라에 남았다. 청나라는 그에게 기회의 땅이었다. 심하는 현재

요녕성 푸순撫順시 지역이다. 그는 청나라 말을 배우고 청나라에 조선 관련 정보를 제공하면서 청나라 관리로 승진했다. 그 뒤 청나라가 조선을 감시하고 억압하는 데 제일선에서 공로를 세웠다. 그런데 원접사遠接使로 세자를 맞으러 오는 책임자가 김육이라는 소식을 듣자 "이 사람은 나이가 많고 성질이 편협하여 우리와 서로 친하지 않다. 어째서 종사관도 대동하지 않고 온단 말인가"라고 하면서 화를 냈다. 정명수가 이렇게 말한 것은, 김육이 원손보양관으로 심양에 있을 때 자신들과 친하게 지내지 않았기 때문이다. 말하는 각도는 전혀 다르지만, 정명수의 말도 틀린 말은 아니었다. 김육은 절대 싹싹한 사람이 아니었다. 그의 생애를 생각하면 자연스러운 일이다.

실록에 따르면 소현세자는 귀국한 지 두 달이 약간 지난 인조 23년(1645) 4월 말에 갑자기 사망했다. 그가 살해되었는지, 아니면 병으로 죽었는지에 대해서는 여러 가지 논란이 있다. 어쨌든 소현세자가 사망하자 김육에게 세자의 묘를 조성하는 책임이 맡겨졌다. 이 일이 끝난 뒤, 그는 예조 판서에 임명되고 동시에 세자책례도감 제조와 내의원 제조를 겸임하게 되었다. 책례冊禮란 왕세자·왕세손·왕세제 및 왕비와 세자빈 등을 책봉하는 의식이다. 이때의 세자책례도감은 봉림대군을 세자로 책봉하는 의식을 주관하는 임시 관청이었다. 제조提調란 책임자이다.

이 당시 김육이 맡은 관직들을 보면, 인조가 김육을 대단히 신뢰하고 있었음을 짐작할 수 있다. 예조는 외교를 주관하는 곳이다. 당시 조선 정부는 청나라와의 관계가 몹시 껄끄럽고 부담스러웠는데, 김육을 예조 판서로 임명함으로써 이 일을 그에게 전담하게 했던 것이다. 한편 세자 책봉 과정에서 죽은 소현의 큰아들이 아니라 동생 봉림대군을 세자로 정했는데, 이를 두고 조정의 많은 사람이 반대했다. 봉림대군을 세자로 책봉한 데는 인조의 강력한 의지가 관철되었다. 인조는 세자를 보호하는 임무를 김육에게 부과했다. 내의원 제조는 왕의 건강을 가장 가까운 거리에서 관리하고 책임지는 자리다. 그런데 단순히 왕의 육체적 건강만 챙기는 자리는 아니었다. 이 세 자리를 김육이 모두 겸임했다는 사실은 그에 대한 인조의 높은 신뢰를 보여준다.

1649년 5월에 인조가 56세를 일기로 사망했다. 당시 김육은 2년간의 송도 유수留守 임무를 마치고 막 돌아와 있던 참이었다. 조선은 한양 이외에 중요한 고을을 유수부留守府로 정해서 정2품이나 종2품의 고위 관직자를 책임자로 임명했다. 판서가 정2품, 참관이 종2품이므로 요즘 식으로 말하면 장차관급인 셈이다. 송도는 최초의 유수부였고, 인조 당시에는 송도 외에 강화가 또 하나의 유수부였다. 마침 이때 예조 판서의 자리가 비어 있었다. 대신이 세자에 이 사실을 아뢰자, 세자는 김육으로 하여금 임시로 예조의 일을 처리하게 했다. 동시에 김육은 빈전도감, 국장도감의 제조를 겸했다. 빈전殯殿은 국상 때 능에 매장하기 전까지 왕이나 왕비의 시신을 안치하는 곳이며, 빈전도감은 빈전을 마련하고 관리하는 책임을 맡은 관청이다. 국장도감은 장례에 필요한 물품과 전체적인 진행을 담당했다. 장례가 끝나자 김육은 9월에 마침내 우의정에 임명되었다.

김집과 김육의 갈등

인조가 사망한 1649년에 김육은 70세였다. 조선시대 고위 관리들에게 강제적인 '정년퇴직' 제도는 없었다. 다만 그와 유사한 개념으로 '치사致仕'라는 것이 있었다. 70세가 되면 스스로 관직에서 물러나는 것을 이르는 말이다. 물론 명망 있는 대신의 경우에 스스로 치사 의사를 밝히면 왕이 만류했지만, 70세 정도면 관직에서 물러나는 것이 느슨한 관행이었다. 김육 역시 인조의 장례를 치른 뒤에 물러날 생각을 했던 것 같다.

인조의 장례를 치르고 뜻밖에도 9월에 우의정에 임명되자 김육은 7번이나 사직상소를 올렸다. 이에 대해서 효종은 허락하지 않는다는 답을 내리고, 승지를 보내서 자신의 뜻을 알렸다. 효종으로서는 자신이 선택할 수 있는 가장 훌륭한 카드 중 하나가 바로 김육이었다. 김육은 인조의 장례를 주관했고, 중앙정치에 대해서도 많은 경험을 축적한 전문 관료였기 때문이다. 더구나 1643년 12월부터 다음 해 7월까지 원손보양관으로 심양에 머무르는 동안, 김육은 당시 세자와 함께 볼모로 잡혀 있던 봉림대군 즉 효종과 시를 주고받을 정도로 가까웠다.

　김육이 7번이나 사양한 것에 대해서는 좀 생각해볼 점이 있다. 왜냐하면 7번의 사양 끝에 그가 출사의 조건으로 7가지나 되는 정책 과제의 해결을 요구했기 때문이다. 이 7가지를 들어보면 다음과 같다. 첫째, 대동법을 실시할 것. 둘째, 어영군을 병사兵使에 소속시킬 것. 셋째, 강화도와 남한산성에 군량을 비축할 것. 넷째, 삼남의 전세田稅를 강화도에 비축할 것. 다섯째, 영남의 전세를 쌀 대신 무명으로 내게 할 것. 여섯째, 황해도의 전세를 황해도 연안의 각산角山에 저장할 것. 일곱째, 충청도와 전라도에서 정부가 소금을 판매하는 일을 중단하고, 이것을 본 고을에 소속시킬 것이다.

　김육의 상소를 본 효종은 이렇게 말했다. "경은 세상일에 뜻이 없어서 한결같이 겸손하게 양보하여 물러나려는 생각을 마음속에서 늦추지 않았다. 그런데 지금 조목별로 말한 내용을 보니, 집에 있다는 핑계로 회피하지 않고 국사를 위해 마음을 쓰는 간절한 충성이 여기에 이르렀는 바 감탄을 금치 못하겠다. 경은 모름지기 다시 사임하지 말고 속히 나와서 다스리는 원칙을 논하여 민생을 구제하라."

　정승에 지명되면 몇 번은 사양하는 것이 보통의 모양새지만, 7번이나 사양하는 것은 흔치 않았다. 아마도 이 과정에서 김육은 효종의 의지를 확인하고 싶었던 듯하다. 김육이 요구한 7가지 사항의 내용도 평범하지 않았다. 이런 종류의 상소에서 첫 번째 사항은 대개의 경우 왕 스스로 바르게 정치하려는 마음을 다잡으라는 권고이다. 뒤따르는 내용도 일반적으로 포괄적인 정책 방향에서 그리 멀리 벗어나지 않는다. 말하는 사람을 품위 있게 만들고, 듣는 왕도 부담이 없으며, 실질적인 구속력은 없는 그런 말이었다. 그런데 김육은 그 같은 통상적인 내용과는 전혀 다른 사항을 제시하고, 그 실시를 요구했다. 그가 요구한 7가지 모두가 세금 및 군사·군비 문제였다. 하나같이 정승이 올렸다고 보기 어려운, 구체적인 내용이었다. 상소를 받아 본 효종도 약간은 어리둥절했던 것 같다. 앞의 효종의 말을 풀어보면, 계속 거부해서 정말 벼슬에 나올 마음이 없는 줄 알았는데, 이제 보니 그렇지 않다는 것을 알겠고, 요구한 내용도 잘 알았으니 빨리 조정에 나오라는 뜻이다. 김육의 상소를 읽으면서 아마 효종은 얼굴에 미소를 띠었을지 모르겠다. 산적한 국정 과제를 눈앞에 둔 효종이었다. 김육의 요구가 어떤 면에서는 믿음직스러웠을 수 있다. 김육은 효종의 다짐을 받은 뒤에야 비로소 조정에 나갔다.

격탁양청의 탁, 김자점

김집과 그의 제자 송시열宋時烈, 송준길宋浚吉, 이유태李惟泰 등이 조정에 나가는 과정은 김육의 경우와는 크게 달랐다. 효종은 즉위 직후 좌의정 이경석李景奭의 요청으로 그들을 부르기는 했지만, 자신의 부름에 즉각 응하리라고 확신하지 못했다. 인조가 청에 치욕적인 모습으로 항복한 뒤, 신료들 사이에서 조정에 나가는 것을 기피하는 풍조가 있었기 때문이다. 이것은 인조를 자신들의 왕으로 인정할 수 없다는 암묵적 거부일 수도 있었다. 인조도 그것을 모르지 않았다. 실록에 따르면, 인조는 병자호란 이후 자주 병치레를 했던 까닭에 제대로 정무를 보지 못하는 모습이 자주 나온다. 아마도 그의 아픔이 단순히 육체적인 것만은 아니었다고 생각된다. 이런 상황을 효종이 몰랐을 리 없다.

그들이 조정에 나오자 효종은 후히 대접했다. 당시 조선은 국내적 위기와 청나라의 위협이 겹쳐진 상황이었다. 이러한 때 효종으로서는 산림과 좋은 관계를 유지하는 것이 대단히 중요했다. 그들은 나라 안의 공론公論 형성에 큰 영향을 미치는 강력한 정치 세력이었다. 더구나 이유가 어떻든 오랜 기간 세자였던 형 대신, 또 그 형의 큰아들을 제치고, 심지어 사림의 지탄을 받던 김자점金自點(1588~1651)의 도움까지 받아 왕위에 오른 효종이었다. 효종은 그들의 서울 생활을 위해 필요한 물자를 지급하는가 하면, 파격적인 인사로 우대했다. 반드시 문신 중에서 등용하도록 되어 있는 관행을 무시하고 김집을 종2품 예조 참판에 임명했다. 참판 자리에 오르는 것은 매우 어려운 일로서, 문과에 장원을 하고 청요직을 거친 김육도 20년이 걸렸다.

그들이 조정에 들고 나온 명분은 '격탁양청激濁揚淸'이었다. 탁한 물을 치고 맑은 물을 일으킨다는 뜻이다. 말은 은유적이지만 그 뜻은 분명했다. 조정에서 악을 몰아내고 선을 장려한다는 일종의 정치적 슬로건이었다. 그들이 지향하는 목표는 두 가지였다. 하나는 청나라에 복수하여 치욕을 씻는 것이고, 다른 하나는 청나라와 연결된 김자점 세력을 몰아내는 것이었다.

효종이 즉위했을 당시 김자점은 영의정이었다. 그는 사림이 싫어하는 요소를 고루 갖춘 인물이었다. 그는 원래 음서蔭敍로 관직에 나와서 광해군 때는 인목대비 폐비 논의에 반대하여 조정에서 쫓겨나기도 했다. 그러다가 인조반정 때 크게 활약하여 10명뿐인 1등 공신에 들었다. 그에 대한 부정적 인식은 주로 인조 때 형성되었다. 반정의 두 주역 이귀李貴(1557~1633)와 김류金瑬(1571~1648) 사이에서 그는 처음에 이귀 편을 들다가, 나중에는 김류 편으로 옮기는 정치적 기민함을 보이며 승승장구했다. 또한 병자호란 때는 어이없는 패전으로 공분을 샀다. 이 일로 그는 외딴 섬에 정배定配되었다. 그가 귀양을 간 곳은 현재 충남 서산시 대산읍 웅도리로, 당시에는 웅도라고 불렀다. 그는 이곳에서 인조 18년 (1640)까지 만 3년을 지냈다. 인조가 그를 다시 부른 것은, 대책도 없이 청나라에 강경한 태도를 취하는 세력에 대한 반발 때문이었다. 그는 조정에 복귀한 뒤 인조에게 더욱 충성했다. 그는 문과 출신도 사림도 아니었다. 믿을 데라고는 인조밖에 없었다.

김자점은 마침내 인조 24년(1646) 영의정에 올랐다. 이 과정에서 인조의 의중을 파악하고, 소현세자의 부인 강씨에게 인조의 수라상에 독을 넣었다는 혐의를 들씌웠다. 이 일로 강빈은 시아버지 인조가 내린 사약을 받았고, 강빈의 친정어머니와 네 형제는 모두 처형되거나 장살杖殺(매를 맞아 죽음)되었다. 인조는 자신의 친손자 석철(12세), 석린(8세), 석견(4세)을 모두 제주도로 귀양 보냈다. 이미 3년 전에 사망한, 우의정을 지냈던 강빈의 아버지 강석기姜碩期의 관작도 몰수했다. 2년 뒤인 인조 26년(1648) 9월과 11월에 석철과 석린은 제주도에서 차례로 사망했다. 그 뒤 김자점은 인조의 딸 효명옹주와 자신의 손자를 혼인시켰다. 그는 한편으로는 청나라 사신이나 정명수 무리와 결탁하여 청나라와도 돈독한 관계를 맺었다. 어떤 면에서 보면 그는 현실 논리에 충실했을 뿐이다. 하지만 사림이 보기에 김자점은 절대로 용서할 수 없는 인물이었다. 김자점이 간과한 것은, 대신大臣이라는 자리가 왕에게 무작정 충성만 하면 되는 직책이 아니라는 점이다. 대신은 분명 왕의 신하이지만, 자기 몫의 책임도 있었다. 그 책임을 감당할 수 없다면, 그 자리를 떠나야 하는 것이 조선왕조 고위 관직자의 원칙이었다. 따지고 보면, 그것이 어찌 그때만의 원칙이었겠는가.

김집과 김육이 생각하는 '정치'

김집 그룹과 김육이 조정에 나오는 양상은 판이했다. 그것은 그들이 지닌 정치적 목표의 차이를 뚜렷하게 보여준다. 그런데 김집 그룹과 김육은 단지 정치적 목표만 달랐던 것이 아니다. 각자가 생각하는 '정치' 그 자체의 내용도 달랐다.

김집 그룹이 내세운 목표 중에서 청나라에 복수하겠다는 것은 당시 조건에서는 전혀 현실성이 없었다. 냉정하게 말하면, 이 점에 관한 한 이들에게는 진정성이 있다고 보기 어렵다. 오히려 효종이 더 진정성이 있었다고 볼 수 있다. 효종이 북벌을 추진하는 과정에서 여기에 실제로 동의한 사림 인사가 있었는지는 확인되지 않는다.

한편 이들이 가진 두 번째 목표, 즉 김자점 세력을 몰아내겠다는 것은 매우 현실적인 목표였다. 이 목표에 다가가는 과정은 현실적으로는 정치 세력 간 투쟁의 양상으로 전개되었다. 결국 의식했든 그렇지 않든, 이들이 생각하는 '정치'의 현실적 핵심은 정치 세력의 문제였다. 김집 그룹이 조정에 나오면서 가졌던 정치적 의도는 자신들을 중심으로 한 정계 개편이었다.

반면, 김육에게 정치는 궁극적으로 정치 세력의 문제가 아니었다. 그에게 정치의 현실적 의미는 그 최종적 효용의 문제였다. 즉 정치란 조정에서 권력을 획득하는 문제라기보다는 권력으로 어떻게 안민과 민생에 기여할 것인가의 문제였다. 바로 이 점에서 김육은 이이의 정치 개념을 이어받고 있었다. 김육에게 정치는 곧바로 정책 과제를 해결하는 과정이었다. 앞에서 김육이 효종에게 올린 7가지 요구가 하나같이 구체적인 정책 과제의 모습을 띤 이유가 바로 이것이다.

효종 즉위년(1649), 조정에서 김육과 김집은 모두 정치적 역할을 담당했다. 그것의 핵심은 왕의 인사권에 영향을 미치는 것이었다. 그런데 각자가 생각하는 '정치'의 개념에 따라 왕의 인사권에 영향을 미치는 방식도 서로 달랐다. 김집은 인조반정으로 잠시 바로 섰다가 병자호란으로 다시 무너진 세도世道를 만회하는 일이야말로 자신이 해야 할 과업이라고 생각했다. 세도를 만회하기 위해서 가장 중요한 일은 우선 자신들과 뜻을 같이하는 사람들을 더 많이 모으는 것이었다.

대동법 추진 과정에서 김육의 역할 역시 정치적인 것이었다. 그는 일에 따라 적합한 사람을 적절한 자리에 배치하고, 그들을 개혁에 따른 정치적 외풍으로부터 보호했다. 김육이 대동법만큼이나 그 입법에 노력을 쏟은 일이 동전 유통인데, 이 일을 추진하면서 정책적 아이디어가 많고 능력은 있지만 과거에 합격하지 못한 인물을 왕에게 추천했다. 또 당시에 천시를 받던 역관譯官을 실무 관리에 발탁하기도 했다. 김육은

동전을 유통시키는 것과 같은 일은 사대부와 논의하기 어렵고 오히려 저잣거리의 사람을 써야 한다고 주장했다. 실제로 현실에서 돈을 돌리는 사람은 그들이었기 때문이다.

인사와 관련해 김집과 김육은 사람을 추천한다는 점에서 다르지 않았다. 하지만 내용에서는 큰 차이가 있었다. 김집이 자신과 뜻을 같이하는 사람들을 추천했던 반면, 김육은 실무 능력이 있는 사람을 추천했다. 다시 말해 김집과 그 제자 그룹은 '자신들의 생각'이 중심이었고, 김육은 '해결해야 할 과제'가 중심이었다. 아마도 이런 차이는 정치적 목표와 '정치' 자체의 개념에 이어, 개혁 역량의 내용에 대해서도 생각이 달랐던 점에서 비롯된 것 같다. 김집 그룹이 개혁 역량의 핵심을 개혁 의지로 생각했다면, 김육은 그에 못지않게 가변적이고 모순적인 현실에 대한 이해가 중요하다고 생각했다. 이 때문에 김집은 같은 생각을 하는 사람들을 끌어모았고, 김육은 현실을 잘 아는, 극단적으로는 저잣거리의 사람들까지 끌어모았다. 이래저래 김집 그룹의 정치 활동의 결과는 정치 세력의 형성으로 귀결되었다.

사람을 모으는 일과 관련해서 더욱 눈여겨볼 부분은 김집과 김육이 왕의 인사권에 영향력을 행사하는 방식이다. 이것이야말로 두 사람의 차이를 가장 극명하게 나타낸다. 김집은 조정에 나오자마자 효종 즉위년(1649) 6월에 예조 참판에 임명되었다가 11월에 이조 판서로 승진했다. 이조 판서는 6명의 판서 중 수석의 자리로, 문관 인사와 관련하여 최종적으로는 왕의 재가를 받아야 하지만 큰 영향력을 행사할 수 있었다. 5개월 만의 이런 승진은 대단히 파격적인 승진이 아닐 수 없었다. 그런데 이조 판서에 임명된 김집은 조정의 관행을 뛰어넘어 원로대신에게도 인재를 추천할 수 있도록 해달라고 효종에게 요청했다. 당시 조정에는 영의정 이경석, 좌의정 조익, 우의정 김육이 포진하고 있었다. 김집이 그런 요청을 한 것은 이들 현직 대신을 건너뛰어 자신과 견해를 같이하는 원로대신 김상헌金尙憲에게 관리를 천거할 수 있도록 하기 위해서였다. 그렇다고 해서 조정의 대신인 이경석이나 조익, 심지어 김육이 사림의 성향에 반하는 사람들도 아니었다. 사림을 조정에 불러들이라고 효종에게 처음 건의한 사람도 이경석이다. 또 조익은 사림의 일원이라고 해도 좋을 사람이었다. 그럼에도 김집은 이들보다 사림적 색채를 더 강하게 띤 김상헌이 관리를 천거할 수 있도록 시도했다.

김집의 요구를 김육은 정면으로 반박했다. 김육은 용인권用人權, 즉 사람을 쓰는 권리는 오직 임금만 갖는 큰 권한이라고 말했다. 이것은 김집이 조정에 올라온 이래 처음 받아보는 반격이었다. 김육은 김집의 의도를 간파했다. 그는 김집의 주장이 사림의 조정 진출을 좀 더 쉽게 하려는 의도에서 나왔다고 생각했다. 결국 두 사람은 이 일로 충돌하여 효종 원년(1650) 1월에 조정에서 함께 물러났다.

이 사건은 김집·김상헌으로 대표되는 세력과 김육이 국왕과 관계를 맺는 방식의 차이를 잘 보여준다. 당시 조정에서 김집·김상헌으로 대표되는 세력이나 김육으로 대표되는 세력 모두, 자신들이 원하는 정책을 추진하려면 같은 문제를 해결해야 했다. 즉 왕의 신뢰와 동의를 얻고 조정 인사권에 영향력을 행사할 수 있어야 했다. 이 점에서 김집과 김육은 전혀 다르지 않았다. 하지만 목표를 추구하는 방식에서 양자는 분명한 차이를 보였다. 김집은 왕권의 제약에 대해서 좀 더 자유로운 방식으로, 즉 한 사람 한 사람이 아닌 일괄 방식으로 인사권을 행사하려 했다. 반면에 김육은 필요한 사람이 있을 때마다 왕에게 요청하여 허락을 받는 방식으로 사람을 구했다. 일의 추진은 자신이 하더라도, 그것은 어디까지나 왕의 판단과 결정을 거쳐 진행했다. 결과적으로 보면 김집 그룹은 조정이라는 왕조적 관료제의 작동 방식에 서툴렀다.

사림의 신뢰를 받은 김육의 진정성

긴 세월 동안 추진된 대동법이 정확히 어느 순간에 성립되었는지를 짚어내기는 쉽지 않다. 행정적으로 말하면 호서대동법이 성립된 때는 효종 2년(1651) 7월 14, 15일쯤이었다. 하지만 일에는 추이라는 것이 있게 마련이다. 이런 맥락에서 대동법 성립에 결정적 장애로 작용했던 것이 제거된 순간을 기준으로 한다면, 그 시점은 좀 더 위로 올라간다. 그 순간은 김육과의 갈등으로 고향 연산連山(현 충남 논산시 연산면)에 내려온 김집이, 자신과 김육은 이런 정도의 일로 어그러지는 관계가 아니라는 내용의 상소를 효종에게 올렸던 때가 아닐까.

'군자'다운 김집

김육은 우의정에 임명되자 자신이 조정에 나가는 첫 번째 조건으로 대동법 실시를 요구했다. 비록 효종의 긍정적 언질을 확인한 뒤 조정에 나오기는 했지만, 그의 주장은 조정에서 받아들여지지 않았다. 김상헌과 김집 모두 대동법의 즉각적 실시에 반대했기 때문이다. 이들은 당시 조정에서 가장 강력한 영향력을 갖고 있던 인물들이다. 김집의 말처럼, 물론 이들이 대동법에 명시적으로 반대했던 것은 아니다. 하지만 대동법 실시에 신중을 기해야 한다는 말 속에는 완곡한 반대 의사가 있었음을 부인하기 어렵다. 대동법 실시를 둘러싼 대립 이후, 용인권과 관련하여 김집과 김육의 갈등이 또다시 불거졌다. 이 일로 인해 김육은 효종 원년(1650) 1월 중순에 평구로 내려갔다.

평구에서 김육은 사직상소를 올렸다. 김육이 떠나고 며칠 뒤에 김집도 조정을 떠나서 낙향했다. 그러자 김육은 효종에게 다시 상소를 올려 자신이 느끼는 위기감을 다음과 같이 토로했다. "신은 이미 위험한 기관을 범했으니 참으로 스스로를 보전하기가 어렵습니다. 만일 (사람들이 신에 대해) 어진 이를 업신여기고 변법變法을 했다고 왕안석에 견주어 공격하면, 전하께서 아무리 신을 구하고자 해도 안 될 것입니다." 말할 것도 없이 그가 말한 "어진 이"는 김집이다. 흥미롭게도 조광조가 왕안석과 같다고 공격받은 이후로 이이와 이원익도 그런 식으로 공격을 받았다.

김육은 김집이 자신과의 갈등으로 연산으로 낙향하게 된 것을, 자신이 "위험한 기관을 범한 것"으로 표현했다. 넘어서는 안 될 선을 넘어섰음을 뜻하는 말이다. 그리고는 왕조차 자신을 지켜줄 수 없을지도 모른다고 말했다. 당시 사림에 대한 김집의 영향력과 그들을 대표하는 막강한 권위를 생각하면, 김육의 그 말은 지나친 생각이라고 하기 어렵다. 김육의 이런 상황에 대한 인식의 밑바닥에는 집안 내력이라는 특수한 사정이 있었다. 그는 스스로 "한 번 화禍를 당한 가문 출신인 신과 같은 사람은 마치 활에 다친 새가 굽은 나무만 보아도 지레 놀라듯 하는 마음을 항상 지니고 있는데, 이는 감히 다른 사람과 더불어서 비할 바가 아닙니다"라고 말했다. 그는 당쟁의 화에 더 민감할 수밖에 없었던 것이다. 왕조차 자신을 지켜줄 수 없다는 말도 과장만은 아니었다. 이원익은 인조 초에 삼도대동법의 실시를 요청했다가 나중에 어쩔 수 없이 이 법의 폐지를 스스로 요청했다. 임진왜란 때의 공적과 평생에 걸친 청렴에도 불구하고 왕안석에 비유되어 비난받자, 이원익은 자기주장을 철회할 수밖에 없었다.

김육과 김집의 관계는 단순히 공적이기만 한 관계는 아니었다. 김집은, 김육이 같이 술 먹고 붙어 다니고 함께 근무하며 절친했던 김반金槃의 형이었다. 김반과 김육은 나이도 같고, 사마시도 같은 해에 붙었다. 김반 역시 계축옥사가 일어나자 고향 연산으로 낙향했다가 인조반정 뒤에 조정에 나왔다. 김반의 손자가 『구운몽』과 『사씨남정기』의 작가로 유명한 서포西浦 김만중金萬重이다. 아무튼 김반의 여섯 살 많은 형이 김집이다. 김육에게 김집은 친구의 어려운 형이었다.

이 당시 김집과의 갈등이 워낙 유명해서 가려지는 감이 있지만, 김육과 김상헌의 관계도 대동법 추진 과정에서 악화되었다. 김육은 김상헌과 일찍부터 알던 사이다. 김육의 집이 있는 평구와 김상헌의 집이 있는 석실은 이웃한 마을이었다. 김상헌은 김육보다 열 살이 많고 일찍부터 명망을 얻었기 때문에, 김육은 그를 스승으로 대하고 깊이 존경했다. 또 김육이 잠곡에 있을 때는 가끔씩 그의 집에 들러 세상사를 묻고 자신의 고민을 토로하기도 했다. 김육의 아버지 김흥우의 묘비명을 김상헌이 썼다는 것은 그들 관계가 어떠했는지를 짐작케 한다. 그런데 개혁을 추진하는 과정에서 두 사람의 관계도 삐걱거렸다. 김육으로서는 몹시 괴로운 일이었다.

초조한 김육에 비해서 김집은 훨씬 여유가 있었다. 그는 김육과의 갈등에 대해서 '군자'다운 모습을 보였다. 김육에 뒤이어 고향으로 내려가면서 그는 김육에 대한 자신의 생각을 두 번 밝혔다. 하나는 서울을 떠나면서 효종에게 올린 글에서이고, 또 하나는 고향에 내려와서 올린 사직상소에서였다. 그는 자신이 김육과 한평생 좋은 사이였으며, 서로 잘못한 점도 없다고 말했다. 또 나중에 서로 만나게 된다면 전과 다름없이 웃고 이야기하게 될 것이라고 말했다. 다만 대동법 문제로 의견이 맞지 않아 약간의 시끄러움이 있었으나, 김육이 무슨 딴마음이 있어서 그런 것은 아니라고 생각한다고 말했다. 또 자신은 대동법을 반대하는 것이 아니라, 신중히 생각해보아야지 성급하게 실시해서는 안 된다고 말했을 뿐이라고 했다. 그리고 옛날의 군자들은 출처出處와 영욕榮辱을 함께해도 의견이 맞지 않을 수 있고, 또 의견이 달라도 서로 얼굴을 붉힌 일이 없다고 말했다. 출처와 영욕을 함께한다는 것은 세계관이 같고 현 권력에 대한 입장이 다르지 않음을 말한다. 요컨대 대동법 문제로 의견의 차이는 있지만, 그것이 자신과 김육 사이를 적대적인 관계로 만들지 않을 것이라는 말이었다.

김집의 말은 곧 대동법이 사상적으로 허용될 수 없는 것은 아님을 선언한 것이나 다름없었다. 다시 말하면 대동법을 추진한다고 김육을 왕안석과 같다고 비판할 수는 없다는 말이다. 사림의 좌장 김집이 그렇

돈암서원

충청남도 논산시 연산면 임리에 있다. 인조 12년(1634)에 김장생金長生을 기리기 위해 세웠으며,
나중에 그 아들인 김집과 송준길宋浚吉, 송시열宋時烈이 함께 배향되었다. 흥선대원군의 서원 철폐
때에도 보존된 전국 47개 서원 중 하나다. 송준길과 송시열은 처음에 김장생에게 배우다가 김장
생의 사망 뒤에는 김집에게서 배웠다. 위의 '돈암서원遯巖書院'이라는 현판이 달린 문은 외삼문이
고, 아래 사진은 양성당의 전경이다.

게 말하는 순간, 대동법은 체제에 반하는 사상적 문제가 아닌, 서로 논쟁이 가능한 정책적 문제가 되었다. 김집이 보인 이러한 태도는 사림에게 대동법 문제에 관한 일종의 가이드라인으로 작용했다. 오늘날도 간혹 개혁적 입법에 대해서 개혁에 반대하는 측이 그 위헌 여부를 재판에 부치는 경우가 있다. 헌법은 한 사회가 지향하는 가치를 집약한 것이다. 이때 만약 개혁 정책이 위헌판결을 받으면 더 이상 추진될 수 없을 것이다. 한 가지 주목할 지점은 김육에 대한 김집의 태도에는 물론 '군자'다운 품위가 있었지만, 김집이 그러한 태도를 취할 수 있는 근거는 김육에게 있었다는 것이다. 이것은 나중에 안방준安邦俊(1573~1654)이 김육을 비판하는 과정에서 다시 한 번 잘 드러난다.

안방준의 비판

안방준의 호는 은봉隱峰이다. 이 호는 그가 절의를 숭상하여 정몽주의 호 포은圃隱과 조헌의 호 중봉重峯에서 한 글자씩 따와 만든 것이다. 두 사람 다 절의를 지키다 목숨을 내놓은 사람들이다. 안방준은 10대에 스스로 성혼에게 찾아가서 문인이 되었고, 정철과 조헌의 문하에서 공부했다. 그 결과 정치적으로 서인에 속하게 되었다. 일찍부터 인조반정의 중심인물인 김류와 친밀했고, 송준길과도 가까웠다. 이 때문에 그는 사림 전체에서도 상당한 영향력을 갖고 있었다. 또 학문에 전념하면서도, 정묘호란과 병자호란이 일어났을 때는 의병을 일으켰다. 효종이 즉위하자, 그는 좌의정 조익의 천거를 받아 호남을 대표하는 사림으로서 확고한 지위를 재확인했다. 평생에 걸친 이런 이력 덕택에 그의 발언은 상당한 무게를 갖고 있었다.

효종 2년(1651) 7월 호서대동법 실시가 결정되자, 많은 사람이 대동법과 이를 추진한 김육에 대해서 격렬한 비판을 쏟아냈다. 그중에서도 안방준의 비판은 정점에 있었다. 그는 상소에서, 대동법을 실시하는 목적은 백성들의 요역을 가볍게 하고 국가재정을 풍부하게 하기 위한 것이었다고 하면서, 그렇게만 된다면 이 법은 실로 좋은 법이며 아름다운 뜻일 것이라고 말했다. 대동법의 취지 자체에는 동의했던 것이다. 하지만 그는 대동법이 그 입법 취지와는 반대로 현실에서는 인심人心의 이반을 불러오고 있다고 말했다. 계속해서 김육에 대해서는 "젊어서부터 비록 경술經術을 일삼아왔지만, 나랏일을 처리하는 데는 재주와 역량이 미치지 못한다"라고 비판했다. 그는 김육이 공적인 마음으로 정책을 추진하기는 했지만 결과적으로는 일을 그르쳤다고 말했다.

안방준의 상소가 올라오자 김육은 서둘러 다음과 같은 상소를 효종에게 올렸다.

안방준과 신은 과거에 급제하기 전부터 친교가 있었습니다. 그는 임금을 사랑하고 나라를 걱정하는 것으로 평생을 일관했고, 또한 신에 대해서도 그런 자세로 대해왔습니다. 지금 (그가) 신이 나라를 그르쳤다고 말했습니다. 이는 필시 생각한 바가 있어서 한 말일 것입니다. 조정에 있는 신하가 (신에 대해서) 그렇게 말했다면 혹 자기와 의견이 다른 사람을 공격하는 것이라고 핑계를 댈 수 있고, 수령이 (신에 대해서) 그렇게 말했다면 혹 재물을 긁어가기 위해서라고 핑계를 댈 수 있으며, 토호가 (신에 대해서) 그렇게 말했다면 혹 급히 마련하는 것을 싫어해서라고 핑계를 댈 수도 있을 것입니다. 그러나 안방준이 말한 것에 대해서는 실로 이 세 가지로 핑계를 댈 수가 없습니다. …… 이는 참으로 친구 간에 서로의 원칙을 재확인하는 뜻이며, 사사로움을 잊고 공적인 것을 받드는 지극한 정성입니다. …… (대동)법이 행해지는 것도 운명이고 폐지되는 것도 운명입니다. 오로지 성상께서 시원스럽게 결단하는 데 달려 있습니다.

안방준의 비판에 대해서 김육은 어떤 반박이나 변명도 하지 않았다. 그는 조정의 신하, 고을 수령, 지방 토호들이 아니라 안방준 같은 산림의 비판을 가장 무겁게 받아들였다. 그 비판은 '사사로움을 잊고 공적인 것을 받드는 지극한 정성'에서 나왔기 때문이다. 김육은 이 문제가 자신이 반박한다고 해서 해결될 문제가 아니라고 생각했다. 그는 오직 왕의 판단과 결단만이 이 반대를 극복할 수 있다고 보았다. 국정의 기본 원칙과 관련된 문제에 내해 김육은 그 판단을 왕에게 돌렸다.

김육은 안방준의 상소를 이유로 들어 조정에서 물러나기를 청했다. 그러자 효종은 "하늘을 우러러보고 땅을 굽어보아 부끄러울 것이 없다"라면서 그의 사직을 허락하지 않았다. 김육의 요청에 대해서 효종은 신속하고 분명하게 대동법의 계속적인 추진을 결정했던 것이다. 효종이 이렇게 분명하게 결단할 수 있었던 데는 분명한 근거가 있었기 때문이다. 앞서 김육과 대동법에 대해서 김집이 내린 판단이 있었다. 즉 대동법은 이미 사상적 문제가 아닌, 정책적인 문제였다.

안방준의 비판 역시 김집의 판단을 넘어선 것은 아니었다. 안방준은 김육이 젊어서부터 경술을 일삼았고 정책을 추진하는 마음만은 임금과 나라를 사랑하는 것에서 나왔다고 말했다. 그 또한 김집과 마찬가지로, 자신의 비판이 김육이 가진 원칙이나 사상적 측면에 대한 비판이 아님을 분명히 했다. 그랬기에 효종이 결단해야 했던 것은 국정 원칙과 관련된 것이 아닌, 그 정책적 측면에 대한 판단이었다. 그것은 왕 스스로의 결단으로 처리할 수 있는 범주 안의 문제였다. 이원익조차 벗어날 수 없었던 비판을 김육은 벗어났다. 이것은 물론 시간이 지나면서 대동법 자체가 더 설득력을 얻었기 때문이기도 하지만, 동시에 대동법을 추진한 김육이 당대의 최고 사림들에게 깊은 신뢰를 주었기 때문에 가능했다.

꿈에서 완평을 보다

효종 원년(1650) 1월 평구에 내려온 김육의 심정은 이때 지은 다음
두 편의 시에 잘 나타난다.

> 세상 나와 서로 인연이 끊어졌는데
> 어찌하여 고향으로 놀아가시 않으리오.
> 시대를 도울 만한 밝은 지략 없음에
> 비방만 불러오고 꾸지람만 불렀으니
> 대궐문을 나서서 동쪽으로 돌아가
> 직무 수행 잘못한 책임이나 피하리라.
> 아아, 시속時俗이 궁박하고 위태로워
> 임금 얼굴 영원히 가로막힘 한스럽네.
> 가다가는 돌아보고 다시 또 주저앉아
> 임금 모습 바라보나 붙잡을 길이 없네.

지난날에 내게도 품었던 뜻 있었으니
이 시대의 어려움을 구제하려 하였었지.
좋은 임금을 만나도 뜻 펴지 못했음에
하늘 운수 탓인 줄을 내 이미 알았어라.
……
슬프게도 저 창생蒼生을 구제하지 못했으니
어찌 다시 조정에 나아가겠는가.
세도世道가 끊어진 것을 개탄스러워 하노라.

개혁을 성공시키지 못한 안타까움이 진하게 배어나는 시다. 이런
안타까움 때문이었을까. 그는 꿈에 완평부원군完平府院君 이원익을 보기
까지 했다.

임금 사랑 나라 걱정 사생死生 간에 같았었지.
요행히도 오늘 밤에 꿈속에서 공을 뵈었네.
끝이 없던 그때 당시 안석安石의 비방을
지금까지 아이들이 서로 전해 외우는구나.

이원익은 인조 초 삼도대동법을 추진하면서 사림으로부터 왕안석에
견주어 비난받았다. 낙향한 김육은 꿈에 이원익을 볼 정도로, 당시 자
신의 처지가 이원익과 다르지 않다고 생각했다.

출사의 명분

김육이 물러난 직후부터 효종은 그에게 조정에 복귀할 것을 계속해서 요구했다. 효종은 김육의 사직상소를 8번째만에야 마지못해서 받아들였다. 효종이 이렇듯 김육의 조정 복귀를 강하게 요구했던 데는 그에 대한 개인적 신뢰 이상의 이유가 있었다. 당시 효종이 대신급으로 기용할 수 있는 인물로는 김집·김상헌으로 대표되는 사림 세력과 김육 같은 고위 관료들이었다. 그런데 당시 청나라는 사림이 강력한 반청反淸의 입장을 갖고 있는 것을 잘 알았다. 김상헌은 처음에 청음淸陰이라는 호를 쓰다가 청淸나라의 淸 자가 싫어서 나중에는 석실산인石室山人으로 바꿀 정도였다. 청나라는 이들이 조선 조정에 있는 것을 용납하지 않았다. 효종으로서는 사림들을 기용하고 싶어도 할 수 없는 처지였다.

효종이 아무리 강하게 요청해도 김육으로서는 당시 상황에서 조정에 나갈 수 없었다. 김육은 왕이 자신에게 창을 들고 끓는 물과 타는 불속으로 뛰어들라고 하면 죽음을 무릅쓰고 사양하지 않겠지만, 자신의 말이 쓰이지 않고 뜻이 펴지지 않음에도 그 직책만을 영화롭게 여겨서 조정에 다시 나갈 수는 없다고 말했다. 그는 만약 왕의 명령에 따라 마음과 생각을 바꾸고 지켜온 바를 잃어버린 채 조정에 나간다면, 사림들로부터 비웃음만 사게 될 것이라고 예측했다. 수치스러움과 부끄러움을 이기지 못하고서 죽는다면 공적으로나 사적으로 무슨 보탬이 있겠느냐는 것이 그의 주장이었다.

김육이 이 말을 한 시점은 이미 김집이 자신과 김육 사이에 아무런 문제도 없다고 말한 뒤였다. 하지만 그것은 어디까지나 김집의 생각일 뿐이었다. 김육으로서는 김집이 고향에 머물고 있는데 왕이 부른다고 혼자만 조정에 나갈 수는 없었다. 김육이 판단하기에 효종의 요청을 핑계로 조정에 나가는 것은 명분이 없었다. 그렇게 조정에 들어간다면 개인적 명예는 물론이고 대동법을 추진할 수 있는 공적 명분도 확보할 수 없으리라고 판단했다. 그가 조정에 다시 나가기 위해서는 객관적으로 보아도 그럴 만한 명분이 필요했다.

김육은 효종 원년(1650) 3월에 서울로 돌아왔다. 중국에 사신으로 가기 위해서였다. 당시 북경으로 가는 길은 지금의 업무 출장이나 여행과는 달랐다. 국경을 넘으면 인가가 끊어지는 탓에 밤에 묵을 만한 곳도 없었다. 물론 장막을 치고 자기는 했지만, 어쨌든 여러 날 노숙을 해야 했다. 다행히 이때는 날씨가 혹독하지 않을 때였다. 그래도 71세의 김육으로서는 육체적으로 견디기 힘들었을 것이다. 하지만 이 당시 험악해진 조선과 청나라 관계에서 사신으로 갈 수 있는 사람은 그 말고 없었다. 사림 인사들은 당연히 갈 수 없었다. 또, 당시 영의정 이경석과 예조 판서 조경趙絅은 청나라의 명령으로 백마산성에 감금된 상태였다. 백마산성은 의주에 있는 산성이다. 거의 마지막 남은 대신급 인물인 이경여李敬輿가 영의정으로서 가까스로 정국의 책임을 맡고 있는 형편이었다. 김육이 아니면 사신으로 갈 수 있는 사람이 실제로 거의 없었다. 3월 말에 출발한 김육은 의주에서 병이 났다. 그럼에도 일정을 늦추지 않았다. 10일 남짓 북경에서 체류하며 업무를 끝내고는 6월 말에 서울로 돌아왔다. 꽤 촉박한 일정이었다. 그는 왕에게 중국에 갔던 일을 보고하고는 다음 날 바로 평구로 돌아 갔다. 사람들에게 비방할 여지를 남기지 않으려 했던 것이다. 효종의 조정 복귀 요청이 다시 계속되었지만, 그는 일체 응하지 않았다.

효종 2년(1651) 1월에 김육은 영의정에 임명되었다. 몇 차례 임명을 사양하다가 결국 임명을 받아들였다. 사실은 어쩔 수 없는 상황이기도 했다. 이 시기에 영의정 이경여가 청나라 황제의 명으로 현직에서 추방되고, 이어서 청나라 사신이 네 차례나 계속 나왔기 때문이다. 김육이 영의정 직책을 받아들인 것은 1월 22일이다. 하루 전에 김육이 영의정 임명을 또다시 사양하자, 효종은 다음과 같이 말했다. "지금 길게 말하지는 않겠소. 청나라의 태도가 예전과는 판이하오. 지금 칙사가 오고 있으니 경은 모름지기 나와 있으면서 (정승) 세 사람이 떠난 실제 자취를 보여, 저들로 하여금 의심이 없게 해야만 할 것이오. (사신이 도착할) 날짜가 이미 닥쳐왔는데도 (경이) 이와 같이 고사하고 있으니, 이쪽의 사정을 청나라에서 어찌 알겠소. 끝내 나오지 않을 경우에는 나랏일이 몹시 염려되오. 설령 경에게 나오기 어려운 사정이 있다고 해도 어찌 오늘날 나랏일의 다급함에 비길 수 있겠소. 이는 거짓으로 꾸며 대는 말이 아니오. 그러니 경은 다시 사직하지 말고 오늘 즉시 들어와서 홍제원洪濟院에서 칙사를 맞이하는 데 나가시오. 이런 말이 억지로 몰아붙이는 듯하여 늙은 신하를 우대하는 예에 흠이 있는 듯싶지만, 일이 이 지경에 이르렀기에 부득이해서 그러는 것이오. 경은 현재의 상황이 더할 수 없이 급박함을 헤아려서 지극한 (나의) 뜻을 저버리지 마시오."

김육은 1월 22일에 서울로 올라와서 영의정 직책을 받아들이고, 다음 날 홍제원에 나가 청나라 사신을 맞았다. 홍제원은 조선시대에 중

김육과 김우명

왼쪽 그림은 60대 후반의 김육 모습을 그린 초상화이다. 그림 왼쪽에는 "눈과 같은 하얀 수염과 신선과 같은 풍채에서 그 외모와 덕이 풍겨 나와 누구라도 알아볼 수 있다"는 중국인 화가 맹영광 孟永光의 찬이 쓰여 있고, 오른쪽에는 "영의정 잠곡 김문정공 소진領議政潛谷金文貞公小眞"이라고 쓰여 있다.

오른쪽의 초상화는 김육의 둘째 아들 김우명이다. 자는 이정以定이다. 그의 딸이 현종 비 명성왕 후明聖王后이다. 말하자면 그는 숙종의 외할아버지다. 오위도총부 도총관과 호위대장을 겸직하며 왕실의 군권을 담당했다.

국 사신이 오면 묵던 숙소이다. 현재 서울시 서대문구 홍제동은 홍제원에서 나온 이름이다. 그리고 다음 달 2일에 『인조실록』의 총재관 직책에 임명되었다. 실록 총재관은 실록의 총편찬 책임자이다. 실록은 편찬에 여러 해가 걸렸기 때문에 한번 임명되면 서울을 떠나기 어려웠다. 어쩌면 이것은 효종이 김육에게 서울에 머물 수 있는 명분을 준 것으로 볼 수도 있다. 김육은 여러 번 사직을 요청했지만 효종은 허락하지 않았다. 며칠 뒤 청나라에서 또다시 사신을 파견했고, 이와 별도로 4월에 사신이 두 차례 더 파견되었다. 김육은 이들 모두를 상대했다. 7월에는 호서대동법 실시가 결정되었다. 이어서 7월 말에 효종은 외아들의 배필로 김육의 둘째 아들인 김우명의 딸을 지명했다. 효종은 김육과 단단한 연결 고리를 맺었던 것이다.

사림의 공公, 김육의 공公

조정에서 충청도에 대동법을 실시하기로 결정한 뒤 「호서대동절목」이 만들어졌다. 절목이란 운영 규칙을 말한다. 「호서대동절목」의 서문을 김육이 썼는데, 그 말미에 그는 다음과 같이 적었다.

삼대三代 때의 정전법井田法을 지금 다시 시행할 수는 없다. 그러나 그 다음 가는 것으로는 대동법보다 더 좋은 것이 없다. 그러니 근대近代에 온 마음을 다해 나라의 일을 하고자 했던 이름난 고위 관직자치고 그 누가 대동법으로 급선무를 삼지 않았겠는가? …… 율곡 선생이 만언소萬言疏에서 공안貢案을 고치고 폐단이 된 법을 개혁하는 것에 대해 앞뒤에서 여러 차례 말했다. 지금 (여러 가지) 경전經典을 들어가며 (대동법에 대한) 시시비비를 따지는 자들은 과연 (율곡 선생보다 더 뛰어난) 고금古今을 뛰어넘는 식견을 가진 것인가?

김육은 이이의 권위를 빌려, 대동법 실시에 반대하고 자신을 비판하는 세력에 대해 반박했다. 그는 안방준의 비판을 받을 때도 효종에게 올린 상소에서 "신이 이 법을 시행하려는 것은 선철先哲께서 시대를 구하려 했던 정책을 따르려는 것일 뿐입니다"라고 말했다. 여기서 선철은 이이를 가리킨다. 김육은 이이의 이름으로 자신이 추진하는 대동법의 정당성을 입증하려고 했다. 그런데 김육은 단순히 이이의 권위만 빌리지 않았다. 김육에게 '정치'라는 말이 갖는 맥락과 의미는 이이에게서 내려온 것이었다.

이이에게 정치의 의미는 그가 살았던 시대적 조건에 의해서 규정되었다. 즉 선조의 즉위와 함께 신진 사림이 조정에서 권력을 얻게 된 것을 바탕으로, 사림이 확보한 공공성을 현실에 구체화하는 것이었다. 이 점은 김육도 동일했다. 김육에게 정치란 인조반정으로 진작된 공공성을 현실에서 구체화하는 것이었다. 요컨대 두 사람 모두에게 정치란 새로운 정치 세력이 확보한 공공성을 현실에서 구체화하는 것을 뜻했다. 새로운 정치 세력은 개혁의 토대이기는 하지만, 결코 그들의 집권 자체가 정치의 목적은 아니었다. 정치란 어디까지나 '현실 문제 해결의 도구'였으며, 곧 민생 문제 해결을 위한 정책의 수립을 의미했다.

김육이 나랏일에서 무엇보다 강조한 것은 공公, 즉 공공성이었다. 그는 공공성을 정치 공간에서 근본이 되는 규율로 이해했다. 그는 잠곡에서 처음 나올 때부터 이 생각을 원칙으로 갖고 있었다. 그는 자부하기를, 비록 현실을 헤아리지 못하고 스스로의 재주를 살피지 않아 분란의 여지가 있는 일을 경솔하게 행하려 한다는 비판은 얼마든지 받아들이겠지만, 조금이라도 사사로운 생각으로 나라의 공적인 일을 처리하지는 않았다고 했다. 또한 자신을 배척하는 사람들조차 자신이 사사로움을 추구했다고 비판하지는 않았다고 말했다. 김집이나 안방준이 김육에 대해서 한 말이 바로 이것이다.

누가 공공성을 가졌는가

김집의 '정치' 개념이 결국 정치 세력의 문제로 귀결되는 것과 달리, 김육은 정치를 정책의 최종적 효과로 이해했다. 그렇다고 해서 김육이 정치 세력의 문제를 간과한 것은 아니다. 오히려 대동법 추진 과정에서는 그 자신이 정치 주체의 역할을 수행했다. 김육은 일찍부터 대신大臣의 역할을 특히 강조했고, 나중에는 그 역할을 자임했다. 그는 이런 시도 지었다.

> 쇠한 나이 이내 몸 고달프게도
> 벼슬 매여 풍진 속을 나다닌다.
> 사직의 일 생각하면 눈물 나는데
> 창생들은 대신을 의지한다.

또한 정치와 교화를 펴고 세상을 구할 계책을 마련함으로써, 백성이 의지할 사람은 바로 대신이라고 말했다. "백성들이 못사는 것은 모두가 내 죄"라고 말하기도 했다.

왕이 대신을 신뢰하고 대신에게 권한을 위임해야 한다는 주장은 조광조와 이이가 모두 되풀이해서 강조했던 말이다. 김육의 말은 전혀 새로울 것이 없었다. 하지만 김육은 여기에 의미심장한 말을 보탠다. 대신이 명예를 좋아하고 비방을 두려워하면서 아무 말도 하지 않은 채 혼자서만 착한 사람이 되려고 하면 안 된다고 말했던 것이다. 이 말은 무엇을 암시하는가?

인조반정 이후 재야는 물론이고 조정에서 정치적 명분을 장악했던 이들은 사림이다. 인조반정 세력이 가진 두 가지 행동 원칙 중 하나는 사림을 존중한다는 것이었다. 앞의 김육의 말은 국정 현안을 해결하는 과정에서 대신이 추진하는 일이 사림의 명분과 맞지 않을 수도 있음을 암시한다. 만일 대신이 명분을 지키고 있으면 그는 개인적으로 사림에게 비방도 받지 않고 명예도 높아지지만, 나랏일은 추진할 수 없다는 뜻이 담겨 있다. 이 말의 적용 범위를 좀 더 확장하면, 김육이 그토록 강조하는 공公은 사림의 공이나 명분과 반드시 일치하지 않을 수도 있었다. 그런데 김육뿐 아니라 사림들도 어렴풋이 그렇게 생각했던 것 같다. 김육은 효종 7년(1656) 4월에 동전 사용을 추진하다가 반대에 부딪히자 사직서를 냈다. 당시 상황에 대해서 사관史官은 이렇게 기록했다. "김육은 성급하고 고집 센 성품으로, 하고자 하는 모든 일은 반드시 성취하고야 만다. 비록 온 세상이 그르다 하여도 돌아보지 않으니, 사람들이 그의 강인함을 칭찬하였다. 다만 자기와 같이하지 않는 자가 있으면 그때마다 배척하였다. 이 때문에 공론公論이 그를 그르게 여겼다." 김육을 그르게 여긴 공론이란 과연 누구의 견해이겠는가? 사림의 견해라고 보아도 크게 어긋나지 않을 듯하다. 김육이 생각하는 공公의 의미는 이이가 생각했던 것과도 차이가 있었다.

'붕당'에 대한 인식

김육이 강조한 공공성이 사림의 그것과 똑같지 않게 된 이유는 무엇인가? 또한 그의 공공성 개념이 이이의 공공성 개념과도 일부 달라진 원인은 무엇인가? 여기에는 사림 세력에 대한 김육의 인식 변화가 자리하고 있었다. 효종 3년(1652)에 당대의 조정을 평하면서 김육은 다음과 같이 말했다.

> 예전부터 나라를 망치는 것은 모두 붕당朋黨에서 말미암았습니다. 그런데 붕당이 오늘날보다 심한 적이 없습니다. 뿌리박은 것이 이미 고질이 되었고, 그것이 미친 여파가 이미 만연해 있습니다. 그러므로 이를 제거하고자 하면 온 조정이 텅 비게 될 것입니다. 그러니 오직 어진 자를 가려서 쓰고 심한 자는 제거하여 내쳐야만 합니다. 그리하여 (임금이) 좋고 나쁜 것을 분명하게 보여서 공과 사를 나누면, 비록 뿌리 뽑기 어려운 자를 (완전히) 제거하지는 못해도 자연히 서로 경계하여 조심할 것입니다.

김육은 사림이 '나라를 망치는' 원인인 붕당과 무관하다고 생각하지 않았다. 또 당장에는 붕당을 근본적으로 제거할 확실한 방법도 없다고 생각했다. 그래서 그가 생각하는 이 문제에 대한 유일하게 현실적인 대책은 '(효종이) 어진 자를 가려서 쓰고 심한 자를 제거하여 내치며', '(임금이) 좋고 나쁜 것을 분명하게 보여서 공사公私를 나누는 것'이었다. 그는 공공성을 확립할 주체가 효종이라고 주장했다.

김육은 붕당에 대해서 이이와 생각이 완전히 달랐다. 김육은 이미 인조 원년(1623) 말에 "붕당이라는 두 글자는 조정에 화를 부르는 근본"이라고 말했다. 조정에 나오기 전부터 그는 이런 생각을 확고히 갖고 있었던 것이다. 반면에 이이는 눈앞에서 동인과 서인이 분열되는 것을 지켜보면서도 붕당의 존재 자체를 인정하려 하지 않았다. 나중에 붕당의 폐단이 심해지자 이이는 어떻게든 이들을 화해시켜보려고 온갖 애를 썼다. 하지만 그 노력은 참담하게 실패했다. 이이는 자신이 아끼고 이끌어주었던 후배 사림들에게 '소인'으로 규정된 채 사망했다.

김육과 이이는 붕당에 대해서 왜 이렇게 다른 생각을 갖게 되었을까? 그것은 사림 세력의 정치화 정도와 관련 있다. 이이에게 사림은 중종 대와 명종 대의 절대적 구악舊惡인 훈신勳臣과 척신戚臣을 물리친 의로운 사람들이었다. 사림은 조광조가 주장했던 지치至治를 실현하려는 의지로 가득한 젊은 '군자'들이었다. 그런 사림이 자신들이 몰아낸 세력처럼 사익을 위해 편을 나눠 싸운다는 것을 이이는 인정할 수 없었다. 이이는 이들이 다만 '식견'이 부족해서 그렇다고 말했다. 그는 '군자들'끼리 적대적일 수는 없다고 생각했다. 선조 초에는 심지어 '군자당'의 존재를 긍정하기까지 했다. 사림들 모두가 군자라는 말이다.

반면에 김육은 동인과 서인의 치열한 갈등과 그것이 초래한 역사적 결과를 잘 알고 있었다. 사실, 광해군 대의 정치적 파행 역시 사림의 일파인 북인이 저지른 일이었다. 그 파행을 김육은 자신의 삶에서 깊고 오래 경험했다. 김육이 보기에 사림은 명백히 하나의 정치 세력이었다.

이 때문에 그들이 집단적으로 공공성을 독점해서는 안 된다고 생각했다. 이이는 사림 그 자체를 공적인 세력으로 보았던 반면, 김육은 전혀 그럴 수 없었던 것이다.

공공성의 작용 방식과 효과라는 측면에서도 김육은 사림과 생각이 달랐다. 사림이 공공성을 강조할 때, 그것의 첫 번째 실천자는 마땅히 국왕이어야 했다. 예를 들어 왕의 개인 창고 격인 내수사內需司를 왕 스스로 기꺼이 폐지하는 것이 왕이 실천해야 하는 공공성의 내용이었다. 사림이 생각하는 공공성이란 국왕이 마음을 바르게 하고 솔선수범하는 것을 뜻했다. 의도했든 그렇지 않든, 사림에게 공공성은 국왕을 압박하는 훌륭한 도구였다.

그러나 김육의 공공성은 관리들 자체의 규율에 더 강조점이 있었다. 김육이 공과 사를 말할 때 대개 두 가지 경우가 중심을 이루었다. 첫째는 조정을 공公에, 백성을 사私에 비유하는 것이다. 둘째는 국가의 기능이 정상적으로 수행되는 것을 공公에, 그렇지 않고 관리들이 개인적 이익만을 추구하는 것을 사私에 비유했다. 그가 스스로 평생의 행위를 공적인 것으로 규정했다든지, 국가의 엄정한 기강을 강조할 때 공을 중시한 것은 두 번째 경우에 해당한다. 그가 국가의 기강 확립에 대해 말할 때, 그것은 주로 관리들의 업무 자세와 관련해서 한 말이었다. 김육도 물론 사림이 개인적으로는 공공성을 가진 주체임을 부인하지 않았다. 하지만 사림의 견해 자체가 공론이라고는 생각하지 않았고, 사림이 공공성을 독점해서도 안 된다고 생각했다. 김육의 공공성에서 오히려 중심에 있는 것은 사림이 아닌 조정, 즉 정부였다.

이시방은 지키고, 원두표는 몰아내고

제공들

「호서대동절목」 서문에, 김육은 대동법이 성립될 수 있었던 이유를
다음과 같이 말했다.

> 일을 시작하자는 처음의 말은 비록 내가 꺼냈지만, 제공諸公들이 알맞게
> 변통하지 않았다면 중간에 막혀서 (대동법은) 시행되지 못했을 것이다. 제
> 공들 역시 잘 변통하기는 했지만, 이는 실로 임금께서 홀로 결단을 내리
> 고 뜻을 확고히 정해 끝내 성사시킨 데서 말미암은 것이다.

김육은 조정에서 대동법 실시가 결정된 이후 여기에 반대하는 사람
들이 벌 떼처럼 일어나고 비방이 여기저기 마구 일어나 대동법이 거의
성사되지 못할 뻔했다고 말했다. 위의 말은 그 위기의 순간을 어떻게
극복할 수 있었는지에 대한 김육의 설명이다. 김육은 대동법이 성립되
는 데 세 가지 요소가 주효했다고 말했다. 김육 자신의 발의, 제공들의

호서대동사목(충청도 대동사목)
충청도 대동법과 관련하여 정리해 놓은
대동법 시행 세칙이다. 81개 조의 항목 뒤
에는 '호서선혜청좌목湖西宣惠廳座目'이 적
혀 있다. 여기에 따르면 도제조에 영의정
정태화, 좌의정 김육, 우의정 이시백, 제조
에 호조 판서 이시방, 예조 판서 남선, 호
조 참판 허적이 겸하고 있다.

적절한 변통, 그리고 최종적으로 효종의 결단이다. 앞에서 살펴보았듯
이, 김집과 안방준의 비판으로 대동법 실시가 불투명해졌을 때, 김육은
그에 대한 최종 판단을 효종에게 맡겼다. 효종에게는 확실히 '홀로 결
단을 내리고 뜻을 확고히 정해 끝내 성사시킨' 공이 있었다.

　김육은 '제공', 즉 함께했던 여러 동료 관료에게 대동법 성립의 공
을 돌렸다. 그는 대동법 추진이 막힐 때마다 이들이 적절한 방법을 마
련했다고 말했다. 이시방李時昉(1594~1660), 남선南銑(1582~1654), 허적許積
(1610~1680), 김홍욱金弘郁(1602~1654) 같은 사람들이 바로 이들이다. 김육
의 말은 결코 공치사가 아니었다. 이들은 한 가지 점을 빼면 별로 공통
점이 없었다. 김육과의 친소 관계, 나이, 속한 당파도 제각각이었다. 하
지만 이들은 모두 민생 문제, 특히 공납 문제에 대해서 정통한 사람들

이었다. 우리는 이들을 통해서 김육의 사람 쓰는 방식을 재확인할 수 있다.

김육은 남선을 '오우吾友', 즉 내 친구라고 불렀다. 남선은 김육보다 두 살 적고, 4년 앞서 세상을 떴다. 그의 신도비 비문은 김육이 직접 썼다. 신도비에서 김육은 "나의 벗 남 판서는 처음에 나와 함께 유생이 되어 성균관에서 공부하였으며, 또 함께 조정에 섰고, 함께 기로소耆老所에 들어갔다"라고 썼다. 그는 김육보다 한 해 뒤에 사마시에 붙었고, 두 사람은 성균관에서 처음 만났다. 남선 역시 광해군 대에 과거를 포기하고 용인으로 내려갔다가 인조반정 뒤 인조 7년(1629)에 문과에 합격했다. 인조 말년에는 도승지를 지냈고, 효종 초에는 이조·형조·예조 판서를 지냈다. 대동법을 접한 것은 그가 오히려 김육보다 앞섰다. 인조 2년(1624)에 삼도대동청이 호남의 대동법 시행 실태를 파악하기 위해 관리를 내려보냈는데, 그때 내려간 사람이 바로 남선이었다. 그는 호서대동법의 성립에도 상당한 기여를 했다.

허적은 김육보다 서른 살이나 적고, 정치적으로는 남인에 속했다. 그는 숙종 초에 성립된 남인 정권의 영수였다. 이 때문에 그를 정치적 색채가 짙은 사람으로 오해하기 쉽지만, 실상 그는 재정 문제에 정통한 관료였다. 재정 관료들은 대개 이념적으로 정치적 색채가 강하지 않은 것이 보통이다. 현실적으로 실무에 해박한 이해를 갖고 있는 사람이 강력한 이념 지향성을 함께 갖고 있는 경우는 많지 않다. 효종 초 호서대동법 추진의 마지막 단계에서 김육은 실무적인 일을 이시방과 허적에게 위임했다. 허적은 「호서대동사목」의 개별 항목들을 직접 검토했을 정도로 전문성을 갖고 있었다. 대동법과 관련해서 그는 대간에게 탄핵을 당하기도 했다. 나중에 김육과 이시방이 사망한 뒤, 그는 현종 대 호남대동법과 경기대동법의 성립에 가장 크게 기여했다.

김홍욱은 효종 5년(1654)에 소현세자 부인 강씨의 억울함을 말했다가 효종에게 장살을 당한 인물이다. 효종은 전혀 부드러운 성격의 인물이 아니었다. 성격이 급하고 때로는 과격했다. 그런 점에서 숙종은 아버지 현종보다는 할아버지 효종을 더 닮았다. 당시 강씨 문제는 누구도 드러내서 말하기를 꺼려 했던 문제였다. 국왕으로서 효종의 정통성에 관련된 문제였기 때문이다. 하지만 김홍욱은 할 말은 하는 인물이었다. 어쨌든 김홍욱은 이 사건에 앞서, 호서대동법의 성립에 중요한 역할을 했다.

인조 대에 공물 변통의 방법론으로 대동법과 치열하게 경쟁했던 것이 공안개정론이다. 공안개정론은 본래 조선의 전통적인 공물 변통 방식이었다. 김홍욱은 처음에는 열렬한 공안개정론자였다. 그는 인조 말년에 자신이 존경하는 조익에게 편지를 보내 공안개정론에 대한 생각을 상세히 밝히기도 했다. 공납 문제와 관련하여 당대 최고의 대가에게 자기 생각을 확인받고 싶었던 것이리라. 그가 대동법에 반대했던 것은 그 내용 때문이 아니었다. 그는 이 법이 지나치게 이상적이라서 현실성을 결여했다고 보았다. 그러다가 몇 년 뒤 대동법이 점차 실현될 수 있는 환경이 만들어지자, 기존의 자기주장을 접고 대동법 실시로 입장을 바꾸었다.

김육은 호서대동법을 성공시키기 위해서 김홍욱이 충청도 감사에

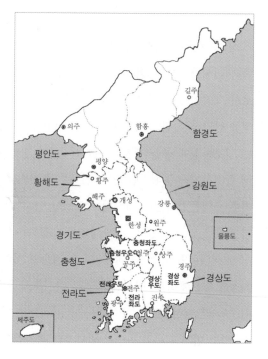

조선의 행정구역

한국에서는 행정구획을 남북으로 구분하기보다는 동서 또는 좌우로 구분하는 전통이 더 강했다. 함경도의 경우에만 남북으로 나누었다. 지도에서 충청좌우도, 전라좌우도 등을 확인할 수 있다.
1896년 지방행정제도제가 13도제로 바뀔 때 좌우도가 대부분 남북도로 바뀌었다. 공간에 대한 인식 역시 근대화 과정에서 바뀐 것으로 보인다.

임명되도록 영향력을 행사했다. 김홍욱은 본래 서울에서 태어났지만, 17세에 아버지를 따라 충청우도인 서산에 갔다. 지금은 도를 남북으로 나누지만, 조선시대에는 좌우로 나누었다. 그리고 좌우의 방향은 지도에서 거꾸로 되어 있다. 예를 들면 태안·당진·보령은 우도이고, 단양·충주·청주는 좌도이다. 임금이 서울에서 바라보는 방향에 따라 좌우도가 결정된 것이다. 김홍욱은 34세에 문과에 합격할 때까지 서산에서 살았기 때문에 지역 실정을 잘 알고 있었다. 김육이 그를 추천한 것도 그의 고향이 충청우도이고, 법제도 잘 안다는 이유에서였다.

파트너 이시방

김육이 대동법을 추진하면서 누구보다 믿고 실무적으로 의지한 사람은 이시방이다. 김육이 이시방을 정치적으로 지켜낸 과정은 정치가로서 그의 면모를 잘 보여준다. 이시방은 인조반정에서 김류와 함께 주역을 담당한 이귀의 아들이자 이시백의 동생이다. 이시백·이시방 형제는 인조반정에 공을 세운 정사공신 2등에 함께 올랐다. 이시방은 문과에 합격하지는 못했지만, 인조 말년부터 전문적 재정 관료로 활약했다. 최초의 대동법인 호서대동법이 성립할 당시에는 주무 부서인 호조 판서 직책을 맡고 있었다. 그는 당대를 대표하는 최고의 재정 관료였다.

호서대동법이 추진될 때, 김육은 정승의 지위에 있으면서 개혁을 정치적으로 보호하고, 이시방은 호조 판서로서 실무를 관장했다. 하지만 이것이 곧 이시방이 김육의 의견을 전적으로 따랐음을 뜻하지는 않는다. 사실 이시방은 이미 인조 말년부터 독자적으로 대동법 실시를 주장했다. 조복양趙復陽의 상소에 촉발되어 인조 23년(1645) 10월에 재생청이 설치되고 그 실무 책임자로 이시방과 조석윤趙錫胤이 임명되었다. 이시방은 재생청 활동을 통해서 대동법이 실시 가능하고, 또 반드시 실시되어야만 할 법임을 확신했다. 그랬기 때문에 한시적으로 설치되었던 재생청 활동이 마감된 뒤에도 대동법을 실시하자는 상소를 올리기도 했다. 이시방이 이렇게 활동하고 발언할 즈음, 김육 역시 예조 판서로 조정에 있었다. 충청도 관찰사를 맡고 있을 때 대동법 실시를 강력히 요청했던 김육이었다. 그는 당시 이시방의 활동을 주의 깊게 지켜보았을 것이다.

이시방

조선을 흔히 중앙집권적 관료제 국가라
고 한다. 이 말이 맞다면, 조선을 이해하
기 위해서 가장 먼저 연구할 대상은 정
부 관료이다. 하지만 역설적으로 현재까
지 연구가 가장 미흡한 대상은 바로 관
료들이었다. 이시방은 유명한 아버지 이
귀의 아들이고, 조익·최명길·장유와 함께
사우四友로 불리는 이시백의 동생이다.
두 사람의 이름에 가려졌지만, 이시방은
호서대동법의 성립에 호조 판서로서 최
고의 공헌을 했다.

김육은 효종 즉위년(1649)에 대동법을 추진하면서 이시방을 처음부
터 중요하게 쓰려 했다. 인조 졸곡卒哭이 끝난 뒤 조선은 청나라에 사신
을 파견해야 했다. 효종의 왕위 계승을 알리기 위한 목적이었다. 졸곡
이란 삼우제를 지낸 뒤에 곡을 끝낸다는 뜻으로 지내는 제사로, 망자
사후 석 달쯤 뒤에 지낸다. 원래는 영의정 이경석을 정사正使로 보내려
했지만, 청나라에서는 왕실 인사를 보내라고 요구했다. 그래서 결국 선
조의 서자 인흥군仁興君 이영李瑛이 정사, 이시방이 부사로 정해졌다. 그
러자 우의정 김육이 이시방을 보내는 데 반대했다. 졸곡 뒤에 대동법
논의를 본격적으로 시작하기로 했는데, 이시방은 이 일을 관장할 핵심
인물이라는 이유에서였다.

이시방 지키기

호서대동법을 실시하기로 조정에서 결정이 내려지자, 김육은 먼저 현직 호조 판서 원두표元斗杓(1593~1664)를 축출하고 대신 이시방을 그 자리에 앉히기 위한 작업에 나섰다. 영의정 김육은 왕에게 "원두표는 본래 남을 이기기 좋아하는 병통이 있어서 자기 마음에 싫은 것은 절대로 하지 않으려 합니다. 어찌 다른 사람이 없다고 이 사람으로 하여금 오래도록 재정의 권한을 전담하게 하십니까. 대동법에 대한 의논이 있는데도 한 번도 신을 직접 찾아와 의논한 적이 없습니다. 체통이 이처럼 무너져서야 무슨 일을 할 수 있겠습니까"라고 말했다. 원두표는 결국 호조 판서직을 사임해야 했다. 그리고 이시방이 그 자리를 대신했다.

이기조李基祚도 함경 감사에 임명됨에 따라 조정에서 물러나야 했다. 이에 앞서 효종 즉위년(1649) 11월과 원년 6월에 두 차례 대동법이 논의될 때, 이기조는 호조 판서로 있으면서 대동법 실시에 일관되게 반대했었다. 이기조가 물러난 것도 김육의 상소 때문이었다.

효종 2년(1651) 12월 중순에 전 영의정 김자점이 역모 혐의로 처형되었다. 그가 죽은 뒤, 이시방은 김자점과 평소 친했다는 이유로 탄핵을 받았다. 실제로 김자점의 아들 연鍊은 이시백의 사위였다. 즉 이시백·이시방 집안은 김자점과 사돈 관계였다. 이때 이시방을 탄핵한 사람은 원두표와 사돈인 대사간 이시해李時楷였다. 그는 이시방을 탄핵하며 멀리 유배 보내야 한다고 주장했다. 호조 판서는 이시방에서 이후원李厚源으로 즉각 교체되었다. 이후원은 당시 중요한 재정 관료들 중 한 사람이었다. 이후원은 나중에 대동법이 성공적으로 작동하자 대동법을 긍정했지만, 대동법 실시 전까지만 해도 찬성하지 않던 인물이다. 그때는 충청도에서 대동법이 막 시행되고 있는 중이었다. 어느 때보다 집중해서 일을 추진해야 하는 시기였다.

김육은 이시해가 이시방을 탄핵하며 든 이유를 똑같이 대면서 이시해를 비판했다. 즉 과거에 이시해도 김자점과 원두표에게 빌붙었다고 송준길로부터 비판받았던 사실을 지적했다. 김자점은 인조반정의 1등 공신이고, 인조 후반에는 승승장구하여 영의정까지 오른 인물이다. 효종 초 김자점이 정치적으로 수세에 몰리기 전까지, 그와 친밀한 관계를 유지했던 인물은 조정 안에서 적지 않았다. 김육은 더 나아가 이시해의 상소문 중에 있는 "낙당洛黨의 무리를 차례로 솎아내서 다스려야 한다"는 부분도 지적했다. 낙당은 김자점과 가까운 무리를 가리키는 말이다. 즉 김육은 이시방에 대한 이시해의 탄핵은 바꿔 말하면 원당原黨이 이시방을 낙당으로 몰아간 것이라고 말했다. 원당은 원두표와 가까운 무리였다. 김육의 말은 이시해가 결국은 당파적으로 행동했음을 비판한 것이었다. 김육의 말에 따라 이시해도 끝내 귀양을 갔다. 이와 관련해서 원두표 역시 개성 유수로 좌천됨으로써 잠시 서울을 떠나야 했다. 석 달 뒤 원두표는 다시 형조 판서에 임명되었고, 이시방도 호조 판서로 복귀했다. 김육은 자신의 정치적 영향력을 이용해서 이시방을 보호했던 것이다.

원두표라는 인물
당시 원두표와 이시방이 매우 험악한 사이라는 것은 모르는 사람이

원두표
인조반정에 참여하여 정사공신 2등에 올랐
다. 인조, 효종, 현종 초년까지 재정 분야에
서 크게 활약했다. 효종, 현종 연간에는 조
정에서 큰 정치적 영향력을 발휘했다.

없었다. 인조 22년(1644)에 역모를 고발한 사건이 있었다. 고발 내용 자
체가 근거가 없다고 판단되었으므로 사건화 되지는 않았다. 그런데 그
내용과 관련해서 소문이 돌았다. 원두표가 군대를 동원하는 문서를 이
시방의 이름으로 위조해서 이시방을 역모로 몰아 죽이려 했다는 것이
다. 실제로 그랬는지 여부는 알 수 없었다. 하지만 그런 풍문이 돌고 많
은 사람이 그것을 사실로 믿을 정도로 두 사람 사이가 나빴다는 것만은
틀림없다.

　원두표는 무인 출신으로서 인조반정의 2등 공신이다. 그는 병자호
란 기간을 빼고 인조 12년(1634)부터 인조 21년(1643)까지 전라 감사를
지냈다. 감사 임기는 1년인데, 한 사람이 이렇게 오랫동안 감사를 지낸

경우는 드문 일이었다. 전라도는 조선 정부와 왕실이 재정적으로 가장 많이 의존하는 지역이었다. 그는 또한 인조 24년(1646)부터 효종 즉위년 (1649)까지 호조 판서직에 있었다. 그의 손자 하나가 효종의 여섯째 부마駙馬였다. 그는 효종 초에 영의정 김자점과 조정의 권력을 양분했다. 김자점이 정치적으로 실각하고 결국 죽음을 맞은 것은 그 자신의 실수도 있었지만, 원두표의 공격이 주요한 원인이 되었다. 실록에 있는 원두표의 졸기에는 "그는 거칠고 사나워 조금이라도 협조하지 않는 사람이 있으면 끝내 반드시 몰래 해친 뒤에야 그만두므로, 사람들이 대부분 그를 두려워하였다"라고 기록되어 있다. 이시방도 인조반정의 2등공신이기는 했지만, 정치적으로는 결코 원두표의 상대가 되지 못했다.

김육은 호남대동법의 성립에도 결정적인 역할을 했다. 그가 사망하기 불과 한 달 전의 일이었다. 호남대동법의 사목을 정하면서 늦게까지 해결되지 않은 문제는 어공御供과 진상進上을 대동법 안에 포함하는 것이었다. 전라도는 특히 왕실에 바치는 어공과 진상이 많았다. 어공과 진상이 대동법에 포함되지 않는다면, 대동법의 효과는 기대하기 어려웠다. 다시 말해서 어공과 진상을 포함하지 않는 대동법은 실패로 끝날 수밖에 없었다. 김육은 이 문제를 중요하게 생각했다. 그리고 문제를 해결하지 못하는 원인으로 현직 좌의정 원두표를 지적했다. 김육은 이시방이 호남대동법을 주관한 만큼 틀림없이 원두표가 반대했으리라 말하며, 왕 앞에서 원두표에게 심한 비판을 서슴지 않았다. 효종 앞에서 원두표를 면전에 두고 이렇게 말할 수 있는 사람은 당시 조정에서 김육밖에 없었다. 마침내 그 다음 날 즉시 호남의 어공과 진상이 호남대동법 안에 대거 포함되었다. 원두표는 김육에게 왜 이렇게 힘을 쓰지 못했을까? 당시 조정에서 원두표의 기세등등한 세력으로 볼 때 쉽게 이해하기 어려운 지점일 수 있다.

능수능란한 김육

인조반정 이후, 잘 드러나지는 않았지만 조정에는 일정한 정치적 지형이 형성되어 있었다. 조정에서 독립적이며 비중 있는 발언권을 가지려면 사림 세력에 속하거나, 아니면 문과를 통과한 전문 관료라야 한다는 점이 그것이다. 전문 관료이면서 왕실의 후예이면 더욱 좋았다. 이원익, 이경석, 이경여, 이후원 같은 인물이 그런 사람들이다. 왕의 입장에서는 이들에게 더 많은 충성을 기대할 수 있었다. 나라의 일이 집안의 일이기도 했기 때문이다. 이시방은 물론 원두표 역시 두 가지 모두에 해당되지 않았다. 따라서 독립적으로 정국을 이끌어 나갈 수 있는 사람으로 여겨지지 않았다. 그에 비해서 김육은 두 가지를 모두 갖춘 인물이었다. 원두표는 조정의 정치적 지형을 잘 알았기 때문에 늘 사림을 존중했다. 스스로 박지계朴知誡의 문인임을 자처한 데는 이런 이유가 있었다. 물론 원두표가 김육에게 함부로 할 수 없었던 데는 김육이 세자빈의 친할아버지라는 사실도 작용했을 것이다.

김육이 원두표를 심하게 몰아붙였다고 해서, 둘 사이의 관계가 적대적이었던 것 같지는 않다. 거기에는 김육의 정치적 감각이 일정하게 작용했다. 효종 4년(1653)에 김육은 원두표의 할아버지 원호元豪가 임진왜란 때 강원도 금화金化에서 전사한 사실을 말하며, 그를 위해 사당을 세

위줄 것을 왕에게 요청했다. 원두표에게 김육의 이 발언은 더없이 고마운 말이었다. 그 상황에서 원두표가 김육에게 정치적으로 각을 세울 수 없었을 것이다. 김육은 호남대동법 문제로 원두표를 사정없이 밀어붙이던 시기에 원호의 시장諡狀을 작성했다. 시장이란 조정에 시호諡號를 요청하면서 근거로 제시하는 망자의 일대기다. 시호는 왕이나 고위 관료가 죽은 뒤, 그 공덕을 기려서 국가가 내리는 호이다. 시호를 받는다는 것은 후손에게는 커다란 영광이었다. 비록 김육이 원두표보다 나이로나 관직으로나 선배였지만, 원두표는 그런 것들에 위축될 사람은 아니었다. 김육은 자신이 가진 사림적 배경과 정치적 영향력, 그리고 능란한 인간관계로 원두표를 적절히 요리할 수 있었다.

마지막 상소

    김육은 효종 9년(1658) 9월 4일에 79세를 일기로 한양 남부 회현방 자신의 집에서 사망한다. 회현방은 현재 위치로 서울시 중구 회현동 1가쯤 된다. 지하철 4호선 회현역과 명동역 중간의 남산 쪽으로 붙어 있는 지역이다.

    죽음을 앞두고 그가 마지막으로 한 일은 곧 실시될 전라도 대동법을 위해 적절한 인물을 감사로 내려보내는 것이었다. 충청도 대동법을 위해 김홍욱을 뽑아 내려보냈던 것에서 볼 수 있듯이, 호남대동법의 원활한 시행을 위해서는 정성을 다해 대동법을 추진할 감사의 존재가 필수적이었다. 마침 효종 9년(1658) 8월에 전라 감사의 임기가 만료되었다. 새로 천거된 인물은 권우權堣였는데, 그는 이전부터 대동법에 부정적이었던 인물이다. 김육은 그가 대동법 추진에 적절한 인물이 아님을 지적하고, 서필원徐必遠(1614~1671)을 호남 감사로 임명해줄 것을 왕에게 요청했다. 이때 김육은 죽음을 불과 한 달 앞두고 있을 때였다. 서필원은 1년 전에 충청도 감사를 지내면서 대동법의 실무를 직접 주관한 경험이 있었다. 김육의 사람 보는 눈은 생애 마지막까지도 밝았던 것 같다. 뒷날 서필원은 민생 문제와 지방의 폐단을 개혁하기 위한 실질적인 사업을 많이 전개했다. 그는 왕에게 직언을 잘하는 것으로도 유명했다.

8월 26일에 김육은 죽음을 예감하며 효종에게 마지막 상소를 올렸다. 김육이 누워서 말한 내용을, 석아錫兒라고 부르며 아낀 큰손자 김석주金錫胄가 받아 적었다. 상소에서 김육은, 호남의 일은 이미 서필원을 추천하여 맡겼는데, 자신이 죽으면 대동법의 시행을 돕는 자가 없어서 일이 중도에 폐지될까 두렵다고 말했다. 호서대동법의 큰 성공으로 대동법을 실시해야 한다는 견해가 조정에서 대세를 이룬 마당이었다. 하지만 개혁에는 늘 역풍이 따랐음을 평생 지켜본 그였다. 당연한 걱정이 아닐 수 없었다. 어느 때보다 왕의 지지가 필요한 시점이었다. 김육은 서필원이 호남으로 떠나기 전 왕에게 하직 인사를 드릴 때, 격려해서 보내달라고 왕에게 간곡히 부탁했다.

그 뒤 서필원이 호남으로 출발하기 전에 김육에게 인사를 하러 왔다. 김육은 다시 간곡하게 호남에 대동법을 실시하는 일을 부탁하고, 한 가지 문제를 더 당부했다. 안면도에 꼭 창고를 설치해달라는 부탁이었다. 이것은 이전부터 김육이 계속해서 주장했던 내용이다. 당시 세곡을 운반하는 조운선이 가장 많이 난파당하는 곳은 가의도와 변산반도 사이에 있는 안흥 앞바다였다. 그래서 일찍부터 현재의 서산 B지구 방조제 안쪽의 물길을 북쪽으로 연장해서 가로림만까지 운하를 만드는 안이 제기되기도 했다. 외해外海의 사나운 물길을 피하기 위해서였다. 그런데 현지 조사 결과, 중간에 암석층이 있는 탓에 굴착이 어려운 것으로 판명이 났다. 그러자 김육은 물길이 끊어지는 곳만 육로로 날라 운반한 뒤, 배를 바꾸어서 운반하자는 안을 냈다. 바로 이것을 위해서 중간에 창고를 짓자는 주장을 했던 것이다. 김육은 당시 그곳의 현지 조사를 시키던 중이었으며, 이 일의 계속적인 추진을 서필원에게 부탁했다. 그리고 사망하기 하루 전인 9월 3일에는 같은 동네에 사는 영의정 정태화鄭太和에게 사람을 보냈다. 호남에 대동법을 시행하는 일은 임금의 뜻이 이미 결정되었으니 영의정께서도 힘써달라는 당부를 전했다. 김육이 죽고, 20여 일 뒤인 효종 9년(1658) 9월 말에 호남 연해 지역 27개 고을에서 대동법이 실시되었다.

김육과 효종이 모든 면에서 의견을 같이했던 것은 아니다. 특히 군비를 강화하는 문제에서는 두 사람이 첨예하게 대립했다. 효종은 어떻게든지 군비를 갖추어 북벌을 추진하려 했고, 김육은 그것을 강력하게 비판했다. 군비 강화는 백성들에게 큰 부담이 될 게 뻔하기 때문이다. 효종의 군비 강화 정책은 김육이 평생의 원칙으로 삼은 안민安民에 어긋났다. 군비 확장 문제로 효종 대 중반 무렵 한동안 두 사람 사이가 서먹했던 적도 있었다.

하지만 북벌 문제가 아니면, 김육에 대한 효종의 신뢰는 거의 절대적이었다. 김육이 사망하고 해가 바뀌어 사간원 헌납으로 있던 민유중閔維重이 충청도 사람들의 동정을 전했다. 대동법을 좋게 여긴 백성들이 김육이 죽자 눈물을 흘리며 찾아와 조문했다는 내용이었다. 그 말을 전해 들은 효종은 "허황된 말에 흔들리지 않고 군건히 정책을 밀고 나가는데 영부사領府事 김육보다 더한 사람이 누가 있겠는가? 밤중에 (홀로 누

대동법시행기념비와 그 탁본

비문은 홍문관 부제학 이민구李敏求가 짓고 의정부 우참찬 오준吳竣이 글씨를 썼다. 비문에는 대동법 시행의 내력과 성과를 상세히 밝히고 있다. 그러고는 문충공文忠公(이원익)은 은혜를 베풀었으나 넓히지 못했고, 길천공吉川公(권반)은 문서만 갖추고 시행하지 못했는데, 오직 김상국金相國(김육)만이 충실한 마음으로 근면하고 과단성 있게 시행했다면서 세 사람을 비교한다. 끝 부분에 "노인과 어린아이가 지금부터 영세토록 배부르고 편안하게 지내는 것은 상국에 힘입은 것"이라고 김육의 공덕을 높이 찬양했다.

웠다가 그가 세상을 떴다는 것) 생각하면, 마치 (기댔던) 돌기둥을 잃은 것 같은 마음이 든다"라고 말했다. 이경석이 쓴 김육의 신도비문에도 비슷한 내용이 나온다. 김육이 사망하자 여러 서원의 유생이 서로 와서 곡하고, 충청도 백성들이 더욱 슬퍼했다고 한다. 김육의 평생에 걸친 안민의 노력을 백성들도 잘 알고 있었던 것이다. 그들은 부의賻儀를 하고자 했지만, 김육의 집에서 받지 않았다. 상주 김좌명은 그렇게 하는 것이 아버지의 뜻이라고 생각했을 것이다. 그러자 사람들은 충청도 안에 통문을 돌려, 부의하려고 했던 돈으로 비석을 세웠다. 그것이 현재 평택에 있는 '대동법시행기념비'이다. 이 비의 본래 명칭은 '조선국영의정 김공육대동균역만세불망비朝鮮國領議政金公堉大同均役萬世不亡碑'이다. 대동법을 실시해서 세금을 고르게 해준 은혜를 영원히 잊지 않겠다는 뜻이다.

실록에 실린 김육의 졸기는 다음과 같다.

사람됨이 강인하고 과단성이 있으며, 품행이 단정할 뿐만 아니라 정확하고, 나라를 위한 정성을 천성으로 타고나, 일을 당하면 할 말을 다하여 남들이 하기 어려워하는 말을 피하지 않았다. …… 평소에 백성을 잘 다스리는 것을 자신의 임무로 여겼는데, 정승이 되자 새로 시행한 것이 많았다. 충청도와 전라도의 대동법은 그가 건의한 것이다. 다만 자신감이 너무 지나쳐서, 처음 대동법을 의논할 때 김집과 의견이 맞지 않자 김육이 불평을 품고 여러 번 상소하여 김집을 공격하니, 사람들이 단점으로 여겼다. 그가 죽자 상이 탄식하기를 "어떻게 하면 국사를 담당하여 김육과 같이 확고하게 흔들리지 않는 사람을 얻을 수 있겠는가" 하였다.

사림의 마음, 관료의 경험

안방준의 비판에 대해 김육은 효종의 결단을 촉구하면서 "대동법이 행해지는 것도 운명이고 폐지되는 것도 운명입니다"라고 말했다. 김육은 또 죽기 전에 올린 마지막 상소에서 "자신이 죽으면 (대동법의 시행을) 돕는 자가 없어서 일이 중도에 폐지될까 두렵다"라고 말했다. 그는 죽는 순간까지도 대동법이 반드시 실시되리라는 확신을 갖지 못했던 것이다. 그리고 대동법의 시행은 하늘의 뜻에 달렸다고 생각했다. 흥미로운 사실은 이이도 '운명'에 대해서 여러 번 이야기했다는 점이다. 이이는 집권한 사림이 분열하자 "나라의 기강과 백성들의 고통을 도외시한 채 조정은 시비是非를 정하기에만 급급하다. 정사政事는 자연히 문란하게 되었으니 이 역시 운명"이라고 탄식했다. 스스로 불러들이지 않았음에도 벌어진, 통제할 수 없는 불가항력의 당쟁이라는 상황을 '운명'으로밖에 생각할 수 없었던 것이다.

김육의 운명은 이이의 운명보다 훨씬 행복했다고 할 수 있다. 김육이 그토록 실현하려고 애쓰던 정책이 결실을 보았으니 말이다. 마지막으로 살펴볼 점은 대동법 성립에서 김육의 역할이다. 이 말은 대동법의 성립에서 그가 기여한 것과 하늘의 뜻, 이를 오늘날 우리에게 좀 더 익숙한 말로 한다면 대동법 성공의 시대적 조건을 구분해 보자는 것이다.

김육에 대한 학계의 연구는 적지 않다. 많은 연구에서 대동법이 성립될 수 있었던 가장 큰 요인으로 김육 개인의 집요함을 든다. 앞서 보았듯이 김육의 졸기도 그렇게 말하는 듯이 보인다. 하지만 그렇게만 본다면 조선의 정책 결정 과정을 지나치게 단순화하는 것이다. 조선 조정에서는 한두 사람의 노력만 갖고는 국가적으로 중요한 정책을 성공시킬 수 없었다. 이것은 심지어 왕도 마찬가지였다. 김육이 대동법 실시에 못지않게 노력했던 일은 동전의 유통이었다. 하지만 그는 이 일에 끝내 실패하고 만다. 협력자를 구할 수 없었기 때문이다. 또 효종은 어떻게든 북벌을 추진하려고 했지만, 재위 기간에 그것을 중단해야 했다. 객관적 상황이 불리했고, 신하들 대부분이 동의하지 않았기 때문이다.

대동법의 성립에서 김육은 정치적 역할을 담당했다. 그것은 김육의 말대로, '시작하자'고 말하고 그에 필요한 사람들을 적절한 곳에 배치하며, 그들을 개혁 반대 세력으로부터 보호하고, 무엇보다 개혁에 대한 국왕의 관심과 동의를 유지하는 역할이었다. 그런데 이러한 그의 정치적 역할은 여러 가지 요소를 전제로 했다. 우선 대동법을 이해하고 그 실시에 헌신할 실무 관료들이 있어야 했다. 이들은 당대의 상황 속에서 형성된 사람들이었다. 또 당시의 상황 자체가 공물 변통을 실시하지 않을 수 없는 형국이었다. 이 시기에 조선은 청으로부터 심한 재정 압박을 받았고, 그것은 그대로 민생 악화로 귀결되었다.

그러나 아무리 객관적인 배경을 중시한다고 해도 대동법 성립에서 김육의 역할을 낮추어 볼 수는 없다. 모든 조건이 갖추어져도 구체적으로 실행하는 일은 또 다른 영역의 문제이기 때문이다. 김육이 대동법을 집요하게 추진할 수 있었던 힘은 어디서 나왔을까? 그것은 아무래도 그가 사람의 마음가짐과 관료의 경험을 겸비했기 때문일 것이다.

대동법을 추진하는 과정에서 김육은 김집과 심각하게 대립했다. 그렇다고 그들이 국정의 원칙을 달리했던 것은 아니다. 두 사람 모두 가장 중요한 국정 원칙은 안민安民이라고 생각했다. 단지 이 안민이라는 목표에 도달하는 방법에서 커다란 차이가 있었다. 그 차이를 결정한 것은 각자의 경험이었다. 사람들은 대부분 생활의 밑바닥까지 내려가서 고생해본 사람이 아니었다. 그들은 국가 운영의 원칙에 대해서는 거침없이 말했지만, 그 실제에 대해서는 익숙하지 않았다. 김집은 선량한 의도를 지닌 '군자'들이 안민을 실현할 수 있다고 생각했고, 김육은 세금을 적게 거두는 것이 중요하다고 생각했다. 김육은 안민을 위해서 일차적으로 공납 문제를 해결해야 한다고 확신했다. 이러한 확신은 그가 자발적으로 결단한 잠곡에서의 삶과 관료 생활을 통해 얻은 경험에서 갖게 된 것이다.

주요 사건 연표

재위년		서기	사건	비고
중종	14	1519	기묘사화	
인종	1	1545	기묘사화 피화인 복권	
명종	즉위년	1545	을사사화	
	2	1547	양재역 벽서 사건(정미사화)	
	4	1549	기유옥사	
	10	1555		을묘왜변
	17	1562	정철 문과 합격	
	19	1564	이이 문과 합격	
	20	1565	문정왕후 사망 이준경 영의정에 임명 보우 피살 윤원형 자살	
선조	즉위년	1567	명종 비 인순왕후의 수렴청정	
	1	1568	무진육조소(이황)	
	2	1569	인종의 문소전 부묘 논쟁 『동호문답』(이이) 이원익 문과 급제	
	3	1570	기대승 관직에서 물러남 을사삭훈 주장(이이) 이황 사망	
	5	1572	조식, 이준경, 기대승 사망	

선조	35	1602	인목대비 계비로 들어옴 조익 문과 합격	
	39	1606	영창대군 탄생	
광해군	즉위년	1608	임해군 귀양 경기선혜법 실시	
	1	1609	임해군 유배지 교동에서 피살	
	2	1610	오현종사 성립	
	3	1611	정인홍 회퇴변척소 제출	
	5	1613	계축옥사 발생 이덕형 사망 조익 신창으로 낙향 김육 잠곡으로 낙향	
	6	1614	영창대군 피살	
	7	1615	이원익 강원도 홍천에 유배	
	10	1618	이항복 북청 유배지에서 사망 인목대비 덕수궁 유폐	
	11	1619	이원익 유배에서 풀림	심하전투
인조	원년	1623	인조반정 조익 조정 복귀 삼도대동법 실시	
	2	1624	이괄의 난 김육 음성 현감 재직